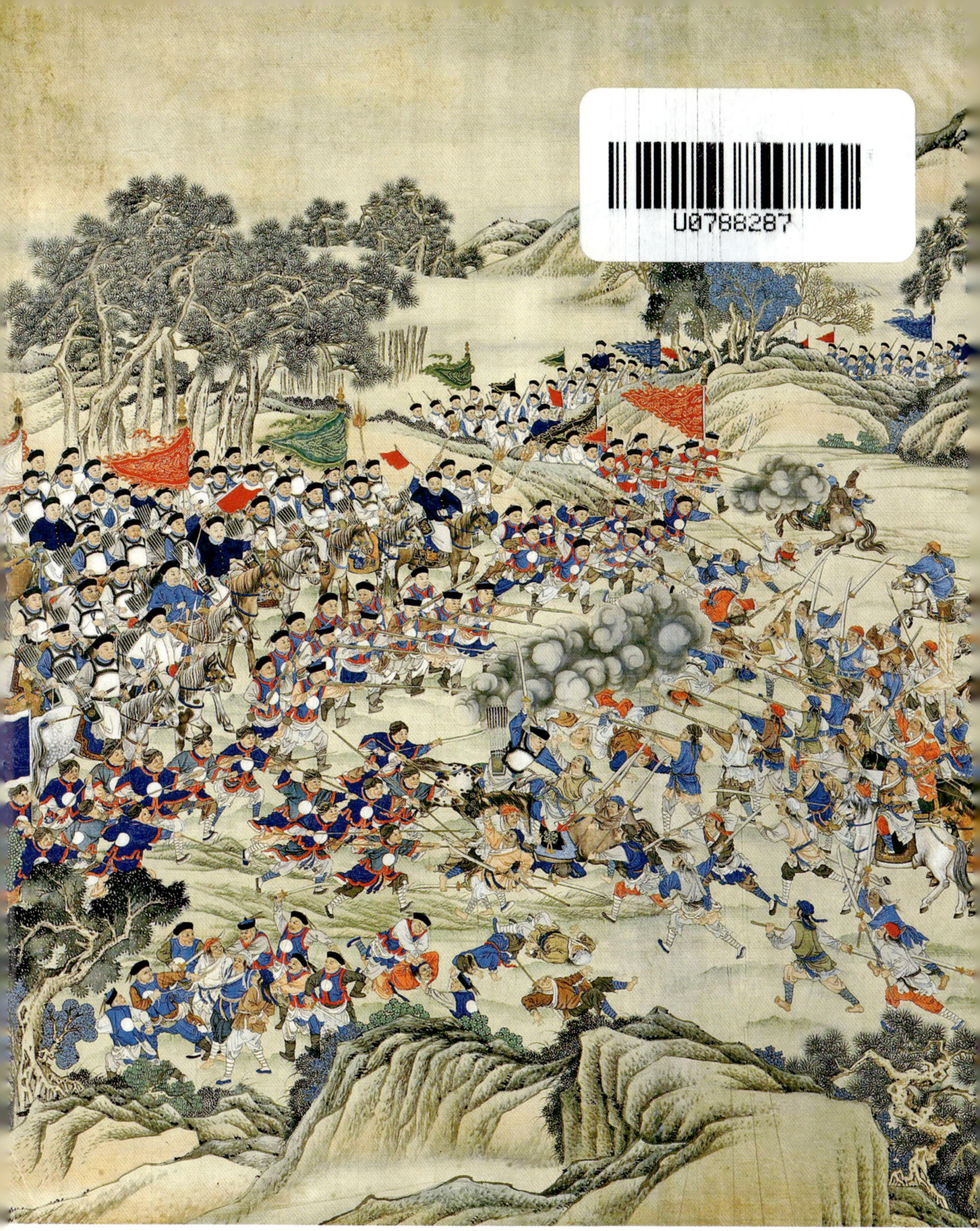

平定太平天国陆战图（局部）

湘军九洑洲战图（局部）

克复岳州图（局部）

金陵各营屡捷解围图（局部）

牛首山

克复金陵图（局部）

水西門
旱西門
清涼山
獅子山
儀鳳門
神策門

幼逆洪福瑱就擒图（局部）

贈太傅原任武英殿大學士兩江總督一等毅勇侯謚文正曾國藩

太子少保頭品頂戴兩江總督一等威毅伯曾國荃

太子少保兵部尚書一等輕車都尉加一雲騎尉世職彭玉麟

贈太子太保原任兩江總督一等輕車都尉謚文肅沈葆楨

贈太子太傅原任協辦大學士四川總督一等輕車都尉諡文忠駱秉章

太子太保原任文華殿大學士一等果威伯諡文恭官文

贈巡撫銜布政使銜原任浙江甯紹台道葉普鏗額巴圖魯諡忠節羅澤南

贈總督原任安徽巡撫諡勇毅李續宜

太子少保前陝甘總督一等輕車都尉加一雲騎尉世職楊岳斌

贈總督巡撫銜原任浙江布政使二等輕車都尉兼騎都尉雲騎尉世職摯勇巴圖魯謚忠武李續賓

贈太子少保頭品頂戴原任湖南提督一等子爵鮑超

贈總督太子太保原任湖北巡撫世襲騎都尉謚文忠胡林翼

自 序

2004年,《战天京》出版后,我想写本新书,暂题《双城记》,详述湘军与太平军在安庆的攻防战。

自攻者言之,欲取金陵必先克安庆;自守者言之,欲保安庆则应控制武昌。于是,双方围绕安庆进行了系列会战,互有胜负而局面僵持。最终太平军分兵二路,沿长江两岸向武昌进军,行围魏救赵之策,希望湘军回救武昌则安庆之围自解,而湘军领袖胡林翼不为所动,宁以身殉,也不撤安庆之围。孰料英王陈玉成率军占领黄州,即将攻打武昌之际,居然被英国外交官巴夏礼(Harry Smith Parkes,1828—1885)劝退,局面再度僵持。

刘禹锡诗云“王濬楼船下益州,金陵王气黯然收”,一语说尽中国历史两千年间在长江流域的征战之精髓,那就是欲取南京,必先控制武昌,然后步步为营,攻克九江、安庆等长江沿岸重要城市，才能肃清江面，水陆并济，形成对南京的包围。南京形势得天独厚，有江山之助，仅在陆地围住，根本无碍于守军通过长江运送人员与物资。而欲封锁南京城外江面，则不得不溯江而上，先取了安庆，才能控制安庆、南京之间的江面。安庆亦得江山之助，必须水陆合围才能攻取，而欲封锁安庆城外江面，则又得溯江而上，先取了九江。同理，九江亦具形势之胜，其上是田家镇，是汉口，都有同样的形势之利。也就是说，在冷兵器战争时代，要打下南京，决非只打南京，而是至少要打五次同样的攻城战。反之，要守住南京，决非只守南京，而是要守住南京上游的安庆、九江、田镇与武昌。一头一尾，武昌与南京，就是《双城记》里的“双城”，而安庆在双城之间，足以决定攻守之势，是则记录双方争夺安庆的故事，乃为《双城记》。

只是二十年过去了，《双城记》仅有不到十万字的草稿，偶尔翻出来看，有些地方，作者也不了然，须辅以笔记才能找到线索。这固然是懒散无恒之弊，然而读书愈多，阅历愈广，思虑愈深，势必令人“厌卑近而骛高远，卒无成焉”，顾此又非不遵夫子之教，而是世变日亟，形势无常，不得不然者也。即以未完之稿试举一例。

陈玉成功败垂成，直接原因是英使劝退，然而英王有数万大军，何必受他节制，绕过巴夏礼，挥师夺取武昌，既成事实，回头再与交涉，不行吗？不行。因为巴夏礼明言英国对内战双方保持中立，但是禁止任何一方伤害英国在华商业利益，汉口恰是《天津条约》宣布设立的开放口岸，彼时正在勘界建设领事馆，而且英国此前已在天京照会太平天国，申明长江自由航行的权利，业经天王允准，天王并将在天京颁诏，称“中西永遵和约章，太平一统疆土阔”，于是可知陈玉成不敢担负破坏和约的责任，而无“将在外，君命有所不受”的自由。至于“永遵和约”的背景，则是第二次鸦片战争刚刚结束，清军大败，首都沦陷，圆明园被焚，让远在东南的天国君臣感受到英军之强，故不愿与之为敌。而之所以有第二次鸦片战争，则是因为二十年前发生了鸦片战争，清军大败，与英国签订《南京条约》，授权英国人可在广州等通商口岸居住，而广东地方官一直阻挠英人进入广州，尤其是总督叶名琛，既不与英方会议转圜，也不向朝廷报告实情，而是使了个拖字诀，“不战，不和，不守，不死，不降，不走”，终致广州沦陷，自己也被掳到印度，身死异国。

那么，又何以会发生鸦片战争呢？在鸦片战争之前，传统中国从未设想有任何万里之外的国家可以派出大型舰队越过大洋来进攻，因为汉唐以来一直经营“守在四夷”的战略，至清代已经告成大功，北部、西部与南部的天然屏障与战略要塞尽在掌握，东边的大洋，台湾已入版图，沿岸虽偶有海寇侵扰，究系癣疥之疾，不足为虑。乾隆嘉庆间，朝野上下无人知道大西洋的一个岛国居然发动了工业革命，行将以“船坚炮利”渡海来犯，因此，一旦英军登岸，大清国即遭受降维打击，懵然不知所措，且战且退，直到太平天国战争才醒过神来，明白要恢复东南首先得和睦中外的道理。豁然开朗后，进口西方武器，建立现代海军，不拘一格封赏洋将，授命外人管辖关税，实在是取得内战胜利的重要原因。

黄州城外的陈玉成，由此感受到新时代巨大而无形的压力，不得不被巴夏礼一语劝退。也正是在此背景下，原来准备弃城不守孤注一掷的胡林翼，居然不付代价，得到了克复安庆的大胜利。

即此一例，可知自 1860 年代开始，帝国真正认识到中外互动的重要性，而被今人称为“中兴名臣”的曾国藩、李鸿章诸人，则可代表第一代直接应对工业革命后新世界的中国人。林则徐与魏源，固然在二十年前就试图了解这个新世界，他们编译《华事夷言录要》《海国图志》，读新闻，讲地理，要“师夷之长技以制夷”，然而并没有得到如后辈曾、李那样的机会，在军事、外交、经济各方面深切体认到中西的同异，痛定思痛，开启规模宏大的自强运动（或曰洋务运动）。其后，曾、李的同事、晚辈如郭嵩焘、曾纪泽、沈葆桢、陈宝箴直至张之洞、袁世凯诸人，或出使列强，问礼观风，从制器到制宪，遍考不遗，或独当一面，锐意兴革，从办厂到练军，各致其效，居然令时人在狂风骤雨中站稳了地步，调整了呼吸，恍然生出同光新气象的错觉。

因为有这样的观感，让我对晚清史有了新认识。不仅晚清内战的双方，即使是历次中外战争的双方，都处于工业革命带来巨大变化的新时代。不仅谭嗣同、孙文、梁启超、杨度是活在新世界的人，即使是曾国藩、洪秀全、叶赫那拉氏、袁世凯，亦都不仅生活在大清国。不论知与不知，同不同意，不论内战谁能胜利，朝代是否改换，旧世界正在隐匿，新世界正在显形。推陈出新，我病未能，新旧并举，或是未来写作的入口。遂不拟续写《双城记》，而欲为王闿运（1833—1916）作一部传记，看能不能通过他的生平叙事折射出那个时代的奇妙之光。

《战天京》再版数次，实无可序者，乃向读者报告近年读史感想，并附广告，虽然文不对题，近乎敷衍，顾亦借此自儆，冀能补苴。惟此二十年纪念版，纸墨更精，错讹更少，具见编辑陶女士之用心与岳麓书社之厚谊，而我无与焉。不敢居功，专此致敬。

乙巳二月朔日谭伯牛

目 录

每闻春风之怒号 则寸心欲碎

祺祥故事

每闻春风之怒号
则寸心欲碎

咸丰四年末，收复武汉后，湘军水陆并下，在田家镇大败太平军，随即进攻九江、湖口。水师一部冲入鄱阳湖，被太平军封锁湖口，不得重返长江，水师遂被分割成外江、内湖两部分。外江水师多大船，不能近战；内湖水师多小艇，不利补给。太平军坚守九江等处，又分兵攻击武汉、江西，准备把湘军活生生“枯”死在长江中段。从咸丰五年被困到七年二月丁忧回乡，曾国藩一直困守江西，每日都处于愁苦凄凉的境况。军事方面，名将塔齐布、罗泽南递相沦谢，后继无人，攻守俱惫。经济方面，江西省官方吝于给饷，晋、陕、川、浙等处拨饷则多为空头支票，全靠湖南协饷和办捐收厘苦苦支撑。形格势禁，师久无功，朝廷不仅不予谅解，甚至以“顿兵不战，坐耗军需”〔一〕，严词诘责。

“每闻春风之怒号，则寸心欲碎；见贼帆之上驶，则绕屋彷徨”〔二〕，这是曾国藩当日向皇上哭诉的哀辞。既是杜鹃泣血似的无奈心声，也是精卫填海似的真实写照。自湘军创办，迄于困守江西，差不多五年时间；这五年，是他生命中最重要的五年。

〔一〕咸丰五年十一月二十四日上谕。

〔二〕《统筹全局折》（咸丰五年二月二十七日），《曾国藩全集·奏稿》（一）。《曾国藩全集》，下文简称为《曾集》。

三个湘乡人

咸丰二年八月，太平军围攻长沙，失败。年底，巡抚张亮基随即调令罗泽南、王鑫率领一千零八个湘乡农民组成的勇团进驻长沙，帮助防御。恰在此时，在籍丁忧侍郎曾国藩接奉圣旨，命令在乡办理团练，于是，实行拿来主义：在兵源上，全面接管这一千多人；在练法上，则借鉴戚继光的营制，曾国藩开始筹建湘军。

根据罗尔纲的统计，湘军将领中，书生出身的占到58%的比例，在统领一路乃至多路人马的高级将领中，这个比例更是到了67%。而湘军草创，分别率领中、左、右三营的罗泽南、王鑫和邹寿璋，就全由书生起家。较之腐朽溃烂的绿营，文员带勇，最大的好处，就是能够以道义相磨砺，稍存知耻、爱民之心，可以切实做到“不怕死、不要钱”。而时人称为“罗山先生”的罗泽南，一生服膺宋儒，与同好此道的曾国藩气味相投，一拍即合，更是在私交层面成全了这次资源整合。

罗山先生的学问志向，根据曾国藩的总结，是“不忧门庭多故，而忧所学不能拔俗而入圣；不耻生事之艰，而耻无术以济天下”〔一〕。罗泽南

〔一〕《罗忠节公神道碑铭》，《曾集·诗文》。

罗忠节公祠遗迹。罗泽南故居在湖南省双峰县石牛乡湾洲村三柱组，2010 年 10 月，李志和先生领我去瞻仰，故居边上就是他的专祠，可惜皆已残败。

家里很穷，穷得每要吃饭，就去当铺。他的命很苦，苦得十年之内连遭十一次期功之丧。但是，再穷再苦，他也不放在心上，未尝稍减问学求道之志。这么深重的穷苦都能扛过来，以后在军中创造出一种上马杀敌、下马讲学的风范，无疑得益于这种锻炼。他自己把这种心得，称为“乱极时站得定，才是有用之学”（临终遗言）。至于一介书生，亲临行阵，而每每克敌制胜的原因，他总结为：“无他，熟读《大学》‘知止而后有定，定而后能静，静而后能安，安而后能虑，虑而后能得’数语，尽之矣。”〔一〕左宗棠不佩服罗泽南的理学，但是极为佩服他这种不学而能、触类旁通的军事天赋。〔二〕塔齐布是湘军名将，咸丰四年七月，曾经在岳阳和罗泽南合作，与太平军展开遭遇战。他本是瞧不起罗泽南这类“儒将”的，但是这次合作，改变了他的看法。当日，罗泽南和弟子李续宾率领一千人守护岳州大桥，太平军前来攻夺的军队却有万人之多。罗泽南从容调度，派五百人守营，五百人迎战。前敌五百人又分为三路，每路不过一百多人，但是主攻、旁击、抄尾，井井有条。就凭这种布置，竟然数战数捷，力保大桥不失。此后，塔、罗并称，就再也没人轻视湘军里带兵的书生了。

〔一〕《清史稿·列传》卷一百九十四。按，此事最早的出处或在方宗诚《柏堂师友言行记》卷二：或问公（泽南）读何书，公曰，吾只玩味《大学》“知止而后有定”一节，无他兵法也。

〔二〕《致严仙舫》（咸丰四年八月十五日）：“罗山，一老学究耳。与宗棠素尝论学，持论平实稳惬，作事有条理，可见者不过如此。及其将兵，胆略俱壮，随机立应，竟为宿将所不及。”见《左宗棠全集·书信》（一）。《左宗棠全集》，下文简称为《左集》。

王鑫是曾国藩的老乡，又是罗泽南的弟子。他长相“清癯”，但是“声大而远”，语速极快。师徒们围坐讲学，一旦进入自由讨论时段，就只听到他的大嗓门叽里呱啦，滔滔不绝，别人根本插不上嘴。罗泽南不止一次地对他发脾气：“璞山（鑫字）盍少休，让吾侪一开口乎？”王鑫这才自笑鲁莽，把“话语霸权”交还给老师。他嗓门大，志向也大，十四岁就提笔刷墙，写下一段豪言：“置身万物之表，俯视一切，则理自明，气自壮，量自宏。”用大白话表示，就是崇尚力量，不为人下。这种性格，和他老师那种带有腐儒气味的性理之学大不相同，既成就了日后他以一己之力防卫湖南的功绩，也导致了他和曾国藩共事过程中产生矛盾，乃至决裂。

一开始，曾国藩很欣赏王鑫这位充满激情的血性男儿，称赞他“真可爱也”〔一〕，引为臂膀。但是，王鑫不是“以利为义”、一味愚勇的武夫，而是有点哲学思想的人；他不但有身先士卒的狠劲儿，更有澄清天下的大志向。以湖南为大后方，以湖北为后勤中心，支援江、皖，肃清东南，这是初起兵时曾国藩和王鑫都能设想的远大前程。可是，战略上能够取得共识，不代表战术方面能够所见略同，更不代表实际操作的时候也能和衷共济，事权明晰。具体来

〔一〕《批管带左营湘勇候选县丞王鑫禀》（咸丰三年七月）：“以极疲之卒，当极骁之贼，而能尽力苦战，大获全胜，真可爱也。”见《曾集·批牍》。

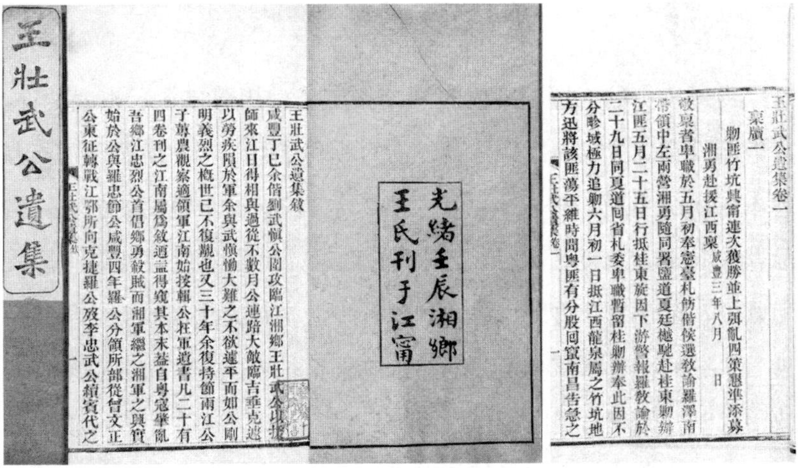
王壯武公遺集

王壯武公遺集敘
咸豐丁巳余偕劉武愼公圍攻臨江湘鄉王壯武公以援
師來江日得相與過從不數月公連踣大敵臨吉垂克遽
以勞疾隕於軍余與武愼慟大難之不欲遽平而如公剛
明義烈之槪世已不復覯也又三十年余復持節兩江公
子尊農觀察適領軍江南始掇輯公在軍遺書凡二十有
四卷刊之江南屬爲敘遍讀得窺其本末蓋自粵寇肇亂
吾鄉江忠烈公首倡鄉勇殺賊而湘軍繼之湘軍之興實
始於公與羅忠節公咸豐四年羅公分領所部從曾文正
公東征轉戰江鄂所向克捷羅公歿李忠武公續賓代之

光緒壬辰湘鄉王氏刊于江甯

王壯武公遺集卷一
稟牘一
勦匪竹坑興甯連次獲勝並上弭亂四策懇準添募
湘勇赴援江西稟 咸豐三年八月 日
敬稟者卑職於五月初奉憲臺札飭偕候選教諭羅澤南
帶領中左兩營湘勇隨同署鹽道夏廷樾馳赴桂東勦辦
江匪五月二十五日行抵桂東旋因下游警報羅教諭於
二十九日同夏道回省札委卑職暫留桂勦辦奉此因不
分畛域極力追勦六月初一日抵江西龍泉屬之竹坑地
方迅將該匪蕩平維時聞粵匪有分股回竄南昌告急之

《王壮武公遗集》书影。王鑫是湘军初期的重要统帅，尽管他与曾国藩翻了脸（很难说是王鑫错了），后来他并不埋怨曾国藩，还写信给曾，表达尊敬与赞美。只是王鑫英年早逝，迄今知者遂少，可叹。

说，复杂微妙的人事关系，决定了曾、王二人在战术上不能达成统一，而针锋相对的性格冲突，则为日常操作设置了诸多障碍。

三个性格迥异的湘乡人就这么走到一起，开创了湘军。

团练之弊

当日练勇的指挥权并没有明确指定由曾国藩掌握，也就是说，曾国藩没有被授权指挥哪些具体的将领和士兵。圣旨所谓“帮同办理本省团练乡民、搜查土匪诸事务”，实在是一个模糊的指令，实际操作起来，难度很大。“帮同”的意思，就是协助巡抚办理团练和剿匪，至于怎么协助、协助到哪一步，就是天意高难问，只能摸着石头过河，走哪算哪了。当然，这也不是说咸丰皇帝故意搞模糊政治，一开始就有提防不肖臣子拥兵自重，破坏中央集权制度的远见卓识。导致这种模糊局面的形成，原因不在于咸丰，而要归咎于咸丰的爷爷——嘉庆皇帝。

嘉庆元年，川、鄂、陕、豫四省交界地区，白莲教起义开始蔓延，此起彼伏，越闹越大。到了嘉庆四年，单凭国家正规部队——绿营兵的实力，已经收拾不掉这个围剿与反围剿的僵局了。恰在此危急时刻，古意盎然的保甲制度，经过改制，加入军事和经济概念，重新包装，摇身一变为团练题材，在朝野热炒之下，竟然连续涨停，托住大市。终于，在嘉庆七年，基本肃清白莲教，为大清帝国接下来差不多五十年的国内政局，定下了不是大好还算小好的调子。白莲教被团练制度干掉了，咸丰皇帝自然要尝试这个办法，用来对付太平天国。所以，从咸丰二年十一月到三年二月，他一口气任命了十个省共四十三位团练大臣，并刊刻嘉庆初年的《筑堡御贼疏》《坚壁清野议》以及相关指导性文件，颁发各省，号召大家边学边干，苦练快上。可是，实际效果如何呢？

团练的精髓，只有八个字：清查保甲，坚壁清野。清查保甲，可以有效防止城乡士民与起义军勾结呼应，让剿匪部队没有后顾之忧，不用东堵西捂、手忙脚乱。坚壁，就是砌高垒，挖深濠，修缮城防；清野，则是拆除城墙外若干里内的房屋，清割农田作物。一可以断绝起义部队的粮食供应，二可以增大攻城的难度。这八个字扎实做到了，在没有统一指挥、各自为政、不占领根据地的情况下，白莲教起义军想不成为“流贼”都不行。而一旦成为流贼，屁股后面总是跟着一队猎人般的绿营兵，所到之处则是坚固的碉堡，质朴勇敢的民兵，想歇脚都找不到地方。除了跑到荒山野岭做“山贼”，再没有别的出路。而一旦堕落成山贼，政府军喘息已定，必然要步步为营，大举围剿。当此时也，外有重围，内无定饷，更可怕的是人心惶惶，军心摇动，随时有不攻自溃的危险。这时候恐怕是求做“降贼”也不可得了。大致来说，各地白莲教就是这样被团练制度搞定的。

白莲教和太平军，在朝廷眼里都是乱民、暴民，都是黄巢、李自成，政治定性区别不大。而实际上，白莲教和太平军根本就是两码事：白莲教没有一个统一的指挥机构，多点并发、互不联属；太平军自金田起事，就有一个紧密团结在洪秀全周围、由拜上帝教和三合会骨干分子组成的领导集体，进退有度，攻守有节。白莲教像同治年间的捻军，流动作战，没有根据地；太平军则在南京建国，以江浙为根据地，横行长江，从容进退。白莲教自身没有明确定位，做一天强盗跑一天路，是所谓“流贼”；太平军则在政治、军事、经济方面都有自己的主张，与清朝分庭抗礼，俨然敌国，是所谓“窃号之贼”。团练能搞定白莲教，也能搞定太平军么？

毫无疑问，食古不化的咸丰皇帝认为可以。只可惜，事实面前，人人平等。团练对付不了太平军，这是客观规律，皇帝说话也不管用。

对付太平军，团练八字诀就不够用了。自从咸丰三年从武昌战略撤退，沿江东下，二十几天内占领南京，太平军的性质发生了重大变化。下长江以前，可以归其类为“流寇”，到南京后，就得算是“割据”了。下长江以前，太平军一直被追杀，虽然攻城略地，一路席卷，但总显得狼狈，不无屁股向后、平沙落雁的尴尬。一旦进入南京，改元建国，粮饷充足，士气旺盛，就不满足于仅仅偏安一隅，而有逐鹿中原的志向。定都以后，洪秀全立即派李开芳、林凤祥率领北伐军，胡以晃率领西征军，北边打到静海，西边打到武汉，就是这种战略意图的体现。更重要的，则是太平天国由始至终，在沦陷区民意拥戴指数上，不但远高于绿营，也略高于湘军和淮军。当时没有盖洛普公司做统计，但是别的证据可以支持这个结论：胡林翼在湖北做巡抚，慨叹湖北“莠民”每每“兵至为民，贼来从逆”[一]。洪山

〔一〕《敬陈湖北兵政吏治疏》（咸丰六年十二月初三日），《胡林翼集·奏疏》（一）。

民众里应外合，帮助石达开击败湘军，罗泽南因此战死；后来收复，胡林翼差点下达了屠城的命令。〔一〕曾国藩困守江西，对各属民众“从逆如归”甚为恼怒，乃至教导部下不妨“斩刈草菅，使民之畏我远过于畏贼”〔二〕。太平军中石达开、李秀成不但善战，而且能安抚民心，引为己用，众所周知。其中下层将领中，也不乏曾天爵、宋关佑那样能行“仁义”的“君子”〔三〕。太平天国在武昌、南京都举行过科举考试，开考之日，应者云集，〔四〕其中就不乏刘鹏、王弢这样学高才大的读书人。围城官绅中，固然有满门自杀的忠臣孝子，也不乏进言上策的“贰臣”“劣绅”。曾国藩一直敬慕的桐城派古文大师梅曾亮、著有《艺舟双楫》的包世臣和鼎鼎大名的魏源，就住在李世贤的侍王府，每日优游谈宴，此间乐，不思蜀矣。〔五〕

当日的太平天国，礼乐俱张，民众拥戴，不让“辫妖”，实在是一个很有实力的政权，一旦分兵四出，“吊民伐罪”，其威力大大胜过白莲教，绝不是区区团练可以抑制的。团练本来只是正规部队的补充，而咸丰初年的清朝正规军——绿营的战斗力，已经堕落到

〔一〕胡林翼原话不可见，但是通过左宗棠咸丰六年九月二十八日给他的回信中可以知道他曾经有屠城的念头：“崇、通、兴国、通山，天下之乱国，鄂省之贼子也。取而坑之，乃足快意。”终于还是被左宗棠劝阻。见《左集·书信》（一）。

〔二〕《与李元度》（咸丰六年四月二十六日），《曾集·书信》（一）。左宗棠也说：“江西士民以畏贼之故媚贼，且为贼效死以捍援师，居然别一天地矣。”见《答王璞山》（咸丰六年），《左集·书信》（一）；甚至袁州被围攻，太平军拟弃城而去，城中绅士竟筹资挽留。见《致胡润之》（咸丰七年五月二十七日），《左集·书信》（一）。

〔三〕《与王璞山》（咸丰六年）中说镇守崇阳的曾天爵是“贼中之循吏”，镇守广济的宋关佑是“贼中之孝子”，民心颇向之，见《左集·书信》（一）。

〔四〕罗惇曧《太平天国战记》：“开科取士，试者二万余人，状元王弢。”

〔五〕刘成禺《世载堂杂忆·纪先师容纯父先生》。

聊胜于无、权当摆设的程度。[一] 从广西到江苏，从追剿到围攻，派遣防剿的钦差大臣，如赛尚阿、向荣、琦善所率部队，大多时候只是虚报战况，苟且偷安，根本起不到抗衡太平军的作用。诗人金和有一首《初五日记事》，我们可以具体了解到绿营腐朽的实在情形：

昨日黄昏忽传令，谓不汝诛贷汝命。今夜攻下东北城，城不可下无从生！三军拜谢呼刀去，又到前回酣睡处。空中乌乌狂风来，沉沉云阴轰轰雷，将谓士曰雨且至，士谓将曰此可避。回鞭十里夜复晴，急见将军天未明，将军已知夜色晦，此非汝罪汝其退。我闻在楚因天寒，龟手而战难乎难。近来烈日恶作夏，故兵之出必以夜。此后又非进兵时，月明如昼贼易知。乃于片刻星云变，可以一战亦不战。吁嗟乎！将军作计必万全，非不灭贼皆由天。安得青天不寒亦不暑，日月不出不风雨！[二]

绿营将领讲究“天时”到了这种匪夷所思的程度，其他怯懦苟安的情状，就不难想象了。所以很多时候，只见到几百号乡勇对抗成千上万训练有素、军械优良的另一支政府军——太平军，而看不见绿营的影子。太平军

〔一〕清朝的正规军队，本分为八旗和绿营。八旗由旗人组成，绿营由汉人组成。咸丰以前，八旗兵约二十五万，绿营兵六十四万。入关以后，旗兵就开始腐化，逐渐丧失战斗力。康熙以后，国家统治几乎就全依靠绿营了。但是，嘉庆年间，没有团练帮助，绿营不能抵抗白莲教起义；鸦片战争时期，绿营建制军队还不如三元里的市民更能重创英军。这就说明咸丰以前，绿营的生命力就差不多消亡殆尽了。而太平军广西起义不过万人，其中死党能战者不过三四千人。驻广西绿营额兵当时有两万三千多人，土兵一万四千人，随即从云、贵、湖、广等邻省陆续调来十几万绿营兵，竟然还不能将太平军封锁在广西境内，任其北上东下，声势暴长，酿成十几年的动荡局面。可见当日的正规部队，实在只是聊胜于无。参看罗尔纲《绿营兵志》。

〔二〕金和《秋蟪吟馆诗钞·椒雨集》卷三。

旁出攻掠，都有后勤保障，而团练往往是星散各地，困守小城。内无长饷，外无救兵，和嘉庆年间相比，主客易位，攻守逆转，不再是有备无患下的以逸待劳，而是内忧外困中的引颈待割。所以，练团数年，没有一点成效，“从未见有团练能专打一股、专守一城者”〔一〕。

〔一〕《派宋梦兰办理皖南团练片》（咸丰十年七月二十三日），《曾集·奏稿》（二）。

新 军

谈到曾国藩，俗口流传，总说他起家团练，后来扩展为湘军，完成了平乱大业。其实，曾国藩压根就没办过一天团练。第一手棋，他走的就是湘军这个新布局。

早在道光末、咸丰初，曾国藩已经开始了关于全局的战略性思考。咸丰元年三月九日，他递上《议汰兵疏》，对当时军队的冗员耗饷进行猛烈抨击。他说，“天下之大患，盖有二端，一曰国用不足，二曰兵伍不精”，自道光二十年以来，鸦片战争赔款二千一百万（首付六百万，余款四年付清）；二十三年，户部银库监守自盗，亏失九百万；全国税务欠缴几近五千万（二十八年统计数据）；连年水旱灾害，造成歉收、赈贷费用接近两千万，中央财政岌岌可危，差不多要进入破产清盘程序。而民生凋敝至极，不可能再刮油水，所以开源增赋之策不可行，唯一的办法，只有裁兵减饷。裁兵固然是为了补贴国用，而本质的原因则还在于兵不可用，不裁白不裁。绿营兵之窳败，其普遍现象为“无事则游手恣睢，有事则雇无赖之人代充，见贼则望风奔溃，贼去则杀民以邀功”，而镇压白莲教起义不得不借助团练之力；鸦片战争中进不能战，退不能守，节节溃退；广西额兵、土兵三万七千人，加上邻省调派的援军十几万人，竟然抵挡不住洪秀全几千人的乌合之众，这些就是兵不可用的具体事例。所以，曾国藩建议“汰兵五万，仍变乾隆四十六年以前之旧”〔一〕。

〔一〕《议汰兵疏》（咸丰元年三月初九日），《曾集·奏稿》（一）。

尽管认识到养兵无用不如不养，可是作为京官的曾国藩并没有办法提出更有建设性的意见，例如日后他所倡导并一手做成的练乡勇为劲旅，并以此代替绿营。所以，在没有一支切实可用的新军代替绿营之前，在“教匪”日益猖狂、“国军”屡战屡溃的情况下，刚上台的咸丰皇帝是不敢贸然裁兵的。因此，这个建议没有被采纳。

咸丰二年六月，曾国藩奉旨出任江西正考官。七月二十五日，行抵安徽太湖，收到母亲逝世的消息，旋即回乡办理丧事。十二月十三日，接到帮办团练的谕旨。终于，他有了一个机会，来实现他在北京时未能实现的理想。但是，如前所述，用团练对付太平军，是不切实际的空想。在旧军队和团练都不奏效的情况下，就只剩下创立新军这一条道路了。所以，在接奉圣旨后的第十天，他就复奏〔一〕，提出了建立一支新军队的思路。不过，由于圣旨明确规定他的责任在于帮办团练，那么即使明知团练无益大局，他也不敢公然拒绝。因此，他就给皇帝打马虎眼儿，明办团练，暗练新军。明里，他这么说：

〔一〕《敬陈团练查匪大概规模折》（咸丰二年十二月二十二日），《曾集·奏稿》（一）。

圣谕团练乡民一节，诚为此时急务。然团练之难，不难于操习武艺，而难于捐集费资。

财政困绌，不像嘉庆年间可以“官给练费”，而民间捐款，暂时还是画饼望梅，做不了指望。所以由此造成帮办团练的拖沓，可以获得谅解。暗里，他就不求其名，但择其实，阐述了练新军的办法：

于省城立一大团，认真操练，就各县曾经训练之乡民，择其壮健而朴实者招募来省。……参访前明戚继光、近人傅鼐成法，但求其精，不求其多；但求有济，不求速效。

一般来说，团练都在州县就地办理，省城、重镇的防务还是依靠绿营；曾国藩提出在省会长沙办团，与办团的宗旨是互相抵牾的。戚继光练的是新军，傅鼐办的是民团，根本是两码事，他却把二者混在一起，揣着明白装糊涂。日后，湘军的制度几乎照搬戚继光〔一〕理论，而再没有提过傅鼐〔二〕一个字。皇帝或者不够精明，发现不了他的小把戏，或者把这份奏折当作跟其他办团大臣照例回复的官样文书一样，没有细看，于是草草批示："知道了。悉心办理，以资防剿。"八年以后，由于事实证明了他的远见，曾国藩才可以把这番苦心揭示出来：

臣自咸丰二年奉旨办团，初次折内即奏明自行练勇一千，是臣所办者乃官勇，非团丁也。〔三〕

就这么瞒天过海地玩了一次文字游戏，"湘军"的创意得到了圣谕批准，曾国藩可以放开手脚，大干一番了。

"各县曾经训练之乡民"，指的就是罗泽南、王鑫的湘乡勇兵。在曾国藩的指导下，按照戚继光的成法，这一千多个人分为中、左、

〔一〕戚继光（1528—1588），字元敬，号南塘，山东登州（今蓬莱）人，历任福建总兵，蓟州总兵，拜左都督，加太子少保。他总结东南抗倭的经验，著成《纪效新书》。曾国藩组建湘军，从此书获益良多。

〔二〕傅鼐（1758—1811），字重庵，顺天宛平（今北京）人，仕至湖南按察使。他在湖南、贵州镇压苗民起义，以坚壁清野之法，创办团练，因地制宜。曾国藩组建湘军，汲取了他的经验。

〔三〕《派宋梦兰办理皖南团练片》（咸丰十年七月二十三日），《曾集·奏稿》（二）。

右三营，分别由罗泽南、王鑫和邹寿璋统带，号称“湘勇”。这就是“湘军”的昉始。不过，“湘勇”的“湘”，和“湘军”的“湘”，还是有些微妙的区别，不可一概而论。前者的“湘”，实际是“湘乡”的意思，因为当时还有江忠源的“楚勇”（新宁）、塔齐布的“宝勇”（宝庆）、林源恩的“平勇”（平江）等名目；后者的“湘”，才代表“湖南”。

起 隙

回过头再说王鑫。

湘军初起时，曾和罗、王之间，表面上是依靠乡情、友谊，合作办事的关系。实际上，三人之间，曾国藩才是无名有实的真“老板”。这一千多人，最初以团练的名义聚集起来，到了长沙，却成为一支新军。新军没有名义上的“总统”，自然会造成管理紊乱。这支军队，作为地方最高长官的巡抚可以依法“饬派”，奉了钦命的前侍郎曾国藩可以酌需“札遣”，罗、王二人也可以根据匪情缓急，自主行止，不受“遥制”。巡抚骆秉章关注的重点在于绿营，日常工作多是和本省提督协商，并未将主要精力用于管理湘军，所以这支军队的日常训练、饷需供应和调遣分派，实际操作都由曾、罗、王三人负责。三人之间倘若不能取得共识，就不可能协调一致，临事有济。由于曾国藩具有多重身份，三人中必然以他为主，进行统筹：奉旨帮办团练事务，是“差事”；丁忧在籍，是乡绅；前侍郎的正二品官衔，则可以在和自巡抚以下的官员打交道时获得尊重。出省以后，曾国藩经常慨叹自己“不官不绅”的身份导致办事不顺，建军之初，却正赖于这“不官不绅”的身份，免去了很多制度上的麻烦。法律规定，在籍官员不能干涉家乡公务，他奉了旨，却可以练兵、剿匪乃至查吏、办捐；办团经费，有官拨、捐输两种来源，谕旨规定“一切经费均归绅耆掌管，不假吏胥之手”〔一〕，他身无实授官职，恰好可以“绅耆”的身份上省要钱，下乡劝捐；民团和官府、官兵之间，总会有这样那样的矛盾，他仗着前侍郎正二品的威望，可以出面调和。这种关系可以总结为：罗、王没有曾国藩的支持，建立不了新军；曾国藩没有罗、王的湘勇，却可以另行招募，建立新军。所以，他才是湘军真正的领袖。

〔一〕王先谦《东华录》，咸丰三年正月初八日谕内阁。

但是，随着这种关系的建立，曾、王之间的冲突也与之俱来。这种冲突，在表面上表现为制度与战术之争。

咸丰三年夏，江忠源助守南昌，兵力不够，向湖南请援。罗泽南、江忠淑等人率湘乡一千人、新宁（江忠源故乡）两千人分两路赴援。江忠淑初经战阵，行军不备侦探，在瑞州猝遇埋伏，全军溃散。罗泽南所部虽然闯进城内，但是阵亡八十多人，其中包括其弟子谢邦翰等四人。这四个人是王鑫的邻居、同学，也是最要好的朋友，王鑫闻讯大怒，“誓率湘中子弟慷慨兴师”，“为诸人报仇雪耻”，〔一〕恰好与曾国藩扩建湘军的思路不谋而合。但是，在谁统领这支部队的问题上，曾国藩却别有想法，他认为王鑫虽然“忠勇冠群，驭众严明”，但是“局量较隘，只堪裨将”。〔二〕募集三四千人的话，只能自统一营，其他各营需由他人管带。王鑫当然不觉得自己只是统领数百人之才（湘军初期营制并没有硬性规定每营五百人，而是上下浮动百余人左右，粗别为大营小营），为此愤愤不平。

王鑫的军事才能体现在实战和理论两个方面。实战，则以平定省内暴乱和防御太平军进攻湖南为主要成效。湖南衡、永、郴、桂四州，在太平军起事后，经常爆发大小不等的农民起义，“动辄贴粤匪之伪示，张太平之逆旗。甚至乞儿偷盗，三五成群，亦敢倡言谋乱，毫无忌惮”〔三〕，王鑫所到之处，次第平息。咸丰四年至七年间，太平军从江西、两广等地屡次来犯（其中包括石达开率领的精锐部队），王鑫也是兵来将挡，水来土掩，撑住了湖南一省的门户。太平军中，甚至有“出队莫逢王老虎”的忌讳。理论方面，则在

〔一〕《与江忠源》（咸丰三年八月三十日），《曾集·书信》（一）。

〔二〕《与吴文镕》（咸丰三年九月十七日），《曾集·书信》（一）。

〔三〕《移驻衡州折》（咸丰三年八月十三日），《曾集·奏稿》（一）。

建军初期，已经著成《练勇刍言》一书[一]，对军队的营制、职司、号令、赏罚和练法，都有详细的规定。胡林翼曾在湖北重印此书，奉为鄂军的圭臬。[二]左宗棠在王鑫病亡后，接管了他的部将和士兵，营规制度也一并继承，赖此肃清闽浙，底定西北。可见，王鑫是一位非常优秀的统帅，当曾国藩奉旨北上援鄂，肃清江面的时候，自然应当带上他，以为辅佐。可是，出征的名单里，并没有王鑫的名字。这是为什么呢？

要解释这个问题，不得不说说曾国藩被逼离开省城，移驻衡阳的事情。

出长沙记

自从咸丰三年元月曾国藩到长沙，短短半年间，就把满城文武都得罪了。

得罪文官，是因为他在行辕内设置了“审案局”。他的审案局类似于今天的“严打办”，专管治安案件，凡有被举报从匪、抢劫及其他严重违反治安管理条例的犯罪嫌疑人，统统属于“审案局”的承办范围。解到之后，只有三种处理办法：“重则立决，轻则毙之杖下，又轻则鞭之千百。”审案局并不

〔一〕罗尔纲《湘军兵志》中断言王鑫的《练勇刍言》在曾国藩创立营制两年后才完成，认为王定安《湘军记》所谓“湘军规制多采之王鑫《练勇刍言》”是错误的判断（见其书附考二《湘军渊源辨》）。其实，早在咸丰三年十二月前，王鑫的《练勇刍言》就已经有了雏形。这年十二月二十六日曾国藩复书王鑫，就说：“足下所著之臆说也者，又得沈研细究。……仆于此等处亦颇究心，兹将仆之营制与所以位置诸贤人君子之助我者，逐条胪列……所定条款，务望遵从。即小处或有不当，亦当委曲商酌，不可遽尔违异。”可见，《练勇刍言》不但早已成文，而且已经应用到实际的训练、管理中。而曾国藩在咸丰四年制定的营规也不是最终定本，直到咸丰十年在祁门军中刊刻，湘军营制才算最终确立。所以，王定安、罗尔纲二人的说法都不正确。我们只能据此认为曾、王的制度是二人分别独立完成，并有过参考、讨论；而非要厘清月日，分清先后，则并无实际可靠的证据。

〔二〕《复庄受祺》（咸丰十年三月二十六日），《胡林翼集·书信》。

遵照正常办案程序，即使已被州县立案、尚未就审的嫌疑人，也是“闻信即提来”，“即时讯供，即时正法，亦无所期待迁延”。〔一〕不但一般“恶民”他要杀，“公务员”也不放过，“有上言胥吏贪恣，辄捕治斩之”〔二〕。他自觉为民除害，问心无愧，即使“身得武健严酷之名，或有损于阴骘慈祥之说，亦不敢辞”〔三〕，而且“三月以来，仅戮五十人，于古之猛烈者，曾不足比数”〔四〕。这是一到四月的数据，而到七月底再统计，“审案局”共杀掉二百多人〔五〕，势头越来越“猛烈”，可以媲美古代酷吏了。但是，案子就是钱，案子就是人情，曾大人把案子都拿去了，全省上下，自布政使以至知县的人情、案费就都不见了，人家能没意见吗？所以，长沙城中“文法吏大哗”，都看不惯他（当时官绅李瀚章、魁联、朱孙诒、郭嵩焘、欧阳兆熊等都给他写信，表示了不同程度的抗议）。巡抚骆秉章也不以为然，想要制止他。但是皇帝支持他，还鼓励他“务期根株净尽”〔六〕，所以“未有以难也”〔七〕。

越俎代庖的治安严打得罪了文官，恪遵职守的练勇治军则得罪了武将。曾国藩刚到省城，每月逢三逢八之日，就召集乡勇和标兵（巡抚、提督的亲兵）“会操”，亲自校阅。但

〔一〕《复欧阳兆熊》（咸丰三年二月），《曾集·书信》（一）。

〔二〕王闿运《湘军志·曾军篇》。

〔三〕《与徐玉山》（咸丰三年二月），《曾集·书信》（一）。

〔四〕《与陈源兖》（咸丰三年四月十六日），《曾集·书信》（一）。

〔五〕黎庶昌《曾文正公年谱》。

〔六〕《严办土匪以靖地方折》（咸丰三年二月十二日朱批），《曾集·奏稿》（一）。

〔七〕王闿运《湘军志·曾军篇》。

只练了几次，对于借此提高标兵战术水平的可能性，曾国藩就感觉希望渺茫，“恐岳王复生，半年可以教成其武艺；孔子复生，三年不能变革其恶习”〔一〕。但他还是不想放弃，希望通过弹劾和保举这两种非常手段，以示奖罚严明，提升士气。

〔一〕《与魁联》（咸丰三年二月），《曾集·书信》（一）。

去年太平军攻城，挖通地道，炸坍南城，协副将清德吓得摘掉顶戴，跑到市民家躲藏，部下兵丁则四处逃窜，脱掉的号衣堆满街道。直到今年，这还是长沙市民茶余饭后的笑料。他和巡抚、提督关系好，所以未被奏革，继续在军营里混日子。清德有养花的雅好，平日下乡剿匪，也不忘寻访奇花异草，每次都要带回满船的花木。每月五次的会操，他从未参加，天天在家里伺候花草。曾国藩要拿来祭刀的，此君自然是当仁不让。

塔齐布刚因去年守城有功被提拔为参将，今年则不仅会操一次不落，还遵命密捕了几个巨盗，和曾国藩甚为相得，早已是身在绿营心在湘军。他还带同部下诸殿元按照湘军的制度训练手下辰勇（当时勇源不止湘乡一处，湘乡以外勇丁，有少部分托管给提标军官管带），也颇有成效。曾国藩用来树榜样、立模范的，自然是这两位。

于是，六月十二日，他连上两折，分别参劾清德和保举塔齐布、诸殿元。折子里不管说好说歹，都是斩钉截铁的狠话：参折不但要求革职，还请求将其解交刑部，从重治罪；保折则请求破格超擢，并将塔、诸二人的未来表现一并担保——“如该二人日后有临阵退缩之事，即将微臣一并治罪”〔一〕。为了不让和清德共事已久的巡抚骆秉章从中阻挠，参折和湖广总督张亮基会衔上奏，保折则秘密上奏。折上，俱蒙批准：塔、诸分别赏给副将、守备衔；清德革职拿问，交督、抚讯明定拟。

〔一〕《特参长沙协副将清德折》（咸丰三年六月十二日），《曾集·奏稿》（一）、《请将长沙协副将清德交刑部治罪片》和《保参将塔齐布千总诸殿元折》。

骆秉章和清德料不到曾国藩下手如此狠辣，不声不响就告了黑状，但是天命难违，只好吃了这个哑巴亏。提督鲍起豹是清德的铁哥们，却怎么也咽不下这口气，于是，“驱曾运动”开始了。

首先，泄愤于塔齐布。以炎夏操练，虐待兵丁为借口，禁止塔齐布参与会操，并停止日常训练。鲍起豹扬言，没有提督的命令，“敢再妄为者，军棍从事”。

其次，内部传达密令，怂恿轻侮湘勇。本来，七月以前，绿营兵和湘勇就有摩擦，甚至对曾国藩也大为不敬。二月在桂东，六月在三江口，都发生了绿营兵殴斗、杀伤湘勇的事件。曾国藩的亲兵仆人“每次上城，必遭毒骂痛打”[一]。三月，标兵与曾国藩亲兵发生冲突，甚至打烂了他的轿子。[二]现经提督倡扬，驻城标兵欺负起湘勇来，就更加无顾忌了。七月十三日，湘勇试枪，误伤提标长夫（类似今日的工程兵或者勤务兵），标兵立即执旗吹号，持械列队，找湘勇开战。曾国藩自觉理亏，只好把肇事湘勇交出，送到提标营内打了三百军棍。八月四日，塔齐布管带的辰勇和标兵赌钱，因小事造衅，标兵再次纠集起来，要和湘勇开战。这次曾国藩不服气，给鲍起豹发公文，要求严惩带头闹事的标兵。鲍起豹二话不说，捆了肇事者就往曾公馆送。然后鼓动标兵在公馆前示威抗议，把皮球原封不动地踢还给曾国藩。怕引起兵变，曾国藩不敢杀；怕属下耻笑，他又不敢放。就这么犹豫不决，过了两天。标兵日夜喧闹，要求放人，最后把公馆团团围住，声言再不放人，就要闯进公馆强行抢人。公馆就在巡抚办公室隔壁，曾国藩硬着头皮请骆秉章调解，骆以此事不属巡抚管辖范围谢绝。没办法，曾国藩扛着钦差牌子在公馆内挺着，希望拖几天再作打算。哪料到六日晚上，标兵悍然冲入公馆，刺伤门丁、卫兵，吓得曾国藩跑到骆秉章家里求救。骆秉章故作惊

〔一〕《致澄弟温弟沅弟季弟》（咸丰四年十一月二十七日），《曾集·家书》（一）。

〔二〕《复仓景愉》（咸丰三年十一月初六日），《曾集·书信》（一）。

讶，说了句："点会这样？（骆是广东花县人，说话估计是这个调调）"然后建议放人，平息事态。万分无奈，十分没脸，曾国藩同意放人。第二天，满城传言：曾钦差这事纯属人格障碍，心里阴暗，自作自受，活该。〔一〕

按道理，这种事情完全应该告御状，到天子那里讨说法。可是，曾国藩没有这么干。冠冕的理由，他是这么说的："为臣子者不能为国家弭大乱，反以琐事上渎君父之听，方寸窃所不安。"〔二〕诛心而论，我想他首先是担心没有胜诉的把握，更担心侥幸胜诉，还得提防日后的报复。因为上告的话，被告只能是闹事标兵，而调查取证却得由巡抚、提督来做，不利于原告，那是肯定的。即使万岁圣明，明断万里之外，判原告胜诉，也不过杀几个标兵抵罪而已。而再次哄闹，保不准就真得搭进去自己这条命。左右权衡，于公于私，告状都是下策。那么，不能靠告状出了这口恶气，还能包羞忍辱在长沙混下去吗？斯文扫地，将来还怎么和这一城的文武谈公事、修私谊？尊严尽丧，将来还怎么对下属发号令、施奖惩？辗转反侧，还是三十六计走为上。于是，带着一颗破碎的心，郁闷的钦差选择了逃避。〔三〕

八月十三日，曾国藩以就近剿匪为由，奏

〔一〕王闿运《湘军志·曾军篇》。骆秉章自订年谱记此事，云："是时曾涤生在又一村居住。嗣因镇筸兵赌博，拿获后欲解来正法。是时兵勇鼓噪，闹至又一村，出而弹压，兵勇始散。曾涤生见兵心不服，不在省住，移节到衡州矣。"与王志所记无出入。

〔二〕《与吴文镕》（咸丰三年九月初六日），《曾集·书信》（一）。

〔三〕瞿元霖云，当日或为曾公献三策，上策曰举发，中策曰引退，下策曰含忍。见瞿氏撰《天逸道人存稿·上某公书》（长沙瞿氏丛刊本）。

禀移驻衡阳，于省城发生的变乱只字不提。第二天，带领属下（包括患难之交塔齐布）启程南下。

补记：

曾国藩在长沙办案，得罪地方官，尤有他事，据时任长沙知府仓景恬《静叟自述》云：“（咸丰三年）浏阳僧某，周国愚之党也，绅民首其不法，补用同知王葆生往察之，于寺中起获鸟枪刀矛百余件解省。曾公提去审办。僧已伏罪将诛矣；曾之友黄文巂微时读书寺中，受僧之惠，为之跪而泣求。次日，忽释僧而诛首者二人。”又云：“湘乡令朱孙诒访拿安化蓝田乡谋逆重案，擒百余人送省。曾公发府审讯。余穷二十日之力，率委员逐一细问，确情录供呈送。乃甘心助恶者释数人，被胁勉从者斩数人。余询其故，曾曰，此事已经绅士查明，开单寄阅，单上三圈者必杀，两圈者或枷或禁，一圈者可释也。余笑曰，既为此，侍郎公照圈行事可耳，何必使我辛苦二十日乎。曾亦輾然而已。”按，景恬于光绪元年“敬避御名”，更名为景愉，号少平，河南中牟人，道光十八年进士，选庶吉士，仕至云南布政使。

决 裂

曾国藩到衡阳后，一面下乡剿匪，一面扩充湘军，准备办成六千人的陆军，和江忠源统带的四千楚勇（其时此军在江西援守）合为万人大军。扩军的最大原因，当然是长沙的伤心事大大刺激了他，认为光靠绿营的力量“断不能办此贼”，只有“别树一帜，改弦更张”，纯靠湘军的力量，不掺杂成事不足败事有余的绿营，才能“驱驰中原，渐望澄清”。塔齐布勇猛异常，稍缺谋略；罗泽南勤恳扎实，拙于交际。扩军之举，能够引以为助、且有能力相助的，就只有王鑫。所以一到衡阳，他就写信给王鑫，告诉他这个想法。王鑫则正为罗泽南援赣部队中四位阵亡同学感到哀愤，发誓要募勇添丁，为之报仇。于是一拍即合，定下了扩军的计划。〔一〕

〔一〕《与王鑫》（咸丰三年八月二十日、二十九日）、《与江忠源》（咸丰三年八月三十日），《曾集·书信》（一）。

二人计划的初稿，是总共招募六千，办一支复仇的“义师”，其中由王鑫统带两千，并自筹饷银万两。可是到省城后，王鑫却改变了计划，招募人数扩充到万人，饷银也由自筹变为官拨了。

长沙之变后，省城官吏都成了曾国藩的私敌，谁都想看他的笑话，〔二〕但是一则因为他掌握着两三千人的精锐部队，湖南境内防剿还有赖于他，二则没有出现取而代之的人物，所以场面上还得予以支持，兵事、饷事、吏事，不得不让他几分。孰料王鑫到省城，向行政长官们披露了扩军计划，对于曾国藩的私敌们来说，不啻一个惊喜。王鑫善战，而出身低下，倘若在军饷、军备上予以支持，帮助他办成此军，必然不像曾国藩那么难以控制。同样是公费，给曾、给王没有区别，那么有此机缘，当

〔二〕《复仓景愉》（咸丰三年十一月初六日），《曾集·书信》（一）。事发数月以后，省城官吏还是认为在处理兵勇争斗事件上“操之过蹙”，他气愤地说：“总之，平昔有相信之素，则臭腐皆变芬芳；平昔有相疑之端，则见闻无非荆棘。”可见积怨已成，双方都无法排解。

然倾全力支持王鑫，而把曾国藩晾在一边了。所以，王鑫才得以更改招募计划。

资源有限，全力支持了王鑫，曾国藩所得必然减少。军饷不再按时发给，领取武器弹药也备受刁难，曾国藩及其所部渐渐被边缘化，眼看就要处于若存若亡的境地。日复一日，土匪越剿越少，曾军在全省防务上的重要性也就越来越低。额外的军饷没有来源，则扩军之说等于空谈。扩军倘不果行，则届时代表湖南出境讨贼，必然是人多钱足的王鑫，而不会是兵单饷绌的曾国藩了。曾国藩探知此中关节后，大为恼怒。可是，无名火终归是无名火，只能自己憋着。唯一可行的，无非希望以情动人，以理服人，把王鑫从敌对阵营中争取过来。

他给王鑫写信，说一贯爱重他“驭士有方”“忠勇奋发”，就像古代的刘琨、祖逖，自己则到处说项，毫无嫉妒猜疑之情，这是以情动人。然后笔锋一转，说以前双方议定成立“义师”，现在取之于官府，居然变成了“官勇”；既然改为官勇，就应当“通盘筹划”，不该在“官项支绌”的时候，不为公家“省财、省力”，反而“多此一番周折”（言外之意，就是君所新得，即我之旧有，王鑫你太不仗义也）。这是想要以理服人。最后，还加上几句危言恐吓：“足下志气满溢，语气夸大，恐持之不固，发之不慎，将来或至偾事。”〔一〕这种

〔一〕《与王鑫》（咸丰三年十月初八日），《曾集·书信》（一）。

虚弱无力的言语当然起不到任何作用。王鑫也是一心为国，只求效果，能够获得官府的支持，总比东家讨几两、西邻劝几串的自筹资金要好得多。至于是否因此损害曾国藩的利权，他或者没有体会曾国藩的隐衷，不能产生理解之同情；或者觉得交情不够（至少比不上阵亡江西的那几个同学），不必加以维护。所以，对曾国藩的意见，他视若不见，连回信都省掉了。

此路不通。曾国藩无奈之下，分别给巡抚、布政使、长沙知府写信，力辩扩军之议：只是订好让王鑫统带两千人，作为先锋，而不是统带万人，全盘负责。并汲汲申言，应该让王鑫裁撤超出计划的勇丁〔一〕。同时，也在给其他乡绅的信中阐述这层意思，甚至不惜措辞贬低“真可爱也”的王鑫，以博取同情。〔二〕但是大多数的官绅并不同情他，反而说他心胸狭窄，嫉贤妒能。事儿看着就要黄了，曾国藩却一筹莫展，只有干瞪眼的份。

这年夏天，郭嵩焘在江西江忠源幕中建议兴办水师，江将此意转达给曾国藩。九月，太平军水陆并进，第二次进攻武汉。靠着水师的威力，数日之间，就到达武昌城下，湖北形势岌岌可危。朝廷急令湖南派兵援助。其时，湖

〔一〕《与骆秉章》（咸丰三年十一月初九日），《曾集·书信》（一）。

〔二〕《与彭洋中》（咸丰三年九月二十六日）：“夫己氏之材，以弟观之，亦不过百夫之长；察其心迹，似尚无他，即相其背，亦未必能大贵。”见《曾集·书信》（一）。

南只有驻扎长沙的王鑫新募三千多人和驻扎衡阳的曾国藩所带两千余人可以一战，骆秉章接令，即调王军。但是北援湖北，光有陆军不行，过了岳阳，就是洞庭、长江，水陆不能并举，别说剿匪，就是太平军的毛都摸不着。操办水师，成了当务之急。

目光如电的曾国藩在郁郁不得志中消磨了两个月的光阴，当此良机，哪能放过，于是，十月二十四日上奏〔一〕，请练水师。咸丰皇帝早以长江之上没有水师抗扼太平军为忧，见奏大喜，立即表扬："所虑俱是。汝能斟酌缓急，甚属可嘉。"靠着这份敏锐，曾国藩发掘了自身存在的价值，开始在衡阳、湘潭两处造船募勇，规划未来。此前募集六千人支援江忠源的计划，也因时局而改变。十月后，太平军从湖北撤军，转攻安徽，团练大臣吕贤基（李鸿章当时是他的助手）、安徽巡抚江忠源（刚由江西到任）相继死事。于是，最新的战略演变为：湖北解严，湖南援兵不用北上，留驻省城待命。而长江上游亟待组建一支水陆大军，在加固岳阳、武昌防守的基础上，沿江东下，与驻扎在南京、扬州城外的江南、江北两大营遥相呼应，逐次扫荡江面及沿岸，最终形成对太平军根据地的大包围。计划中，出湖南下长江的水师，其高屋建瓴、改变全局的重要作用不言而喻。所以请旨成功、督办水师的曾国藩，一夜之间，反客为主，将资金使用、人事控制等权利握于一手。尤为关键的是获

〔一〕《暂缓赴鄂并请筹备战船折》（咸丰三年十月二十四日），《曾集·奏稿》（一）。

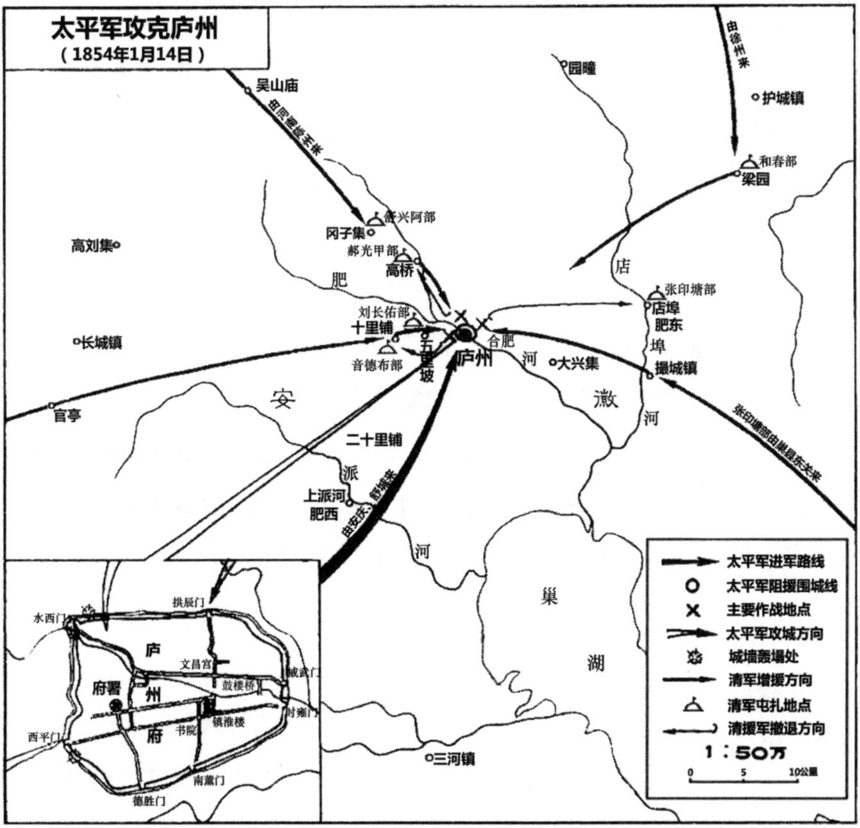

咸丰四年，江忠源守庐州，为太平军攻克，自杀。这张形势图很有意思，清军增援貌似不少，但没有一支部队能接近围城，或不敢，或不能。当然，主要的问题还是在于战争初期，包括湘军在内的清军，不论战略还是战术，皆远逊于太平军。

得了绝对优先的经济支持，不但省库有义务供应造船募勇（水师勇丁）的军费，广东解往江南大营、湖北防军的经费也可以截留提取〔一〕，军队的粮食供应则直接提用漕米〔二〕；办起民间捐输来，也更加振振有词〔三〕。相形之下，王鑫的部队反而成了鸡肋，唯一的任务就是出兵攻剿周边零碎匪徒，再要求添兵加饷，已经不可能了。曾国藩打仗极为讲究主客之辨，每每能反客为主；此次化解人事纷争，落笔极为辽远，得益却在眼前，无疑是反客为主的绝佳案例。

既然重做主人，异日统带水陆出省攻剿，决定权都落在曾国藩一人之手，带谁不带谁，就都凭他一句话了。他如果将王鑫列入名单，王鑫所部才会有资金、军备方面的支持；他不带王鑫出省，王鑫就会沦落为一般的团练主管，生活全靠自理了。〔四〕一切的关键，在于曾国藩记不记仇。很可惜，咸丰三年，四十三岁的曾国藩，修养还没到这份上。对于王鑫中途投靠其私敌的"叛徒"行为，他不能忘怀，而王鑫能征善战的本领，他却有意淡忘。

当然，这种泄一己私愤的行为，必将遭受来自官绅各界的质疑，不给出一个合情合理的借口，悍然不顾舆论，一意孤行，那是莽夫手段，曾国藩所不取也。他对王鑫约法十条，其中"必不可

〔一〕《请截留粤饷筹备炮船片》（咸丰三年十月二十四日），《曾集·奏稿》（一）。实际上，在奏请办理水师的当天，他就附片奏请截留广东解往江南大营的军饷。因为湖北戒严，此款共计十万两的军饷正好滞存在长沙，他申请从中抽提四万两。奏上，立即获得批准。当时湖南省库也就三万余两的现金储备，他一举获得此笔巨款，立即在经济上站稳了脚跟。

〔二〕《请提用湖南漕米片》（咸丰三年十一月二十六日），《曾集·奏稿》（一）。

〔三〕《请捐输归入筹饷新例片》（咸丰三年十一月二十六日），《曾集·奏稿》（一）。

〔四〕原则上，没有来自中央的命令，各省团练不得擅自出省征剿。咸丰三年正月癸丑上谕就说："所有团练壮丁，亦不得远行征调。"（王先谦《东华录》卷十九）湖南一省既然受命派遣曾国藩湘军出境，自然毋庸再行调派王鑫了。

改者五条”，王鑫可以“自为主张者三条”，曾国藩“自办而不以书告者二条”。我们来逐条审议这十条的内容：

“必从鄙意而不可改者五”：

一、汰选勇丁，合格者训练两月以上，方可出征。——粗看问题不大，其实为以下裁减王部，由三千变为两千，埋下了伏笔。

二、王鑫三千人应该划分成数营，每营由营官一人、帮办四五人统带，“不必由足下一手经理”。——这条最要命。按照曾国藩刚刚定下的湘军营制，每营定员五百，设营官一名。各营官互不统摄，全都直接听命于曾国藩。曾和各营官之间并不设立统带数营之“分统”职位，行政架构完全扁平化。若依此办理，王鑫所部则当分为六营，他不过统领一营而已。从方面大帅降格为偏裨小将，势所必争；昔日帐下属员，居然并肩同事，情何以堪？

三、军备方面，“如有一械未精，不可轻出”。——军械及费用，曾国藩不会按照王鑫现有三千人的规模配拨，而只按照两千人的限额制定预算（见“自为主张者”第一条），超出部分，经费自筹。筹集不及，必然出现“一械未精”的情况，那么就“不可轻出”了。

四、需雇用船只，作为随军的后勤中心。——关键还是在于经费预算。人多，要雇的船也多，超出部分，又得自筹。

五、日常消费，“以船为市”。——此条的意思在于推行集团采购制度，降低行军成本，控制现金流动。食品和日用品都先期由粮台采办，储备在随军仓船。兵勇入营，须用饷银兑换“吾船之钱”，然后购买“吾船之货”（颇类似于某些企业之内部银行、内部商店）。如此，则“银钱总不外散，而兵勇无米盐断缺之患，无数倍昂贵之患”。这是“必不可改者”中唯一不针对王鑫的一条。

“不必从仆，听足下自为屈伸主张者三”：

一、出征陆军规模限定为十营[一]，王鑫所部应该缩减为四营。“如足下能设法劝捐，多留一营亦可”。——这条其实是变相的“必不可改者”。劈空落笔，已经汰减了至少五百人，毫无商量余地。至于大军齐出，五百人自筹薪水，区别于其他四千五百人，岂不是明显的“歧视”？

二、训练兵勇，在衡阳或在长沙，可以自定。

三、每营、每队（一般十人为一队）需要操演阵法。

“自为密办而不遽以书奉告者二”：

一、“有人愿带五百人随同远征，已许之矣”——故作神秘，无非候补有人，不受要挟之意。

二、询问是否能自办雇船、雇水手事宜。[二]

综观以上十条，纯乎强硬压制，其中裁额、降职两条，尤为蛮横。裁额与否，自当在全军进行校阅、考评以后，酌情处理，但以数额限制，岂能服人？王鑫统带三千人，自定军制在前，曾国藩归并各营、制定营制在后，明里是统一制度，实则无端降职，血性男儿如王璞山者，岂能就范？此后曾国藩修改营制，增设统带数营之“分统”[三]，已经

〔一〕江忠濬已经带领一千人往援安徽，故此次出征陆军限额五千人，以符前此奏闻的六千之数。

〔二〕《与王鑫》（咸丰三年十一月初六日），《曾集·书信》（一）。

〔三〕胡林翼《致官使相言立小统领》，见葛士濬《皇朝经世文续编》卷七十。最先提出“分统”概念的是胡林翼，初行于李续宜军中。后来被曾国藩借鉴，咸丰十年已经实行，写入营制。见《致沅弟》（同治元年四月十二日），《曾集·家书》（二）；《批鲍超禀请筹发一二月满饷》（同治元年十月十日），《曾集·批牍》。

证明互不统摄、完全扁平化的管理架构有其不切实际之处；王鑫的一人可统数营的营制则一直应用于“老湘营”〔一〕和“楚军”〔二〕，在湖南、江西、浙江和西北等地的战事中发挥效用。王鑫之不接受此种规范，不能简单说成意气之争，而有兵法之辨的意义。

骆秉章、罗泽南、郭嵩焘、刘蓉等人从中调解〔三〕，二人都不愿意委曲求全〔四〕，终成决裂之局。勉强折中的结果：骆秉章全额保留王鑫的军队，专司防省之用。曾国藩另行委派林源恩、邹世琦等人募勇，补足十营之数。罗泽南因此退出东征大军，驻留衡阳剿匪。〔五〕

创立湘军的三个湘乡人，合作不到一年，就此分手。

补记：

一、骆秉章《骆文忠公自订年谱》（光绪二十一年思贤书局重刊本）卷上，咸丰三年，云：“先是王朴山鑫带勇一营，是时营规三百六十名为一营，往兴宁县剿办土匪。全股殄灭，奏以同知补用。时曾涤生住衡州，伊言于曾曰：‘若令我募勇三千，必将

〔一〕王鑫病殁之前，所部称为老湘营。

〔二〕左宗棠接管老湘营后，所部称为楚军。

〔三〕例如，骆秉章信中说：“见之行事，犹是独行。已见不能择善而从，故进言者安于缄默，引身而退。”见《复骆秉章》（咸丰四年正月十五日），《曾集·书信》（一）。正月间，骆秉章再度派遣王鑫往援湖北，曾国藩致信郭嵩焘，还有愤懑之气：“偏材而全用之，恐未宜也。仆既过誉于先，省门诸公又过信于后，仆亦不复相沮，恐人疑我为忌才妒功耳。”见《复郭嵩焘》（咸丰四年正月二十日），《曾集·书信》（一）。二月间，他向刘蓉诉苦：“近日友朋致书规我，多疑我近乎妒功嫉能、忮薄险很者之所为，遂使我愤恨无已。”见《与刘蓉》（咸丰四年二月初七日），《曾集·书信》（一）。此信可以代表当时的舆论倾向。

〔四〕咸丰三年十二月二十六日，曾国藩又给王鑫写了一封长信，语气稍微和缓，但是前此宗旨毫无改变。王亦不松动，但说要请假还乡。见《复骆秉章》（咸丰四年正月二十一日），《曾集·书信》（一）。

〔五〕咸丰三年十一月十六日，曾国藩给罗泽南写了一封长信，主要内容为解释他和王鑫的矛盾，并邀请罗泽南随军远征。年底二人又在衡阳、湘乡面谈过两次，罗泽南终于谢绝。

粤匪扫荡。’曾遂致信省城，言：‘王朴山有此大志，何不作成之？’我覆信请其到省面商。后王朴山偕从九吴坤修来见，备言先发口粮二万两，硝磺各一万，回湘乡招勇三千，必能不负所委。王朴山说湘乡言，谈多不甚晓，吴坤修代达。我谓：‘暂且招二千，因经费支绌。若不敷调度，再招。’即发札，并饬局发口粮及硝磺等项。王朴山遂偕吴坤修回湘乡去矣。闻曾涤生致书伊老师吴甄甫先生，极言王朴山之能。不数日，即得吴甄甫咨函，请调王朴山招勇三千赴鄂。遂发札与王朴山，招足三千之数。不数日，吴坤修到省求见，言：‘王朴山回乡招勇，出入鸣锣摆执事，乡人皆为侧目。其人如此，实不可用。’我言：‘伊得保举同知，初回家乡，不过荣耀之意。我粤新科举人回乡，亦是如此，似不足怪。’吴坤修无词而对。翌日，伊又来求见我，言：‘王朴山所招之勇，多是匪类。又不发口食，连夜在县城偷窃，赖令不胜其苦，又不敢言。将来带勇到省，难免骚扰。’我言：‘汝同王朴山回湘乡招勇，又是至好，何以不为规谏？’吴坤修云：‘伊凡事不由我管理，是以难进言。’我云：‘伊一切皆不交汝管理，是以尔说他。’吴坤修见我不信其言，辞去，即往衡州见曾涤生。两旬间，吴甄甫即有咨函，言王朴山之勇恐靠不住，止其不必来鄂。不数日，王朴山带勇到省。我以吴制军之咨示之，著其留勇二千四百人，其余六百名作长夫，嘱其日日训练，以备调遣。吴制军若调王朴山带勇赴鄂，有此得力之将，恐不致有堵城之败。‘利口覆邦家’，信然。”

二、《王鑫集》卷十二《致曾涤生侍郎》（署咸丰六年十二月初八日，按，据王氏日记，此书作于十二日）：“世固有迹似终睽而实神交于千里之外者，此不特难以见谅于流俗也，即一二有识之士，亦多泥其迹，莫察其心，夫岂咎人之不相知哉。生平读书论古，窃见夫贤豪者流，或于其志同道合之人仍有龃龉，遂自负昂藏傲岸之概，不肯稍为降下，君子谓其所执者隘而所亏者多也，乃忽忽焉而躬自蹈之，不亦伤哉。鑫之受知于阁下也，基于壬子之冬，而极于癸丑之秋。少自远于阁下也，肇于加募之事，而成于败衄之后。其中离合远近之故，未始非彼苍者之默为颠倒位置，而疏狂之罪在鑫，究无可辞矣。厥后阁下重整师旅，率同心以张挞伐，由湘而岳而浔，千余里间，水陆所至，肤公立奏，威名大震而前耻尽雪，虽人事变迁不无失意之端，然公之心事与公之勋业，固已揭日月而并行矣。所可痛者，塔公殒后，罗师又相继而及于难，天厄斯道，乃至于此，每一念及，怅怅焉不知神魂之何在。而鑫数年来徬徨奔走于岭表洞庭之间，欲求如衡郡抵掌之一日而不可得。於戏，茫茫天壤，同志几人，觌面称交，知心谁是？此鑫所以情不自禁而欲一献言于阁下之前者也。”

猪子出得湖

“出得湖”是湖南土话。湖，指洞庭湖。湖南是个内陆省份，向外四个方向，只有北面的洞庭湖交通最为便利。过了洞庭湖，进入长江：顺流而下，是秀丽的江南；逆流而上，是富庶的四川。渡江而北，无数读书人、野心家就此踏上功名之路，去实现那些或多或少或大或小的光荣与梦想。这些可能性，只有渡过洞庭，才会呈现。所以，说某人出得湖，就意味着他已经有所蓄积，可以大展身手、拳打脚踢一番了。咸丰四年二月，曾国藩率领湘军水陆兵勇及长夫等共计一万七千人北上，这次的路线是渡过洞庭湖，进入长江，直奔太平天国的首都——天京。他能“出得湖”吗？

起兵前夜，曾国藩写了一篇《讨粤匪檄》，沿路贴发，大造声势。檄文墨迹未干，“粤匪”的西征军已于正月间攻克汉口、汉阳，分兵南下，破岳阳，扫荡湘阴、宁乡，夺据乔口、靖港，挡住了曾国藩出湖的必经之路。入侵的太平军就像一个考官，专程前来测验曾国藩的“出湖指数”，以及刚刚组建的湘军水师。

靖港距长沙不到三十公里，在湘江西岸，尽得水陆进兵之便：西则益阳、宁乡，北则湘阴，南则长沙、湘潭，俱可瞬息而至。但是此时太平军的“水师”，都是用抢来的民船草草改造而成，兵勇未经训练，亦无战术可言，实在比不上湘军的水师。〔一〕所以，三月二十六日，湘军水师驶赴靖港，“上下往复，周而复始”〔二〕，打了第一个小胜仗。太平军败退，随即分兵从陆路绕道宁乡，转攻湘潭，为上下夹攻长沙之计。曾国藩召集诸人定计：塔齐布率

〔一〕鉴于水师不敌湘军，太平军于咸丰五年才开始办水师，其式样、战术，全部照搬湘军程式，速度甚至更快，唯一的缺陷就是船炮射程不及湘军。见《水师近日接仗情形折》（咸丰五年五月二十一日），《曾集·奏稿》（二）。

〔二〕骆秉章、曾国藩《会奏湘潭靖港水陆胜负情形折》（咸丰四年四月十二日），《曾集·奏稿》（一）。

陆军八营，褚汝航、彭玉麟率水师五营，南下追剿。曾国藩亲统剩余水师五营及亲兵二营，第二日跟进。〔一〕褚、彭水师出发后，长沙城中人心惶惶，生怕曾国藩明日跟去，城防空虚，靖港之敌即来进攻。于是，四月一日夜，有人向曾国藩建议：靖港太平军人数不多，不如明天先把他们赶走，再去湘潭，并承诺派遣长沙团练随军助剿。曾国藩也怕湘潭久攻不下，靖港之敌危及省城，所以临时变计，明日改攻靖港。当时靖港太平军只有几百人，曾国藩手下水陆兵勇合计有三千多人，实力对比明显占优。唯一不足，就是没有人临阵指挥。曾国藩仗着船坚兵众，认为几百匪类不值一剿，师船一至，必定望风而溃。所以，他决定实战指挥，享受一次书生杀敌的快感。很不幸，他的处女作以完败收场，以少胜多的快感奉献给了太平军。

〔一〕当日定计之时，大致分为两种意见：一、全力收复靖港，再图湘潭；二、先攻湘潭。议论相左，群推彭玉麟决断，遂定攻湘潭。见王闿运《湘军志·曾军篇》。

四月二日清晨，率队出发。中午，船队逼近“贼屯”。立脚未稳，布置未定，突然刮起一阵猛烈的南风，吹得战船顺流急下，直奔敌营而去。敌军岸炮齐发，风猛水急，战船失控，不能后退，多被击中。趁着慌乱，敌军划出两百多艘小舢板，绕战船四周，火烧枪击。水勇纷纷弃船逃跑，或将战船凿沉，“恐以资贼”，有幸逃回的残部退守到对岸铜官渚。见水师不利，曾国藩亲率陆军往攻，以团练为前锋。刚过浮桥，敌军出队截击。团练勉强可以守碉堡、护城墙，执枪互射、挥刀对砍，实非所长，于是，见敌即“反奔”。兵败如山倒，看见团练“反奔”，湘军士兵也扯起脚就跑，争抢浮桥。浮桥用门板、床板搭建，勇丁一拥而上，浮桥立即踏坏，淹毙踩死一百多人。曾国藩短衣仗剑，在岸边竖起令旗，大喝：“过旗者斩。”估计噪音太大，众勇听不真切，“皆绕从旗旁过”。曾国藩羞愤难当，仰天长叹，“愤而投水两次”，都被亲兵章寿麟救起。事不过三，湘江不能再跳，只好收拾残众，回泊南湖港。〔一〕

回船以后，曾国藩“其志仍在必死”〔二〕，乃召集幕友李元度、陈士杰，吩咐后事：代作遗折，与《讨粤匪檄》一起“进呈御览”〔三〕；“赶紧送灵柩回家”，所得丧仪，除棺材成本、运费外，全部移交粮台。〔四〕交代完毕，就要自裁（按，死法如何，文献不足征，未能确定）。李、陈拼命阻止，拉拉扯扯，僵持许久。恰在此时，收到克复湘潭的捷报，向死之志才稍微摇动。左宗棠“缒城出视之”，到船上一看，曾国藩还穿着湿衣湿裤，“污泥

〔一〕此段综合王闿运《湘军志·曾军篇》、《左集·书信》、《左集·诗文·〈铜官感旧图〉序》等文内容。

〔二〕《与周夫人》（咸丰四年），《左集·附册》。

〔三〕坊间小说谓王闿运晤见曾国藩，说檄文内容不稳妥，劝勿张贴、公布，曾国藩然之，令撤下已贴布告。而遗命进呈，以明心志，毫无遮遮掩掩的意思，是可知小说家言不足信也。

〔四〕《致幕友》（咸丰四年六月十六夜二更），《曾集·书信》（一）。按，此处日期编订错误，当编为四月某日。

满身”，“气息奄然”，不禁哈哈大笑，赞道：“好像猪子。”〔一〕突兀之下，很难理解他为什么这样说。试着阐释一下，往雅里入手，则怀疑他谐音“朱子”。不过在下固陋，实在想不起朱文公什么时候出现在相似的场景中。不能入雅，只好入俗，大概“猪子”是比较文雅的说法，记述者已经失真。根据湖南人的口语习惯，左宗棠当天说的应该是：“好像个猪崽子。”乡俗单说“猪”字，纯属骂人，而在较为熟悉的人之间，称呼为“猪崽子”，则往往糅合怪责、怜悯两重意思。曾国藩私自变计，自取其辱，应该责怪；但是全局未坏，斯人憔悴，实属可怜。再加上一身尽湿，泥渍斑斑，形状上也有几分神似，所以左宗棠脱口而出“猪崽子”，试图借此缓和气氛，让灰心丧气的曾国藩能够“破涕成笑”，重振精神。

〔一〕李详《药裹慵谈》卷四。作者自言左宗棠调笑语闻之张百斌。张百斌，长沙人，张百熙族弟。

随后的几天，曾国藩移驾南门外妙高峰寺，杜门思过。作为统帅，此役收复湘潭，敌军北逃，“毙贼近万”（主要指宁乡和湘潭两个战场），“所获旗帜器械无算”，解散被挟持的百姓“约以万计”，〔二〕无疑是大功一件。但是，作为实际参战人员，指挥失当，号令不行，战船损失三分之一，士兵伤亡逃跑大半，

〔二〕骆秉章、曾国藩《会奏湘潭靖港水陆胜负情形折》（咸丰四年四月十二日），《曾集·奏稿》（一）。

实在又是大罪一条。于是，曾国藩在和提督、巡抚会衔合奏以外，独上一折，“请旨将臣交部从重治罪”，并请另派大臣总统此军。〔一〕而长沙城内传来消息，藩司、臬司等人向骆秉章建议“罢遣曾军”，“语倨妄甚”，骆表态：“且待之。”〔二〕所“待”者，无非是奏折递上后皇帝的批谕。如果中央有意追究，则无妨落井下石；如果“天恩浩荡”，不予穷责，也不妨做个顺水人情。省城官吏可以两待，曾国藩却是度日如年，一天不下旨，就一天不安生。从四月十二日拜发奏折到五月八日接奉谕旨，二十多天里，曾国藩思想斗争极为激烈，甚至拟了一封遗折〔三〕，再起自杀之念〔四〕。全赖李元度“宛转护持，入则欢愉相对，出则雪涕呜愤”〔五〕，左宗棠也每日过来“絮聒”慰解，他才挺过这个初夏，没干傻事。

五月八日，旨下。立功人员俱受嘉奖；曾国藩“即行革职”，“带罪自效”；鲍起豹身为最高军事指挥官，仅仅列衔会奏，竟不参战，“着即革职”；塔齐布署理湖南提督。这条谕旨赏功罚过，是非不紊。湘潭战役获胜，参战人员获得保举等奖励，是赏功。曾国藩轻出浪战，损兵折将，革职而不剥夺领

〔一〕这份奏折无疑是在精神恍惚的状态下写成的，叙事毫无技巧，因果关系混乱，咸丰批语：“此奏太不明白。岂已昏愦耶？”见《靖港败溃自请治罪折》（咸丰四年四月十二日），《曾集·奏稿》（一）。后来神志恢复，他又补写了一份，简明扼要，条理清晰，把“上下胜败、异地同时”的故事再讲了一遍。见《复陈湘潭宁乡靖港胜败情形片》（咸丰四年五月初八日），《曾集·奏稿》（一）。

〔二〕王闿运《湘军志·曾军篇》。

〔三〕遗折、附片各一，见《曾集·奏稿》（一），据台湾学生书局影印本《湘乡曾氏文献》补入。

〔四〕黎庶昌《曾文正公年谱》（咸丰四年）：“湘勇屡溃，恒为市井小人所诟侮，官绅之间亦有讥弹者，公愤欲自裁者屡矣。”

〔五〕《与李元度》（咸丰七年闰五月初三日），《曾集·书信》（一）。

导权，是罚过。地方军务负责人鲍起豹在这次省城保卫战中竟未派兵出战，也不参与指挥，尸位素餐，“着即革职”，就是是非不紊了。皇帝并不知道此前长沙城中发生的提督和钦差之间的风波，仅仅根据提督会衔而未参战的蛛丝马迹，就做出临阵换将的决策，无意中替曾国藩出了一口恶气。而在城中官吏看来，此次突如其来的人事任免，无疑是曾国藩在北京进行“活动”的结果，所以大为“惭沮”，觉得曾大人朝中后台硬不可言，以后少惹为妙。

其实，曾国藩此次并未进行任何“非组织活动”。〔一〕本年军机处以奕䜣、祁寯藻领班。奕䜣和曾并无私交。曾国藩于祁寯藻虽有问学从游之举，但是大多数人都认为祁不仅不是曾的奥援，甚至还有意压制他〔二〕。所以，处理得当，大部分功劳要归于皇帝本人〔三〕。咸丰死前一两年名声不好，但是执政前期、中期的表现都算得上中规中矩，勤政忧国。只是点儿太背，一上台就得面对五十年积渐的“制度性衰退”以及太平天国起义、英法入侵激化而成的“三千年未有之变局”，不得不在忧愤交加中消磨掉十年的执政岁月，一

〔一〕黎庶昌《拙尊园丛稿》卷三《曾太傅毅勇侯别传》：“湘潭克复，奏捷至京师，大臣或指为妄。上心知非是。一日，特召见编修袁芳瑛，问所以破贼状。芳瑛具言，臣得家书，述曾国藩等战事甚悉，因举颠末为上备陈之。上大悦，即日授芳瑛松江知府。而公志以明。芳瑛者，上从搢绅簿中识其为湘潭人也。自是，大臣乃不复言公。”

〔二〕王闿运《湘绮楼诗文集·王志》卷一《论道咸以来事》：“曾侯始起由穆鹤舫，大用自肃豫庭，皆世所诋訾者。其扼之由祁、倭两文端，皆时所宗敬者。”按，穆彰阿是道光朝有名的“权相”，肃顺是“顾命八大臣”之一，也曾权倾一时，后被慈禧、恭亲王合谋诛杀。倭仁和祁寯藻，则都是所谓“理学名臣”。据李详《药裹慵谈》卷四记载，湘潭大捷后，咸丰帝有意专任曾国藩训练乡兵，不许各省督抚牵制，向祁寯藻咨询，祁说：“以在籍侍郎号召乡兵长驱东下，非国家之福也。”曾闻之，对刘蓉说：“祁某京师旧交，何中伤之如此？”

〔三〕《清史稿·文宗本纪》所谓“辅弼充位，悉出庙算”，就是说他很有主见，而不太咨询其他人的意见。

〔一〕《清史稿·文宗本纪》卷二十就说咸丰："遭阳九之运，躬明夷之会。外强要盟，内孽竞作，奄忽一纪，遂无一日之安。"

无所称。〔一〕如果非要说曾国藩在朝廷中傍到粗腿的话，最粗的那条腿倒不是别人，而是这位一直郁闷的当朝天子。

不过，七月在岳阳城陵矶，湘军水师又犯了和靖港之役相同的错误：在顺风顺水的情况下，贸然进攻。于是，同样一阵南风，断送了水师中排名头甲的三位大将和几十艘征痕初染的战船。值得欣慰的是，两次失败终于换来一个宝贵的经验，那就是发现了水师行军必须遵守的规律：逆风逆流，最利水师攻战；其次则顺流逆风；最忌顺风顺水。道理一经点透，十分简单。顺风顺水，战船前进固然疾驰如飞，但是有进无退，路线单一，稍有挫失，就陷入敌军重围，船炮发挥不出威力，兵力更形单弱，必致溃败。逆流逆风，则前进稍慢，但是方向、节奏、阵形的主动权都操之在我，船炮的威力也可以充分发挥。要退军的话，则变为顺风顺水，以专业战船的素质，肯定能跑过太平军的改装商船。如此，则胜算大增，风险大减。掌握了这条规则，随之应用于岳阳、武昌、长江的几个战役，就都获得大胜。投入产出相较，成本控制还算合理。

岳阳失利两个月后，收复武昌、汉阳，击毙太平军骁将曾天养。十月，大捷于田家镇，杀敌万人，破坏、缴获船只四千多艘。[一] 十一月，一直杀到九江城下。

“猪子”曾国藩在失败中锻炼精神，增长阅历，出洞庭，下长江，向“粤匪”考官交出了一份满意的答卷。

〔一〕这次，就是太平军吃了不懂行军规则的大亏，在顺风逆水的情况下全军覆没。

办与朕看

此章引言说曾国藩起事早期还保留了在京当京官时养成的“愤青”气质。“愤青”是“愤怒青年”的简称，来源于西域名著，大行于中文网络，定义屡经更改，表现一以贯之：对现状不满，惯用道德作评价标准，求全责备，敢于直言、大言乃至狂言。作为愤青的曾国藩，要写真画影的话，是一副怎样的模样呢？

一个合格的“愤青”，要针砭社会，批判他人，首先要在个人品德上立于不败之地，否则，不能身体力行的道德标准只会成为笑话。曾国藩这种从宋儒理学入手的“愤青”，更讲究这一点，他持续修炼了二十多年，才达到从我做起、问心无愧的境界。

弱冠那年，他给自己改了个号，叫作“涤生”。“涤”者，清洗、涤除自身的坏习惯、坏品格；“生”者，取义于明人袁黄[二]的名言：

〔二〕袁黄，就是写了四篇诫子书（后来被称为《了凡四训》）的袁了凡居士。

“从前种种，譬如昨日死，以后种种，譬如今日生。”〔一〕合起来，就是改过自新的意思。十年过去，他从苦读的考生变成了入直的翰林，可是反躬自省，发现身上毛病不但涤除未尽，反而越来越多。于是痛下决心，严厉检讨，争取达到“涤”而后“生”的善境。他的服善之勇、改过之猛，我等庸凡看了，少有不大惊失色、自惭形秽的。贪睡恋床，不能黎明即起，他就骂自己“一无所为，可耻”；〔二〕喜欢吟诗作赋，寻章摘句，而没有把全副精力用于经、史、语录等有用之学，他认为症结在于好名，同样“可耻”；〔三〕给地方官员写信，口气亲热了点，那就是“意欲饵他馈问”，唯利是图，“鄙极丑极”，立即重写一封，“作疏阔语”；〔四〕喜欢侃大山，争一些言语上的便宜，那就是好“妄语”，发誓若有再犯，“明神殛之”；〔五〕跟同事朋友说黄段子过过嘴瘾，“闻色而心艳羡”，这就是“真禽兽”；〔六〕某日，起床后吃水烟，“口苦舌干”，觉得有损无益，于是“将水烟袋捶碎”，“从今永禁吃烟”；〔七〕下围棋费时费力，玩物丧志，发誓戒绝：“如再下棋，永绝书香。”〔八〕（这个没做到，日后在军营中保持每日围棋一局的习惯，反倒成为曾文正公镇定从容的美谈。）

〔一〕《曾集·日记》道光二十二年十一月二十三日日记。

〔二〕《曾集·日记》道光二十二年十月二十一日日记。

〔三〕《曾集·日记》道光二十二年十月二十日日记：“为人好名，可耻。而（己）好名之意，又自谓比他人高一层，此名心之症结于隐微者深也。”倭仁批语：“此心断不可有。”

〔四〕《曾集·日记》道光二二十二年十一月初八日日记：“复黄晓潭信，伪作亲厚语，意欲饵他馈问也。喻利之心，鄙极丑极！即刻猛省痛惩，换写一封，作疏阔语。”倭仁批语：“迁改勇甚。可敬。”

〔五〕《曾集·日记》道光二十二年十一月初九日日记。

〔六〕《曾集·日记》道光二十二年十二月十六日日记。

〔七〕《曾集·日记》道光二十一年九月初一日日记。

〔八〕《曾集·日记》道光二十四年五月初五日日记。

就这么过了“日三省吾身”的十年，青年变成中年，检讨升为侍郎〔一〕，修身齐家，俨然有成，接下来就是治国平天下了。京官没有进入军机处，治国的途径就只有做好本职工作和上书建言献策两条。礼部清闲，兵部无事，（虽然太平天国已经起事，但是征剿大权都在军机处，兵部不过奉旨下令而已。）要有所表现，就得建言献策。

〔一〕道光二十九年二月，授礼部右侍郎。九月，署兵部右侍郎。时年三十九岁。

和风细雨不是“愤青”本色，疾言厉色才是“愤青”惯技，愤青们的疾言厉色，都化作一篇篇给皇帝找茬挑刺儿的“谏疏”。皇帝说了不合适的话，得谏；做了不合适的事，得谏；国家大事，得谏；深宫内院上封号、立太子之类的“家事”，也得谏。这么多谏言中，固然有明着骂暗里夸的高级马屁，正中时弊、发其私隐乃至“人身攻击”，也不少见。而且谏言采用的批评标准，全部“取法乎上”，没有降低标准退而求其次的。因为，天子是当今圣人，对圣人，就得往高了要求：一般人的毛病是毛病，对一般人来说不算毛病的言行，在圣人那儿就得算毛病，就得使劲批。都说当皇帝爽，天天有这么一帮人围着你骂，我看当皇帝也不是很爽。当然，骂急了，你可以大喝一声“拖出去斩了”；轻一点的，也可以扒了裤子搞搞“廷杖”。可是，言官们都有一股子拗劲，打不怕，杀不怕，讲究“立朝”的“风骨”，追求“批鳞”的名声。一时一地，板子打得屁股生疼，甚至脖子上来个碗大的疤，但是千秋万代，写在竹简素帛黄草纸上的，都是光辉事迹。啥事不干，张嘴骂人就能名垂千古，这种好事哪里去找？同理，皇帝打击报复也不能太过分，人家批评你是瞧得起你，拿你当圣人，你太过了，就得留下一个暴君、昏君的名头，被写进“青史”，而白白便宜了那个光会骂人的言官。于是，言者为了流芳百世，听者害怕遗臭万年，不得不互相合作，创作一套“罪臣”犯颜直谏、“寡人”从善如流的剧本，在两千多年中重复献演，乐此不疲。〔一〕

当了十几年京官，没有特殊的表现，不但自己着急，以风义相切劘的朋友也急了，罗泽南就说：“有所畏而不敢言者，人臣贪位之私心也。不务其本而徒言其末者，后世苟且之学也。”〔二〕虽然，此前曾国藩已经上了几个折子，分别就转移人才、设立日讲、汰减兵饷等事建言，无奈都没什么反响。看来，不说几句重话，不但皇帝不会关注，诤友们也不会原谅自己。于是，咸丰元年四月二十六日，曾国藩上疏皇帝，语调激烈，对其个人修养的三点“流

〔一〕参观徐继畬《松龛先生全集·奏疏》之《三渐宜防疏》论“壅蔽之渐宜防”一节，谓大臣“意在沽名，故为激聒，鼓其矜张之气，不顾事理之安，以迕旨为伸节，以获罪为成名”，皇帝遇此，虽然认识到言官“客气用事，难以语学术之真纯”，而亦不能不“大度优容，适足见圣怀之渊邃”。

〔二〕《复罗泽南》（咸丰元年），《曾集·书信》（一）。

弊”进行严厉批判。

首先，他说咸丰过于注重小节，到了“琐碎”的地步。大臣因为“步趋”“叩头”等礼数稍有失误，就被责罚；为了避讳，竟然把古今通用的“仪注”二字改为“礼节”(咸丰名奕詝)〔一〕。“谨其所不必谨”，于国家大事却“不暇深求”。广西剿匪是当前头等大事，“人才”“地利”和“军需”三者是重中之重，皇帝却委任失当，布置失措。

其次，“徒尚文饰”。去年登基，就下诏求言，鼓励言者无罪，言无不尽。而臣僚进言，却大多以“无庸议”三字对付过去。对于说话激烈一点的大臣，当时伪作褒奖，事后却给人穿小鞋，秋后算账。进言之初，倭仁蒙手诏奖许，“未几而疏之万里之外”；苏廷魁被优旨答谢，“未几而斥为乱道之流”。“是鲜察言之实意，徒饰纳谏之虚文”。年纪轻轻（“春秋鼎盛”）就刊布御制诗文集，好慕虚荣，有愧于三四十岁后才刊刻文集的各位祖先。

最后，“骄矜”“自是”，说什么“黜陟大权，朕自持之”，搞得大臣们再不敢就人事、吏治发言，养成满朝都是“谐媚软熟之人”，“相与袖手，一筹莫展”。平时不培养、储备“刚正之士”，碰到像今天这样的“军务警报”，

〔一〕说到避讳，咸丰就没有秉承祖德。雍正看见臣工奏折不但避其本名，还避嫌名（不但避本字，还避谐音的字），怒曰：“朕安得有许多名字？非朕名而避，是不敬也。”“仪注”，与“奕詝”谐音，就是避嫌名。见陈康祺《郎潜纪闻初笔》卷十三。

"安所得人才而用之哉?"而且,广西之事,不可能立即平定,"固中外所同虑";就算侥幸平定了,皇上也会认为"天下无难办之事,眼前无助我之人",更加刚愎自用,说不定就成了丹朱、商纣那样骄傲、"迷乱"的昏君、暴君。〔一〕

这篇谏章,从言行批判发展到"诛心之论",直接将"圣上"比作"昏君",正是走的犯颜直谏、不恤杀身成仁的路子。皇帝曲为优容,纳言改过的例子固然有,但是进言者重则砍头、轻则流放,身前凄凉、死后哀荣的例子则更多。他未尝不晓得其中利害,既然要做"名臣",这一注总得出手,至于结果如何,听天由命可也。咸丰帝看完全文,当场大怒,"掷其折于地",怕也是动了杀机,要成全他。不过,如前所述,咸丰帝毕竟不是昏君暴君,而是有望跻身"大有为"之列的皇帝,所以,在祁寯藻频频叩头,请求缓颊的情况下,做了个顺水人情;〔二〕不但没有处罚曾国藩,反而在一个月后让他兼署刑部左侍郎,变相升了他的官。〔三〕这是曾国藩和咸丰帝的首次"良性互动",算是"双赢"。不打不成交,打完之后,二人对对方的路数都有了解,此后长达十年的长期"互动",也就在这个基调上展开了。

〔一〕《敬呈圣德三端预防流弊疏》(咸丰元年四月二十六日),《曾集·奏稿》(一)。

〔二〕《曾文正公国藩传》,朱孔彰《中兴将帅别传》卷一。朱克敬《暝庵杂识》卷三:"上不悦,朱笔直其名右,明日,袖疏示诸大臣曰:'曾国藩所言,以朕为何如主耶?'大学士祁寯藻叩头曰:'主圣臣直。'如是再三,上意乃解。于是都下哄传国藩讦直沽名,军机章京致书外省,有'涤翁圣眷恐从此衰'之语。"

〔三〕清代各部按照实权、利益排序,一般以吏部为最优,其次为户、刑、兵、礼、工,时人以贵富威武贫贱称之,见文廷式《闻尘偶记》。曾国藩由礼而兵而刑,所调部门越来越"优",就是遵从这个惯例。这种优劣划分,并没有明文规定,却是为官者心知肚明的"故事"。

三年十月，曾国藩开始操办水师。还不到一个月，性急的皇帝就催促他“着即赶办船只炮位”，“自洞庭湖驶入大江，顺流东下，直赴安徽江面”。“该侍郎忠诚素著，兼有胆识，朕所素知，谅必能统筹全局，不负委任也”。显然，三年前曾国藩“打龙袍”的举动给咸丰留下了深刻的印象，目前下游向荣、琦善两大营成效一般，只有靠上游这一支奇兵出江东下，形成高屋建瓴之势，遏制太平天国的扩张。实际情况呢？“实有不宜草率从事者”，这是曾国藩的回答。〔一〕

湖南办水师，最大的困难在于办水师的一切条件暂时都不具备。不过，大话说出口了，有条件要上，没有条件创造条件也得上。水师三大件：船、炮、勇。船，造一批，买一批；大型战船得新造，补给船、小炮船则购买民船进行改造。炮，也是造一批买一批，所买多为“夷炮”，委托广西外贸部门代为购置。勇，招募训练，算三件中最好办的。三件事情都需要找人、找钱才能办妥，最需要的却是时间。负责造船的两个人，成名标十一月五日到衡阳，〔二〕褚汝航十二月上旬在湘潭开工〔三〕。邹世琦督造水师专用炮位，十一月开工。〔四〕招募水勇，

〔一〕《筹备水陆各勇赴皖会剿俟粤省解炮到楚乃可成行折》（咸丰三年十一月二十六日），《曾集·奏稿》（一）。

〔二〕《复骆秉章》（咸丰三年十一月初五日），《曾集·书信》（一）。

〔三〕《复骆秉章》（咸丰三年十二月初七日），《曾集·书信》（一）。

〔四〕《复邹伯韩》（咸丰三年十一月二十五日），《曾集·书信》（一）。

则在十二月中旬开始。[一]江忠源所荐广西张敬修带一千炮位、两千水勇、两百船工来湘协办，则终于泡汤。[二]综合各项日程，率师出征的日期，最快也在明年一月底。所以，对十一月十二日催命符式的上谕，曾国藩只能答以“明春乃可成行”。

为了强调水师之出，不仅仅是孤立的战术动作，而是湘、鄂、皖、赣“四省合防”大战略的关键组成部分，也为了表示深入领会上谕中“统筹全局”四个字包含的决策精神，曾国藩在复奏中，不但说明了办水师的客观困难，也解释了他与骆秉章（湖南巡抚）、吴文镕（湖广总督）、张芾（江西巡抚）和江忠源（安徽巡抚）四位大吏商定的“四省合防之道”，“以剿为堵之策”。总之，就是说这事不能一味赶时间，“不能草草一出”，否则就是中央政策自相矛盾，“殊失皇上命臣统筹全局之意”。

曾国藩抠字眼儿，咸丰不干了。咸丰的本意只是各地团练大臣多快好省，有一份心出一份力，全盘大局自当由中央政府及钦派剿匪大臣向荣等人协商制定，根本没料到一个地方团练大臣会给他整出这么个“四省合防”的大战略，还一口一个“统筹全局”，

〔一〕《复朱蓂》（咸丰三年十二月十四日），《曾集·书信》（一）。

〔二〕《复骆秉章》（咸丰三年十一月初十日）、《复严正基》（咸丰四年正月二十日），《曾集·书信》（一）。

“不能草草一出”，公然拒绝了他的调派命令。于是，战略歧异与个人意气合力造成了咸丰帝的恼羞成怒，他红笔一挥，写了一个极富攻击性与调侃性的批答：

现在安省待援甚急，若必偏执己见，则太觉迟缓。朕知汝尚能激发天良，故特命汝赴援，以济燃眉。今观汝奏，直以数省军务一身克当，试问：汝之才力能乎？否乎？平时漫自矜诩，以为无出己之右者，及至临事，果能尽符其言甚好，若稍涉张皇，岂不贻笑于天下？着设法赶紧赴援，能早一步即得一步之益。汝能自担重任，迥非畏葸者比。言既出诸汝口，必须尽如所言，办与朕看！

王闿运曾经比较古今谕旨口吻，说秦始皇的“制曰可”和清帝的“知道了”，雅俗判然。我倒是觉得，像咸丰这种朱批才更有人味，更能拉近历史。一个二十三岁的年轻人，自觉被“愚弄”、被“蒙蔽”，情急之下口不择言，把本应慎重对待的军情批奏，演成一段民间戏文般的绝妙台词，难道不比虚文假式的“制曰可”更能体现历史与人性的真实吗？但是，就事论事，这段颇类今日网络论坛辩论的批谕，声调甚高，底气却不足。当日的清廷，对于越来越烂的局势，并未形成一个真正谈得上“统筹全局”的战略，除了尾追、包围这种被动措施，就再没有类似“四省合防”、以上游制下游的治本之策，所以语气极其不屑，心中未必不以为然，故末尾的“言既出诸汝口”云云，还是抱着“死马全当活马医”的态度，聊作解嘲。

年长咸丰二十岁的曾国藩自然不能和他一般见识，所以再次复陈[一]，无非把各种困难描绘得更细致而已，出征日期不能提前这个原则性问题，则毫不松口。你说气话，问我“能乎？否乎？”，我则回答“自度才力，实属不能”。你要我“办与朕看”，我只说“惟有愚诚，不敢避死”，但是“成败利钝，一无可恃”。实在逼急了，非要摊派不切实际的指标，那么“与其将来毫无功绩，受大言欺君之罪，不如此时据实陈明，受畏葸不前之罪”。曾国藩《挺经》一书不见诸《全集》，是否成书不可考。[二]但这次顶住来自最高当局的冷嘲热讽甚至是威胁恐吓，无疑可算作挺经致用的绝佳案例。“挺”之一字，不仅意味着实事求是、驳回不切实际的命令，更重要的是坚持己见，谋定后战，不致因为压力太重、人言可畏而草草出兵，身死军覆，败坏全局。曾国藩的老师吴文镕就因为巡抚崇纶参奏他避战不出，在准备不充分的情况下愤而出师，溃败于田家镇。[三]吴文镕没“挺”住，他“挺”住了，所以再次复奏后，咸丰心平气和之下的批答倒有了些悔意：

成败利钝，固不可逆睹，然汝之心可质天日，非独朕知。若甘受畏葸之罪，殊属非是。

〔一〕《沥陈现办情形折》（咸丰三年十二月二十一日），《曾集·奏稿》（一）。

〔二〕曾国藩尝云欲著此书。李鸿章在与曾国荃、彭玉麟等人书函中屡屡提及“挺经”。曾国藩的孙女婿吴永《庚子西狩丛谈》则转述过一段《挺经》故事，云语出李鸿章。今日坊间有以“挺经”名书者，据知者言，不过书商聘请枪手，东摘西抄，牵缀成文，不得谓为曾文正公家传世守之“孤本秘籍”也。

〔三〕《清史稿·列传》卷一百八十三，《缕陈鄂省前任督抚优劣折》（咸丰四年九月二十七日），《曾集·奏稿》（一）。

继指责咸丰三大“流弊”之后，曾国藩在和咸丰的“互动”中，又领先了一个回合。

靖港之战，曾国藩被革职，则算是咸丰小小出了口恶气。随即收复武昌、汉阳，则不得不令咸丰另眼相看，他在武汉克复的奏折上批示：“览奏。感慰实深。获此大胜，殊非意料所及。朕惟兢业自持，叩天速赦民劫也。”〔一〕一个职分只是帮办团练的丁忧官员，竟然取得收复失地的大功，“意料”当然不及，“感慰”当然很深。

〔一〕《官军水陆大捷武昌汉阳两城同日克复折》（咸丰四年八月二十七日），《曾集·奏稿》（一）。

随后湘军一路克捷，围住九江、湖口两城，咸丰也就一路褒奖、授权，不在话下。四年十二月十二日，水师两千多人驾一百多艘小型战船冲入鄱阳湖清剿残敌，一意冒进，没有守护湖口水卡，遂被太平军堵在内湖，不得再回长江。二十五日夜，滞留长江的水师被太平军偷袭。由于轻便小艇都困在鄱阳湖内，余下大船不利近战，因此太平军的小划子穿梭其中，“火蛋、喷筒，百支齐放”，烧得湘军满江乱窜，曾国藩的座船也被烧毁，公私文牍全部遗失。水师此次失利，实际就是今后两年多湘军一直不振的重要原因。但在当时，实在不是咸丰“意料所及”，所以他批示：“此时偶有小挫，尚与大局无损。曾国藩自请严议之处，着加恩宽免。”并严厉谴责江西巡抚等官员，不能接应湘军，笔锋之间，已为曾国藩开脱了一番。〔一〕年终照样赏赐黄马褂、玉扳指等物，毫无责怪之意。五年正月初四，一百多艘停泊在长江的水师船只，被东北风吹撞，漂没撞毁七十多艘。剩下船只多数损坏，不可应敌，只得返回武汉修整。〔二〕内外夹击，突破湖口的计划短期不可实现，水陆并进，直下金陵的远景更不可想象。咸丰的态度却还是那么温柔，支持还是那么坚定：

所称办理错误之处，如水师冲入内河，以至声势隔绝，诚不免锐进贪功。至武汉收复后，未留后路声援一节，则其势本有不及（其时湖北再度遭受攻击）……原定直捣金陵之计，即着迅速设法攻克九江，合军东下，毋得再存顾虑。〔三〕

五年六月，曾国藩以“多方掣肘，动以不肯给饷”及其他“劣迹”为由，参奏同乡同年的江西巡抚陈启迈，咸丰二话不说，立即谕令革职。〔四〕九月，以“师久无功，自请严议”〔五〕，咸丰“加恩宽免”，不久还补授兵部右侍郎，将前此革掉的顶戴原样奉还。〔六〕比较刚

〔一〕《水师三胜两挫外江老营被袭文案全失自请严处折》（咸丰四年十二月三十日），《曾集·奏稿》（一）。

〔二〕《大风击坏战船并近日剿办情形折》（咸丰五年正月初八日），《曾集·奏稿》（一）。

〔三〕咸丰五年正月二十七日上谕。

〔四〕《奏参江西巡抚陈启迈折》（咸丰五年六月十二日），《曾集·奏稿》（一）。

〔五〕《师久无功自请严处并兼保各员片》（咸丰五年九月初九日），《曾集·奏稿》（一）。

〔六〕《谢补授兵部右侍郎恩折》（咸丰五年十月二十日），《曾集·奏稿》（一）。

起兵时因不被信任而遭受的讽刺气话，靖港之败时按律革职，公事公办的态度，武汉克复后一连串挫败（战略意义的损害程度比靖港之役要严重得多）却得到了“优诏”“温旨”和黄马褂等年终奖，我以小人之心度之：这个二十几岁的年轻皇帝未免太现实了点。

王闿运对此则有另外一番解释，他认为大乱初起时，从对待失败统帅的态度就可以判断出谁是庸主、谁是明君。秦二世、唐玄宗都是“庸主”，“以骄气乘之，促兵平讨，计日而定，一闻溃败则斩大将”（按，当时名将如章邯畏罪而降项羽，高仙芝则因此被砍头）。咸丰能够体察失败的原因，不杀赛尚阿〔一〕、徐广缙〔二〕，“遂收曾、左之效”〔三〕。但是，他另外一段话，似乎又与此矛盾：

> 朝廷用法，严于满臣，以为优礼汉人，亦以为不足责也。军兴未诛一将，独青墨卿〔四〕逾境受戮，胡咏芝继之，遂不敢退一步，以成大勋。〔五〕

青麟和赛、徐有区别：前者是地方大

〔一〕道光三十年广西起义未久，赛尚阿就被任命为钦差大臣前往防剿。咸丰二年，太平军在他手里突破包围，进入湖南。连陷道州、江华、永明、嘉禾、蓝山、桂阳，他只是尾追，根本不能遏止。诏斥赛尚阿调度无方，号令不明，赏罚失当，以致劳师糜饷，日久无功。褫职逮京治罪，命大学士等会鞫。赛尚阿伏地流涕，自言不忍杀人，辜负圣恩。论大辟，籍其家，三子并褫职。未几，释出。见《清史稿·列传》卷一百七十九。

〔二〕徐广缙接替赛尚阿任钦差大臣防剿太平军，署理湖广总督。“迁延不进，调度失机，株守岳州，拥兵自卫，褫职逮问”，按律论大辟，却终于保全头颅。见《清史稿·列传》卷一百八十一。

〔三〕王闿运《湘绮楼日记》同治九年十月二十一日。

〔四〕墨卿，青麟号。他于咸丰四年调任湖北巡抚，城中守兵只有千余人，丁忧去职的前巡抚崇纶还“百端龃龉”，在军饷、情报工作方面全不配合。太平军大举进攻，饷绌援尽，数日城破。他要上吊自尽，被手下救阻，于是带兵民万余人逃到长沙求援。遂以“越境偷生”论斩。见《清史稿·列传》卷一百八十四。

〔五〕王闿运《湘绮楼诗文集·王志》卷一《论道咸以来事》。

员，有守土之责，所谓城在人在，城破人死；后者则是钦命征讨之臣，配置了专门拨款和军队。以军事责任而论，后者所负，自然重于前者。以实际影响而论，青麟的罪过只是局部败退，赛、徐的失误则导致全局失控。斩罪轻的青麟，赦罪重的赛、徐，实在是颠倒黑白。再结合咸丰前后批谕，不能切实评判湘军胜败各役在全局战略上的得失，隔靴搔痒，雾里看花；可见咸丰终究只是略知人情而不懂军情，短视目前而不图长远的中人之才，尽管算不上昏庸，但远比不上后来慈禧和恭王表现出来的魄力和见识。就因为这种太现实、太功利的市侩思想左右了咸丰的决断，所以他在曾国藩最困难的时候没有给予实质的帮助〔一〕，只是给些口头便宜，而在师久无功以后"恩眷渐衰"，又恢复了前此那种不信任乃至近于苛刻的态度。

五年冬，石达开大肆进军江西，连克数郡，曾国藩饷绌兵弱：署抚陆元烺对于拨款多采取拖延、哭穷之策，地方尽失，捐输自然衰减。塔齐布已于七月间病逝；罗泽南已经回援湖北；身边只有周凤山、李元度这种不堪将将的统领。不得不撤九江之围，保护江西省城，前此获得的战略优势至此全部丧失。咸丰不体谅当局者办事艰难，却下达谕旨严厉责备：

〔一〕譬如最重要的军饷问题，咸丰的支持就明显不够。闽浙晋陕等地拨饷，他不能严命催付；上海关税协饷，他听凭户部和两江总督的一面之词，不予支持，而且请求、答复竟然相隔五月之久。见《请抽上海厘金专济楚军片》（咸丰六年正月二十二日）、《答请抽上海厘金专济楚军片》（咸丰六年六月二十三日附录廷寄），《曾集·奏稿》（二）。江南、江北两大营顿师耗饷远比湘军严重，他们得到的支持却较湘军为多。表面上围住了南京，实际上太平军在首都被困期间，北上、西征、南下并未受到影响，就可证明全力支持两营的决策有问题。湘军倘若得到支持，能够重新控制长江，太平军的军队调派、后勤运输必有不便，四出旁掠必会收敛，全局也将因此朝有利于清军的方向发展。所以说，咸丰事实上要为湘军在江西迟迟不能重振以及全局败坏担负责任。

曾国藩水陆各军，日久未闻接仗，虽鄱湖以内一律肃清，而九江终未克复。该侍郎岂不知饷糈艰难，日甚一日，何堪顿兵不战、坐耗军需耶？〔一〕

〔一〕咸丰五年十二月十五日附录十一月二十四日上谕，《曾集·奏稿》（一）。

六年四月二十日，克复丰城县城，打了个小胜仗，奏上报功，咸丰连毫无实际的顶戴也吝啬起来：

贼先窜出，焉得谓克复？姑念其打仗奋勇，着准其酌保数人。〔二〕

〔二〕《水师近日开仗情形片》（咸丰六年五月二十三日），《曾集·奏稿》（二）。

十月，咸丰知道太平天国发生内乱，洪、韦、杨、石相互仇杀，遂以为形势大变，却不知石达开一股和陈玉成、李秀成的军队已经各自划分好势力范围，并未因此对攻，减损实力。乃不揆情实，旧调重弹：

着曾国藩等乘此贼心涣散之时，赶紧克复数城，使该逆退无所归，自不难穷蹙就擒。若徒事迁延，劳师糜饷，日久无功，朕即不遽加该侍郎等以贻误之罪，该侍郎等何颜以对江西士民耶？〔三〕

〔三〕《江西近日军情据实复奏折》（咸丰六年十一月十七日），《曾集·奏稿》（二）。

外无援兵，内缺饷需，手下是周凤山、李元度这等弱旅，所当则是石达开、林启容这等悍将，中央毫不体恤就罢了，还说尽风凉话，纯是一副市恩贾义的市侩嘴脸。任何人都会寒心，一有机会必然要逃离苦海，脱卸这生命中不能承受的“轻”。曾国藩《挺经》讲得再好，当此挺无可挺之时，也只有往旁一让，请咸丰这个“卖货郎”自己去走那条独木桥了。〔一〕父亲的死，无疑就是解脱的机会。咸丰七年二月十一日，闻讣。十六日，发报丁忧折〔二〕，请假守制。不待批准，二十一日离营，二十九日抵家。咸丰也是心灰意冷，报忧折到，并不因军务繁重“夺情”，而是批了三个月假。五月二十二日，假期将满，曾国藩恳请终制〔三〕，要求补足二十七个月的丧假〔四〕。鉴于一年来逐渐冷淡的态度，衡以前次准假三个月的心情，咸丰不会觉得江西少了个曾国藩就“运转不灵”。但是，湘军的营制决定了将领之间互不统属，全军听命于曾国藩一人，他一离开，群龙无首，就运转不灵了。湖南、湖北援军固然接受胡林翼、骆秉章（实际指挥权在左宗棠〔五〕）的指挥，但是江西距二省尚有距离，书函往来，犹需时日，没有曾国藩现场指挥，会防、会剿这些需要“整合资源”才能

〔一〕货郎与独木桥，见吴永《庚子西狩丛谈》“挺经”条。

〔二〕《报丁父忧折》（咸丰七年二月十六日），《曾集·奏稿》（二）。

〔三〕《恳请终制》（咸丰七年五月二十二日），《曾集·奏稿》（二）。

〔四〕清制：官员父（母）丧，居丧三年，丁忧二十七个月后除服。督抚司道等重要官员，或者军务在身官员，特命不准离职居丧而令在职守制，称为“夺情”。官员虽已开缺回籍，但不待服满即命提前赴任，称为“夺情起复”。

〔五〕早在咸丰四年，左宗棠就说：“中丞推诚委心，军事一以付托，所计画无不立从，一切公文，画诺而已，绝不检校。”见《与周夫人》（咸丰四年），《左集·附册》。

做好的事情，进行得就不顺畅。王鑫、刘腾鸿、周凤山、曾国荃等人之间就经常产生矛盾和误会。江西巡抚及接办军务者更是没办法调动湘军〔一〕。而曾国藩除了办理军事调派以外，最大的作用就是为各军筹饷，他一走，军饷的申请、调拨就变得紊乱，各军军心由此动摇，甚至发生闹饷哗变的事情。有此两种，江西军务运转不灵，也就顺理成章了。所以，格于形势，咸丰不能不出言挽留〔二〕。

咸丰二年腊月，旨派曾国藩帮办团练。他那时尚丁母忧，本也做出了不出山的姿态，经朋友郭嵩焘一劝，老父曾麟书一命，也就不再坚持〔三〕，并以"自别于畏死者之徒"为词〔四〕。这次丁忧，则与上次情况大不相同。上次知道"理宜出而保护桑梓"，时势之"理"胜于家门之"礼"；这次军情紧急，双方处于相持阶段，互为消长之机，稍瞬即逝，时势之"乱"更胜于家门之"丧"，"夺情"出山的理由比前次更充分。前后行事逻辑一致的话，当然应该奉旨回营，否则就只合人情而不合事理了。上次有父亲和郭嵩焘等劝说，可以俯顺家严之命和诤友之言，

〔一〕王闿运《湘军志·江西篇》："国藩既去，福兴至瑞州视师，诸将泛以客帅遇待之。福兴还南昌，因上奏请征兵，颇言勇丁不可用。……始创义师由国藩，军将视为转移。福兴等征调，置不訾省。得国藩一纸，千里赴急。"福兴，原在江南大营帮办军务，后奉旨赴江西会办军务。见《清史稿·列传》卷二百四。

〔二〕咸丰七年闰五月初五日上谕云："该侍郎所带楚军，素听指挥。"言外之意，自然就是不太听"该侍郎"以外之人指挥。见《曾集·奏稿》(二)。

〔三〕郭嵩焘《玉池老人自叙》、黎庶昌《曾文正公年谱》。

〔四〕《复彭洋中》(咸丰三年正月)，《曾集·书信》(一)。同月，曾国藩给曾毓芳、邓瑶、胡林翼等人信中都是这么解释的。二年十二月二十五日，他给大舅子欧阳秉铨发了两封信，日期却不一致。前一封署期十二月十五日，说要"具折陈情，恳乞终制"，并嘱咐他将折稿传阅在京"相好"诸人，意欲得到谅解，不被交章荐起，"陷于不孝"。后一封日期则是发信当天的十二月二十五日，说"前信写就"，尚未发出，就得到武昌失守的消息，郭嵩焘也乘夜来家相劝，于是觉得"理宜出而保护桑梓"，于是十七号离家出发，不再守制了。

这次则严命换成了圣命，郭嵩焘换成了左宗棠〔一〕，也不妨俯顺人言，仰报君恩。再者，主持江西军务并不是钱多事少的肥差美缺，而是忧劳困苦的脏活累活，天下皆知，此次赴任必不受不守孝道、贪图权柄的批评。总之，再次“夺情”的主客观条件都已具备，奉旨起复，看来只是顺理成章的事情。

〔一〕左宗棠在他闻讣即回时，就写了封长信过去，说他“非礼非义”，很是痛快地责备了一番。见《致曾涤生》（咸丰七年三月初六日），《左集·书信》（一）。

出乎大家的意料，曾国藩没有接旨。六月六日，写了一封答复“夺情”谕旨的复奏，拒绝任命，吁请开缺〔二〕。同日，又写了一封诉苦的专折，“沥陈办事艰难”〔三〕。既然辞谢任命，自然就该拂袖撒手、作绝情科，为何还要沥陈办事艰难，俯躬作揖、念思凡白呢？我们先看看他的“念白”表的是什么情。

〔二〕《恭谢天恩并吁请开缺折》（咸丰七年六月初六日），《曾集·奏稿》（二）。

〔三〕《沥陈办事艰难仍吁恳在籍守制折》（咸丰七年六月初六日），《曾集·奏稿》（二）。

主题：在江西几年，“殊有艰难情状无以自申者，不得不略陈于圣主之前”。

内容：办事艰难，主要有“三端”。

第一，湘军兵将的待遇没有落实，实际上处于被歧视的地位。湘军兵将积累战功，经保举，奉旨批准，人数众多。可是，由于和绿营不属同一系统，军衔虽高，补实职的却少之又少。没有实职，就发不了实薪，“虽保举至二三品，而充哨长者仍领哨长饷额，充队目者仍领队目额饷”。按照湘军营制，虽然官衔到了二三品，月薪却还按实际职位发放。例如，哨长月薪九两，什长（即队目）月薪四两八钱；而与之同等品级的绿营将领，所得却远高于此十数倍。〔一〕而与巡抚、总兵商量补缺，则迟迟不获回应，“虽居兵部堂官之位，而事权反不如提、镇”。

第二，不能插手地方事务，导致筹饷不济。驻扎地方，办理军务，防剿诸事固然不必与地方官员过多协商，筹饷诸事（地丁、漕折、劝捐、抽厘）却都要经州县办理。而州县往往掣肘：办厘卡，影响地方税收，州县阻挠；办捐输，州县“于已捐之户”，“另行勒逼”。欲加惩办，则因为权属巡抚，不得越俎。农民敝困，为了多收捐款，只能先减掉若干漕折正税；民风疲软，为了提升士气，应该申请添加学额。但是，这都由巡抚专政，不得置喙。与之协商，巡抚都推托借口，不予合作。

第三，有“差”无“职”，且未奉“明发谕旨”，与地方官办往来公务，常被“讥议”。从咸丰三年正月“钦命帮办团防查匪事务前任礼部右侍郎”关防到五年十月换刻的“钦差兵部右侍郎”关防，一年之间换了四次公章，但是授命形式都是廷寄，而不是明降谕旨〔二〕。所以有的说曾国藩系“自请出征，不应支领官

〔一〕绿营军官工资由俸薪和养廉银两部分组成。两项合计，二品总兵一年收入约为二千两，副将、参将、游击依次约为一千二百、七百五十、六百三十两。比起哨长、什长的收入实在是高出许多。见鄂尔泰《中枢政考》卷十四。

〔二〕雍正年间设立军机处以来，凡是告诫臣下、指示方略、查核政事等机要文书，为防止泄密，都不由内阁明发，而由军机大臣专办、密封，加盖军机处银印，用四百里或六百里递往各省。见赵翼《檐曝杂记》（一）。有关巡幸、上陵、经筵、蠲赈，及内臣自侍郎以上，外臣自总兵、知府以上黜陟调补的谕旨，都由内阁传抄，以次交于部、科，这是明发谕旨。见梁章钜《枢垣纪略》卷十三“规则”（一）。

饷”，有的说“未奉明诏，不应称钦差字样”，有的甚至把他当作提了一包公章的皮包公司经理，“疑为伪造”。〔一〕帐下将领外出办事，也因此被怀疑为撞骗，甚至遭受地方官的“羁押”和“刑辱”。由曾营办理的捐生执照，也不被地方认可，甚至当作“假文凭”而“加之鞫讯”，或者宣布作废，重复“勒捐”。得不到基本信任，尊严屡被侵犯，办理军务公务都不顺畅。

〔一〕王闿运《湘军志·江西篇》记载了安徽、浙江巡抚拿曾国藩所刻关防开涮的事情。往往抓住曾国藩现任职衔和关防文样因为换刻造成的不一致，装模作样地用公文指责他，“以相窘谑”。

上述三者，“其端甚微，关系甚巨”，所以，曾国藩不得不把话挑明，开口要官：

细察今日局势，非位任巡抚，有察吏之权，决不能以治军，纵能治军，决不能兼及筹饷。〔二〕

〔二〕《沥陈办事艰难仍吁恳在籍守制折》（咸丰七年六月初六日），《曾集·奏稿》（二）。

原来，他是以此“要挟”皇帝，不给实实在在的地方职位，就不出来办事。“夺情”不是不可以，应诏不是不可以，关键不在理，也不在礼，而在于权。马仔藩被逼无奈之下，硬着头皮和老大“讲数”，老大讫哥会痛痛快快喝下这杯“讲茶”吗？

奕讫叹息一声，一言不发，放下茶杯，离开了谈判桌。

六月十九日上谕批复，对具体“办事艰难之处”不置一词，只针对其终制、开缺的请求表示“着照所请”〔一〕。重阳日，曾国藩复奏致谢，并附片声明“此后不轻具折奏事”。朱批：“知道了。”〔二〕

〔一〕曾国藩此次陈情，借口终制，实则申请授权。外人看来，虽可体谅其苦衷，但不能不质疑其具体做法。左宗棠就说：“涤公仍请终制，批回，准其暂留籍终制，如江西有警，再赴江西，而其所陈为难之处，概无一语及之。此公负气如故。”《答胡润之》（咸丰七年），《左集·书信》（一）。

〔二〕《钦奉两次谕旨恭折复奏折》《此后不轻具折奏事片》（咸丰七年九月初九日），《曾集·奏稿》（二）。

祺祥故事

咸丰之后，年号为同治，今所共知。不过，咸丰、同治之间，还使用了叫作“祺祥”的年号〔一〕，知道的人可能就不多了。这一章，就讲讲祺祥故事。〔二〕

〔一〕《清史稿·本纪》卷二十一《穆宗本纪》一：咸丰十一年七月二十八日，定年号祺祥。

〔二〕此篇综合《清史稿》、王闿运《湘绮楼诗文集》、薛福成《庸盦笔记》、文廷式《闻尘偶记》、吴汝纶《桐城吴先生日记》、吴庆坻《蕉廊脞录》、徐珂《清稗类钞》、刘成禺《世载堂杂忆》、李孟符《春冰室野乘》、梁溪坐观老人《清代野记》、黄濬《花随人圣庵摭忆》、徐仁钰《一士类稿》诸书，掺杂成文，若一一标注，稍伤繁杂，且不便实行，故仅择要注之。

文宗继位异闻

皇帝家中，立太子始终是件大事，每到阿玛驾崩、阿哥即位之时，更是人心惶惶，机险百出。雍正的继位诏书，“传位于四皇子”和“传位十四皇子”的笔墨官司，早就尽人皆知，算是清朝最为著名的接班故事。咸丰皇帝继承大宝，也有一些“异闻”，而异闻的主人公则都是恭王奕䜣。

咸丰帝奕詝是道光第四子，奕䜣排行老六。道光二十六年，道光皇帝遵守立储家法，立奕詝为太子，将他的名字写在黄绫上，密藏起来。而奕䜣天资颖异，越来越招人疼爱，道光就有些后悔不该立了奕詝做太子，“几为夺嫡者数”。将死时，忽命太监传六阿哥进宫。恰好奕詝到寝门请安，“闻命惶恐”，赶忙跑到床前察看动静。道光见奕䜣没来，奕詝来了，不觉失望，微微叹气，虽渐入昏迷，仍然不断传召六阿哥进宫。待奕䜣赶到，他却已经咽了气，想说什么，谁也听不着了。这个“异闻”颇类似“戏说”，因为正史记载，道光死前，召来载铨、载垣、端华、僧格林沁等十人，开启保险箱，展示了四年前写好的手诏：“皇四子立为皇太子。”〔一〕政务公开，并没有

〔一〕《清史稿·本纪》卷十九《宣宗本纪》（三）。陈康祺《郎潜纪闻初笔》卷五“宣宗立文宗为太子”条，引用季芝昌《丹魁堂自订年谱》，记录了道光传位咸丰时情形，比《清史稿》更为详细。

私下交易。

另外一个“异闻”，则合情合理得多，说道光皇帝最先立的太子乃是奕訢，也是按照立储家法，将名字写上了黄绫，可是被一个内监看到“末笔甚长”，怀疑是奕訢的“訢”字，于是“其事稍闻于外”。传言被道光听到，以为奕訢暗自揣摩圣意，四处散播，明显不够成熟稳重，难以担当大任，故“知而恶之”，乃将奕詝代替奕訢立为太子。这个故事的逻辑更顺畅，也更符合史实。

相关“异闻”的主人公都是六阿哥，其命意取材，应该和咸丰帝与恭王爷之间先热后冷的关系有关。咸丰的亲妈死得早，由其母遗命恭王之母康慈贵妃照顾，康慈对咸丰视同己出，关怀备至，因此咸丰和恭王从小就很亲近，更像一母所出的亲兄弟。咸丰即位，很快就让恭王入了军机，要秉承兄弟同心、其利断金的古训，应付越来越乱的军国大事。咸丰五年夏间，已被册封为贵太妃的康慈贵妃病重，咸丰、恭王这对兄弟时常探问。某日，咸丰前去问安，太妃睡得迷迷糊糊，以为是儿子恭王，就说：“你怎么又来了？能给你的，我都给了。他性情不测，莫生嫌疑就好。”咸丰发现她说错了话，立即喊了声“额娘”，太妃定睛一看，原来是皇上，不是恭王，随即转身装睡，不再言语。自此，咸丰不得不琢磨这几句话的意思，对恭王生了嫌疑。又一天，咸丰问安，恰逢恭王从内出来，咸丰问病情如何，恭王哭着跪下说怕是没治了，就等着上皇太后封号，方能瞑目。咸丰面无表情，只是“哦”了两声，再没表示。谁料恭王随后就到军机处假传圣旨，命令臣僚准备了册封典礼。承办官员拿着封典方案来找皇帝，咸丰大为气愤，但不好明着拒绝，勉强同意了封号，尊皇贵太妃为康慈皇太后。七月九日，康慈皇太后逝世。一周后，诏令恭王罢职军机，回上书房读书。皇太后的丧仪也被大大减损，据称是秉遵遗诏执行。咸丰和恭王的密切关系也到此为止。

咱们旗人混蛋多

恭王以后，军机重臣首推柏葰，但是，他却在咸丰八年被政治新秀肃顺以极高明的手法弄得身死家破。而肃顺则是咸丰死后托孤的“顾命八大臣”中最为嚣张的角色，并直接和慈禧、恭王对抗，成为“祺祥故事”的第一主人公。肃顺，字雨亭，郑亲王第六子。他的行事，有点像乾隆朝权臣和珅，不学而有术。但在用人、行政两方面，眼光之敏锐、体察之精准，则比和大人高明多了。行政的才能，主要体现在“兴大狱”；用人的眼光，则在于“亲汉疏满”。

有清一代，科举考试舞弊现象很普遍，如果考官也牵涉在内（所谓“通关节”），往往就会“兴大狱”，自上而下，死伤无数。顺、康两朝，天下初定，为警示、驯服汉族读书人起见，惩治尤为严厉。咸丰八年的科场案，则以受刑官员级别之高创了纪录。这年，文渊阁大学士兼军机处领班大臣柏葰担任顺天乡试主考官，考生罗鸿禩通过关系找到了柏葰的家人靳祥。柏葰年老，杂事都委托靳祥办理。柏葰阅卷，将罗卷定为副榜。考试被录取，称为正榜，获得参加会试的资格；副榜则入国子监肄业，不得参加会试。罗鸿禩乃委托靳祥从正榜内取出一卷，和己卷对调。于是，罗卷进入了正榜。不过，正榜取中之卷，还要进行“磨勘”，也就是复审。此案即在磨勘时暴露。罗卷文理一无可取，光错别字就有三百多，磨勘官一见大惊，但慑于柏葰权位，不敢公开批驳，只是私下告诉了御史孟传金。御史的职责就是纠察，遂以上奏。咸丰亲派太监到礼部取得罗卷，看到满纸错字，不禁大怒，立命罗鸿禩到南书房重试，端华、肃顺监考。重试的文题是“不亦乐乎”，诗题是“鹦鹉前头不敢言”，摆明了要看罗同学的笑话。罗同学前后如一，再次交上一份“疵蒙谬累”〔一〕的考卷，于是此案定性为“通关节”，交刑部“穷治”。靳祥吓得赶紧自杀，希望能保住老东家。但是会同刑部审案的肃顺毫不姑息，此案以外，又纠出花旦平龄枪替（即请人代考）、副考官程廷桂的儿子通关节等案，查获“问题试卷”五十多份。一审判决，自柏葰以下，拟弃市、流放等处罚者几十人，俱交给皇帝定夺。咸丰颇有念其昏老，宽恕柏葰的意思，肃顺则按律力争，坚执不可。明年，柏丞相、罗同学、程公子等都在菜市口被砍下了脑袋。肃顺办此案，反对者视为“严酷”，有“倾轧”的嫌疑，但是不得不承认，自此以后，“司文衡者懔懔畏法，科场清肃”，效果持续三十年之久，即使光绪中叶“弊窦复滋”，但也“终未至如前此之甚”，可见“用重典之效，足以挽回风气也”。〔二〕

〔一〕清制，考卷评语，由高到低分为优通、明通、平通、有疵、荒谬、不通六等，“疵蒙谬累”则比“不通”更差，考生要罚停两科，正、副考官没有先行点出，则要扣三个月工资。

〔二〕《清史稿·列传》卷一百七十六。《清代档案史料丛编》第十四册。

科场一案，肃顺扬刀立威，大臣谈之色变，再加上他整顿户部卓有成效，竟然就有了“天子以下第一人”的派头。在用人方面，肃顺的眼光也不拘一格，赏识曾国藩、暗助左宗棠，是他最著名的事迹，但他平生未到过湖南，此前也未闻与曾、左有私交，怎么就和湖南人结下这么深的渊源呢？〔一〕这就得说说“肃门五君子”了。肃顺身为满人，却最看不惯同族，对待满族下属，暴戾恣睢，如同奴隶，而对汉员则礼数有加。他曾说：“咱们旗人混蛋多，懂得什么？汉人是得罪不得的，他那支笔厉害得很啊！”所以受贿也只收满人不收汉人的。碰到有才学的汉人，他以尚书亲贵之尊，颇能折节下士，因此幕府中网罗了大批才俊，其中尤以高心夔、王闿运、龙汝霖、李寿蓉和黄锡焘最为著名，号称“肃门五君子”〔二〕。龙汝霖为其子师，高心夔是其谋主，李寿蓉在他所管户部任事，王闿运和黄锡焘则是光扯闲谈不任实事的高级幕客。王闿运等人经常在法源寺宴集，肃顺每每派人送酒果助兴，王在三十多年后，还写诗怀念其中的“俄罗斯酒”〔三〕。五人中，肃顺最欣赏的则是高心夔。咸丰八

〔一〕二事参见叙曾、左事迹之专章，此篇不赘。

〔二〕又有所谓肃门湖南六子者，在五人以外，加上一个严咸。严咸，字受庵，湖南溆浦人。“肃幕”人才之盛，虽无专书记载，但通过王闿运的一首长诗可知大概。诗名《丙寅人日因散帙见高心夔庚申人日见寄诗忆旧游作示知者》，见《湘绮楼诗文集》卷七。

〔三〕王闿运《湘绮楼诗文集》卷十七《夜雪后集·周甲七夕词六十一绝句》第十四首及自注。

年的科场案余震未消，十年会试，他就亲身犯险为高心夔“助拳”，浑不鉴及前次柏葰的惨状了。前一年，高心夔参加殿试，诗题限押“文”韵，而误入“元”韵，遂不入三甲之列。这年恩科会试，高心夔入了二甲，再次参加殿试。肃顺神通广大，考前一日探听到诗题为“纱窗宿斗牛得门字”，出处为唐人孙逖的《夜宿云门寺》。立即把高心夔叫来，嘱咐他连夜赶作，明天一定弄个状元爽一把。第二日入场，果然是这个题目，场中三百多人，几乎没有知道此题出处的。高心夔大喜，自命不作第二人想。匆匆写就，出来就找肃顺报喜。肃顺接过诗稿一看，顿足捶胸，大叫“完蛋！完蛋！”原来，高心夔记错了韵部，押韵的八个字除了“门”字外，都押到了“十一真”韵，而“门”字在韵部却属于“十三元”。考试出韵，内容再好也要被淘汰。榜下，高心夔又列四等，没做成进士。同时落选的王闿运幸灾乐祸，送他一副对仗工整的对联：“平生双四等，该死十三元。”肃尚书办事再精密，也禁不住高举人如此疏忽，除了相对苦笑，就只能慨叹命定不是富贵之人了。

五人中，高为江西人，其他四人都是湖南人，与曾国藩、胡林翼、左宗棠都认识并有极真切的交往。通过他们的介绍，肃顺知道了曾、胡等人的志行才学，自然全力在咸丰面前推荐揄扬，咸丰早已认可肃顺的办事才能，这些话自然都记在心上。所以胡林翼超擢湖北巡抚，曾国藩屡被优容，左宗棠由举人而超升四品京堂，大部分原因还在于肃顺的米汤灌得好。但是，肃顺后来伏诛，五君子仓皇逃窜，生怕被当作“肃党”惩治，功名利禄，俱化为泡影。湘军大盛，曾、左在内的诸将帅也因为这个缘故，不敢奏奖其居中援引之功。〔一〕五君子回忆起高心夔的笑话，恐怕也都笑不出来了。此是后话，暂且不表。

圆明园

咸丰以三十岁之壮年，中道崩殂，与圆明园内“五春”〔二〕荒淫过度固然算间接原因，太平天国气焰愈张也算间接原因，更直接的原因则还是受了英、法联军的惊吓。咸丰九年五月，英、法使者来换和约，此即去年签订的《天津条约》。咸丰有意赖账，遂指示僧格林沁“诱击”洋人于大沽，获胜〔三〕。十年七月，联军复至，驻守天津的僧格林沁托大自夸，不守水路，号称要“引夷人陆战，一鼓歼之”。孰料联军上岸，开花炮一响，清军人马自相践踏，“一鼓逃之”，遂大败。联军本为换约而来，无意进攻首都，此役后，派巴夏礼与清廷谈判。载垣竟灵活运用“两国交战不斩来使”的公法，“诱擒”巴夏礼，将之解往京城。联军这才进攻京城。僧格林沁无法抵挡，乃密劝咸丰离京，说“战既不胜，惟有早避”。于是委派奕䜣为钦差大臣，留京办理

〔一〕同治四年七月二十四日，郭嵩焘致李瀚章书：“高碧湄（心夔号）自江西来就，意在托身为仕进之阶……弟初致之澄公（瑞澄，两广总督），俾习章奏，澄公已订请矣，嗣闻曾就故国肃慎氏馆，拒之。”（档案出版社《咸同年间名人函札》，第148页）按，“故国肃慎氏”即指肃顺。

〔二〕圆明园中侍起居者有“五春”之名，见徐珂《清稗类钞》。天地一家春，慈禧所居。其他四春，分别是杏花春、武陵春、海棠春、牡丹春，都是汉族女子居所，王闿运《湘绮楼诗文集》卷八《圆明园词》所谓“袅袅四春随凤辇”，即谓此四女。严格来说，慈禧是懿贵妃（咸丰七年），其他四春出身汉族，按例不得封为妃嫔（顺治以汉女为妃，乾隆以回女为妃，是清帝中封满族以外女子为妃的特例），不可与之相提并论；合称“五春”，当是民间俗称，不顾及等级尊卑的区别，立说不尽严谨。

〔三〕王闿运生动描写了当时“诱击”的场面：僧格林沁托名团练，在大沽布防。敌舟近岸，见陈兵，问此是何军。曰：团练也。问：“欲战乎？”曰：“本备他盗。”问：“汝僧王安在？”曰：“不知也。”于是敌兵上岸，僧军开炮，击沉两艘，击坏两艘，其余船只逃走。见《湘绮楼诗文集》卷九《独行谣》自注。

“抚局”。

八月八日，咸丰一行从圆明园出发，十六日，至承德避暑山庄。说山庄故事之前，我们先讲讲圆明园。

咸丰办公、生活的大部分时间都在圆明园。他如此喜欢园居，不乐（紫禁）城居，据说和紫禁城宫中某条制度极有关系。宫中有个机构叫敬事房，其最重要的职责乃是管房事，所谓“专司皇帝交媾之事者也”。皇帝与后、妃的房事都归敬事房太监管理、记录。帝、后每行房一次，敬事房太监都得记下年月日时，以备日后怀孕时核对验证。与妃嫔们行房，则稍微复杂一点。每日晚餐完毕，太监就奉上一个大银盘，里面盛了几十块绿牌子，每块牌子上都写着一个妃子的姓名。这天，皇帝若没有性欲，则说声“去”；有点意思，则拈出一块，翻过来背面朝上，再放进盘里。递牌太监出，将牌子交给另外一个太监——专负责背妃子进寝宫并一直送到皇帝床上的太监。届时，皇帝要睡觉了，则先上床，被子盖到踝关节，脚露在外面。那太监先已在妃子房中将其脱个精光，裹上一条大批风，背到龙床前，再扯去披风。妃子则从暴露在外的“龙爪”这头钻进大被，然后“与帝交焉”。当然，太监已经退出房外，和敬事房总管守候窗下，敬候事毕。为防止皇帝马上中风而死，时间稍长，总管就得在外高唱“是时候了”，若皇帝兴致高，装聋作哑，则再喊一次。“如是者三”，皇帝就不能再拖延，得“止乎礼”，命太监进房。太监进去后，妃子必须面对皇帝，倒着爬出被子。君臣朝堂相见，臣子退下，是不能转背而行、拿脊梁骨对着皇帝的，得面朝皇帝，往后挪步，这叫“却行”。“臣妾”更不能拿光脊梁对着皇帝，所以只能这样“却爬”下床。太监再次用披风裹着她，背到门外。总管随后进来，问：“留不留？”皇帝说留，就拿出小本，记上某月某日某时皇帝幸某妃；说不留，总管就出来，找准妃子腰股之间某处穴位，微微揉之，“则龙精尽流出矣”，实施人工避孕。避孕倘不成功，估计就得人流，因为本子上没有记录的房事，做了也是白做。这个制度的“知识产权”不归清帝所有，而是顺治实行“拿来主义”，从明朝学来，用以“制子孙淫豫之行”的。精力旺盛的皇帝对这个“祖制”肯定不满意，但是祖宗之法又不能随便更动，于是，往往选择在圆明园等不必奉行此一制度的行宫进行规避。〔一〕所以，对于咸丰帝大部分时间在圆明园进行工作、生活和学习，我们必须抱有一种“同情之理解”，不可一味责备其荒淫无耻。

〔一〕梁溪坐观老人《清代野记》卷上。

除了大型礼节性活动需要他亲临主持外，咸丰都待在园中。匪情日炽，圆明园的改扩建工程也未停止，虽然元年就有诏停止中外一切工程，可在圆明园内并未执行。所以连胜保也看不惯，要说“游观之所，焕然一新。小民窃议，有累主德”。园林修治完善，当然要用来享受，咸丰最喜欢的事情是驾一叶扁舟，悠然湖上。园规：岸上宫女见御舟行近，都要“曼声呼曰‘安乐渡’”。只要咸丰在园，每每就听到“安乐渡”之声，此起彼伏，悠扬不绝。慈禧的儿子载淳，也就是未来的同治皇帝，当时还在襁褓，这句话记得最牢，几年后避难热河，也会学着说这句话给他阿玛听。咸丰轻抚其首，说了句：“今日无复有是矣。”言毕，潸然泪下。在圆明园，咸丰留下了作为帝王最美好的回忆，可是此次离园，不数日，英法联军就接踵而至，竟然一把火将之烧个精光。“今日无复有是矣”，他怎不潸然泪下，又怎能颐养天年？

不过，圆明园是否为英法联军所烧，犹有一辨。或云联军到圆明园本只想擒贼擒王，把当家的咸丰给找出来，管园大臣文丰在园门前阻拦军队，说御驾已经离开，公园暂不开放，联军当时也就没有进去。文丰“知奸人必乘间起”，空园计演一回演不得二回，入园劫掠的事情肯定会发生，他绝对阻止不了，于是自行了断，跳了福海。王闿运《圆明园词》中，那句被钱锺书的老师陈衍斥为“打油体”的“即今福海冤如海，谁信神洲尚有神”，就是专为文丰抒发的感慨。文系主动殉难，可以称“烈”、称“忠”，王闿运为什么要用“冤”字呢？原来，京城虽然陷落，恭王很快就与联军交涉，并达成和议，故大臣们或来不及死节，或没准备好死节，真正“主辱臣死”的，就只有一个文丰。和议签订得快，君臣上下，遂都讳言京城陷落这个事实。而文丰死事，也就不能公开褒奖为“殉国”，否则，咸丰就得算亡国一次，其他大臣就得算苟活人间。“死者不得为忠，生者乃可无愧也”，因此，文丰的事迹汇报上去，抚恤的诏书含糊其词，说“突遭兵燹，深堪闵恻”，却不褒奖他为国尽忠的行为。所以，王闿运要说“福海冤如海”而不信“神洲尚有神”了〔一〕。

文丰死后，联军才入园搜捕，苦主咸丰已走，园中空无一人。联军见宫殿“陈设巨丽”，都“相戒弗入”，生怕弄坏弄丢，事后赔偿不起，于是退到园外。〔二〕而“贵族穷者，倡率奸民”，假借联军之名，入内纵火，然后联军“从之，各园皆火，三昼夜不息”。此所谓“贵族穷者”，指在京旗民，谁带头已不可考。但是，另有传闻指名道姓，坐实了主持策划入园烧掠的“奸人”，共有两个人被列为候选。先拣稍微著名的说。龚橙，别名孝拱、太息、小定、昌匏、半伦等等。他的名气不大，他爸名气很大，就是诗文都入选过语文教材的龚自珍。他自己则被当作文学素材，进了《孽海花》〔三〕。他之所以被嫌疑为“奸人”，事迹有三。第一，自号“半伦”，说君臣、父子、夫妇、昆弟、朋友之伦都没有了，只剩下爱妾，故称“半伦”。这是所谓“名教罪人”。第二，和英国公使威妥玛（Thomas F.Wade）关系极好，是威氏的《汉书》教师兼高级幕客，此所谓“汉奸”。第三，扬言：“中国天下，与其送与满清，不如送与西人。”由此三者，当时士大夫阶层都认定他是火烧圆明园的主谋，他也没有主动澄清过，于是这个“奸人”的嫌疑，

〔一〕王闿运《湘绮楼诗文集》卷八《圆明园词》及自注。

〔二〕见王闿运《湘绮楼诗文集》卷八《圆明园词》“敌兵未爇雍门荻，牧童已见骊山火”自注。

〔三〕小说中说他有二妾，当他著书写作时，一妾磨墨，一妾画格子，“极人世之艳福”。

法国画家 Godefroy Durand（1832—1890）为英法联军洗劫圆明园画了一幅速写。图中似是外国军官与清国官员联翩起舞，在开联欢会。

半伦先生最大〔一〕。第二个“奸人”嫌犯，就没有什么名气，只知道姓李，其人籍贯履历已不可考。据说鬼子进村，李某就是向导，后来此事暴露，被抓将官里，“下狱穷治，诛之”，家产籍没，全部赐给文丰的家属，〔二〕福海之冤，算是稍稍湔雪一二。

〔一〕孙静庵《栖霞阁野乘》卷下《半伦传》。《清代野史大观》也说：“英法联军入京，内阁中书龚自珍之子龚橙导之毁园。”迄今最详细的考证，则莫如谢兴尧《龚孝拱与圆明园》一文，原载《子曰丛刊》（一九四八年五月）后收入《堪隐斋随笔》。

〔二〕其事见杨圻《檀青引·序》。

清文宗不是汉武帝

历史就是这样，不一定要查明主从才能延续下去。不管谁主谋，圆明园反正是烧掉了，而圆明园那把大火，不过是祺祥故事的背景，我们要追随御驾从圆明园到避暑山庄的七日行程，辨别出一路上隐伏的杀机。

这趟行程，是避难，或者叫战略退守。但是，公开说避难、说退守就不好了，所以公开的说法是“秋狝”。出发的当天，还有明诏，说要“君死社稷”，为已成前方的首都军民打气。前面说了，僧格林沁格于军事实力对比，首先建议撤退。日后中央内部讨论此行的得失，却说成了“事多出肃顺所赞画”，懦弱、误国、不识大体的黑锅都让他背上了。不过，肃顺没有建议撤退，撤退路上的具体事务，倒真由他“赞画”，而“赞画”的结果，就把未来的两宫太后都给得罪了。肃顺先于大队人马离京，安排一路上的供应以及到达之后的安置。事出仓促，他只能尽量安排好咸丰的生活，其他人众，包括慈安、慈禧二后的供应就管不了那么多，所以“后、妃不得食，惟以豆乳充饭”。而肃顺跟在咸丰边上，随身携带“食担”，酒肉俱全，两位爷一路吃喝拉撒，与出游无异。两位娘娘天天喝豆奶，纯属逃难级别的饮食标准，当然会“以此切齿于肃顺”了。到了承德，她们一肚子气没消化掉，都要出在皇帝身上。抵达承德后，饮食恢复往日标准，慈安就说：“流离羁旅，何用看席？请蠲之。”意思就是老娘一路上没吃好，干脆以后也别吃好的了。咸丰说，对，我得吩咐一下肃六（肃顺在家排行如此）。肃顺多聪明的人，知道咸丰肯定不乐意喝豆奶啊，于是回复：娘娘说得对，资金确实有困难，应该节省。但是突然调低腐败指数，外人（包括承德的办事人员以及留京的办抚人员）必会“惊疑”，妄自猜测行宫的内部情况以及朝廷的财政实力，导致发生不可意料的事情。咸丰“心喜所对”，原来吃香喝辣全是为了社稷的安危，一席之义大矣哉！于是告诉头发长见识短的皇后：“肃六云不可。”可怜的肃顺，再次招致两位娘娘的嫉恨，“后益恶肃顺矣”〔一〕。

〔一〕二后在生活待遇上受到虐待的消息，不久就传到了北京。也许从这个时候，“肃党”“后（恭）党”就已经有了雏形。李慈铭在日记里记下了来自热河的传闻：“上有宣索，三人辄先意进奉，而抑制宫眷，供应极薄。中宫上食，不过一羹一胾饭一器而已，贵妃以下，月给膳钱五千。”（咸丰十年十一月二十二日）二后用餐标准，一荤一汤一饭。按照当时两千钱兑换一两银子的汇价，贵妃以下，每月伙食费竟然只有二两五钱。灭门之祸，萌于饮食之微，得无慎乎？

尽管吃得不错，咸丰的心情并不好。九月，和议成，是为中英、中法《北京条约》；而俄罗斯趁火打劫，借口调停有功，也签了个《中俄北京条约》，将乌苏里江以东地区尽数吞并。剿匪方面，支撑东南半壁江山的骁将张国樑自几个月前大营溃散后，杳无下落，江苏"糜烂"，形势大坏。内忧外患，百感交集，所以心病引发身病，龙体大大不适。而圆明园被焚的消息，更是令人心碎；留下美好回忆的园池殿阁，如今都成了断壁残垣，独悼遗踪，情何以堪？本来议和成功即应回京收拾残局，由此之故，十月一日，诏："天气渐寒，暂缓回銮。"

身体不好，就要安排后事。虽然这年刚满三十，但是"咳嗽不止，时有红痰"，兆头确实不好，为国家社稷考虑，早一点安排后事，确有必要。皇帝的后事，最要者就是立太子。咸丰只有一个不到五岁的儿子，省去了定嫡的麻烦，但是更大的麻烦却随之产生，那就是如何防止太子生母侵权误国。中国帝王自有其一套家学，不论国事、家事，都有列代明君圣主做榜样，预防像慈禧这样年富力强的幼帝之母，该拜谁为师呢？

汉武帝过河间，有个媒婆化装成"望气"的术士，向他推荐了个患有小儿麻痹症的赵姓"奇女"。找来一看，"两手皆拳"，武帝伸手一掰，伸屈自如，此女的麻痹症竟然不治而愈。"由是得幸"，给他生了个儿子，也就是后来的汉昭帝。"奇女"居钩弋宫，史称"钩弋夫人"。昭帝五岁时（跟载淳差不多大），汉武帝命画工作《周公辅成王图》，挂在甘泉宫，"于是左右群臣知武帝意欲立少子也"。不久，武帝自知大限将至，乃无故"谴责钩弋夫人"，夫人叩头求饶，武帝但说送去下狱。夫人临行回顾，使劲抛媚眼，武帝骂道："趣行！女不得活。"（白话宜译为：快滚！你死定了。）钩弋夫人遂在云阳宫被杀。武帝杀了太子生母还不够，其他为他生了儿子的妃嫔，"无不谴死"。左右群臣不解，问："且立其子，何去其母乎？"武帝说，嗯，你们蠢人不能明白，这很正常嘛。以前国家为什么乱？就是因为"主少母壮"啊。寡后独居，必定骄蹇，必定淫乱，必定自恣，谁能管住她？你们就忘了吕后的故事吗？补续《史记》的褚少孙对汉武帝这招赞不绝口：

岂可谓非贤圣哉！昭然远见，为后世计虑，固非浅闻愚儒之所及也。谥为"武"，岂虚哉！〔一〕

读"相砍书"长大的后代君臣，没有不知道钩弋故事的，谥为"文"的咸丰帝也不例外。所以咸丰问身后之计于肃顺，说不日将效汉武故事，"卿谓何如？"肃顺给的建议就是应该照办。但是，咸丰毕竟不是"贤圣"，不忍在生前动手，而是病笃时写了封遗诏给皇后慈安，说慈禧若有不法，即可诛之。〔二〕后来，慈禧在自己身上割了块肥肉，煲了一锅高汤，给慈安进补，慈安一时激动，就把这道遗

〔一〕《史记》卷四十九《外戚世家》、司马贞《史记索隐》、裴骃《史记集解》。

〔二〕恽毓鼎《崇陵传信录》："或传咸丰时，大学士肃顺曾密疏请文宗行钩弋故事，故孝钦听政，首除肃顺。"按，"密疏"似不可信。此等密要之事，面谈可矣，不宜书奏。黄濬《花随人圣庵摭忆》引赵凤昌言，谓李文田云，咸丰末年，文宗厌慈禧专权，谋于肃顺。肃顺请用钩弋故事，文宗濡需不忍。无何，醉后漏言此事，慈禧闻之，遂恨肃顺。此似近于事实。

诏烧了。[一]清文宗（即咸丰）不是汉武帝的好学生，将来重修《清史》的衮衮诸公，在此段记载后务必仿照“太史公曰”的格式，加以批语，揭示妇人之仁足以绝后（同治就没有儿子）、亡国的教训。

〔一〕梁溪坐观老人《清代野记》卷上“文宗密谕”条。

“肃党”和“后党”

但说咸丰十一年七月十六日午后，咸丰病重昏厥，吩咐内臣留岗加班，不得散去。晚间苏醒过来，于子初三刻召集慈安、慈禧二后，宗室载垣、端华、景寿、肃顺以及军机大臣穆荫、匡源、杜翰、焦佑瀛等人，交代后事：立载淳为皇太子；载垣等八人辅佐幼主，赞襄政务。怕日后口说无凭，各位请皇帝手写诏书为据，咸丰谕以病重不能执笔，故遗诏有“承写”字样[二]。载垣等八人也就是俗称的“顾命八大臣”。

〔二〕《朱谕着派怡亲王载垣等八人赞襄一切政务》：“咸丰十一年七月十六日奉朱笔：皇长子现立为皇太子，着派载垣、端华、景寿、肃顺、穆荫、匡源、杜翰、焦佑瀛尽心辅弼，赞襄一切政务。”见《清代档案史料丛编》第一辑。

按道理，恭王是咸丰同父异母之弟，少时感情又特别投契，顾命之事自当由恭王领衔承担；然如前所述，咸丰、恭王之间嫌猜已深，所以不太亲近的叔伯兄弟载垣、端华和肃顺反而得以“顾命”。恭王也曾为此努力过，当咸丰三四月间病重，就说要来热河问安，咸丰说："相见徒增伤感。不必来觐。"一口回绝。而慈安、慈禧不得参与顾命，则是遵从后妃、宫监不得与闻国事的祖训。所以，顾命八大臣成为钦派的下一代领导集体，具有政治上的合法性。

原则上来说，除非到同治长大成人〔一〕，八大臣仍不归政于皇帝，那才是"乱臣贼子，人人得而诛之"。否则，在此之前，任何人侵犯、剥夺八大臣的辅政权力，都是抗旨犯上，应当视为"乱臣贼子"。但是，政治是肮脏的，政治又是屈服于武力的。政治权力的合法性、正当性不是一成不变，而是可以随时赋予的。成王败寇的原则不但适用于改朝换代，也适用于宫廷政变。

如果真有一个为了维护先帝咸丰授予的辅政权力不被侵犯而组织起来的紧密型政治集团，以肃顺为领袖〔二〕，其余七位顾命大臣为附翼，某些留京官员为外援，并控制了一部分驻守京畿的军队，那么可以称之为"肃党"。但是，考察当时事实，我们发现并没有出现这样一个组织严密的政治集团。

民国三年春末，肃顺的幕客王闿运重游北京，来到昔日游宴之地法源寺，和门生弟子辈举行了一次"留春宴"。〔三〕众人"感往欣

〔一〕同治十二年正月乙巳，两宫皇太后以亲政届期，下懿旨宣布归政于帝。丙午，同治亲政。这年，同治十八岁。八大臣倘若不被铲除，辅政的期限也当在此年。

〔二〕八大臣排名固然以载垣领衔，实权却掌握在肃顺手中。远在两年前，肃顺就是这帮人的领袖了："肃顺恃恩眷，其兄郑亲王端华及怡亲王载垣相为附和，挤排异己，廷臣咸侧目。"见《清史稿·列传》卷一百七十四。

〔三〕王闿运《湘绮楼日记》民国三年三月十八日日记。

今，斐然有作”，诗作汇而成集，由王闿运写序。序首，他提到了“肃党”：“其时（指咸丰九十年间）夷患初兴，朝议和战。尹杏农主战，郭筠仙主和，俱为清流。肃裕庭依违和战之间，兼善尹、郭，而号为权臣。余为裕庭知赏，而号为肃党。”〔一〕在同、光两朝，慈禧秉政的年代，“清流”专指“主战派”，以李鸿章为首的“主和派”则为“浊流”。而王序将咸丰末年政见不同的尹耕云、郭嵩焘混而称之曰“清流”，“权臣”肃顺则“兼善”之，隐然已将肃顺视为当时“政府”。因为，不是“政府”，必有所偏；只有“政府”才能折中取舍，不分清浊而俱为我用。所以，接下来“余为裕庭知赏，而号为肃党”一句，则是对政敌们用“肃党”一词，污蔑具有政治合法性的肃顺“政府”为拉帮结派、招权纳贿的“政党”深表不屑。

〔一〕王闿运《湘绮楼诗文集》卷九《法源寺留春会宴集序》。

反之，以慈安、慈禧和恭王组成的“锄奸团”，却实实在在符合前述的组党条件，称为“后党”，名正言顺。二后的野心在于垂帘听政，恭王的野心在于重返政坛，这是他们深相结纳、组成阴谋集团的政治基础。二后在热河，手头的资源只有“幼帝”；恭王在北京，掌管总理各国事务衙门，全面负责外交事务，并可调动与之相关的文武大臣。内外合力，才可以“挟天子以令诸侯”。这是他们整合资源，妥协利益，夺取权力的政治战略。他们的群众基础，则是不满于肃顺“铁腕”的官员和旗民。

周祖培，前任户部汉尚书。某日，和满尚书肃顺同署办公，肃顺在审核其画诺公文时，佯问：“是谁之诺也?”司员告知为周中堂之诺。肃顺破口大骂：呸！这帮混混，就会吃干饭，哪里懂得公事？于是将公文拟稿“尽加红勒帛”(就是用红笔涂抹不合适的文句，表示严厉批评)，连周祖培的画诺（相当于今日领导批示“同意”二字）一并加上“红勒帛”。周中堂“默然忍受，弗敢校也”，后来找个机会，跑到内阁躲避去了〔一〕。同事如此，关联部门的领导人也如此；包括大学士祁寯藻在内的多位省部级高官，就都因不适应肃顺这种“粗犷”的办公作风，终日不安于位，汲汲求退。

〔一〕清代六部编制，尚书两人，侍郎四人，满、汉各居其半。内阁学士位置虽高，其实无权；若未入军机处或未兼部门尚书，则跟退休差不多。

肃顺瞧不起同族，对待满人高官，他的态度就更为严厉。高官而“刑死”，除了柏葰，还有一个耆英。耆英代表清廷签订了第一次鸦片战争善后和约，出任两广总督，兼办各国通商事宜，是“资深外交家”。咸丰八年，英、法、美、俄联军犯天津，耆英随钦差大臣桂良、花沙纳前往议和。前此，耆英在广东与英国人交涉时，往往以私人决定谎称为国家政策，既保持了“国体”，又“抚慰”了西夷。后来奏章被英人译出，发现他尽说假话，于是“深恶之”。这次重逢，英人乃拒绝和他谈判。耆英害怕因此翻出旧案，背上“矫诏”的罪名，遂“惶恐求去”，不等下旨就跑回北京。“于是欺谩之迹益彰”，从前两边讨好的伎俩全部曝光，下狱议罪，拟绞监候（即死缓）。肃顺上疏，认为拟刑过轻，请立即正法。咸丰虽觉其言过当，但欺君之罪理无可赦，只好“赐耆英自尽”。

肃顺在户部做老大，对本部门的腐败现象一点也不包庇，涉案官员一律从重处罚。户部因军兴财匮，行以钞代钱之法，设立宝钞处和官钱总局为具体办理机构。肃顺查账，发现宝钞处与官钱总局数字不符，“奏请究治，得朦混状”，涉案司员与商人一并论罪，籍没财产数十家。前述“肃门湖南五君子”之一的李寿蓉，时任户部主事，也在案内，肃顺不徇人情，依法办事，李因此判了徒刑。“肃党”被铲除时，他尚在狱中，反被视为受肃顺“迫害”，不再追究“党附”罪名，倒是因祸得福。此外，肃顺还查出官票所“内外交通”的黑幕，将关防员外郎景雯等人革职，籍没官吏亦数十家。前后担任过户部尚书的祁寯藻、翁心存皆因此与肃顺意见不合，“龉龃不安于位而去，心存且几被重罪”〔一〕。

〔一〕祁、肃不和，对湘军曾、胡的不同态度也是主要原因。“军兴财匮，议者试行钞法，又铸当百、当五百大钱，皆行之未久而滋弊。尚书肃顺同掌户部事，尚苛刻。又湘军初起，肃顺力言其可用，上向之，寯藻皆意与龃龉，屡称病请罢，温诏慰留。四年冬，复坚以为请，乃允致仕”。翁、肃之争，则纯为“反腐倡廉”有以致之。“十年，户部迭兴大狱，肃顺主之，多所罗织。怡亲王载垣等会鞫，谓司员忠麟、王熙震以短号钞兑换长号，曾面启心存，心存回奏：部院事非一二人所能专政，断无立谈数语改旧章之理。载垣等遂请褫顶戴归案讯质。文宗鉴其诬，仅以失察议处，免传讯，议降五级，改俟补官，革职留任。复以五‘宇’商号添支经费，心存驳令议减，未陈奏，司员即列入奏销，下严议，革职留任。”见《清史稿·列传》卷一百七十二。

任户部尚书前，肃顺掌管都察院和理藩院，曾奏减八旗俸禄。于是，基层的旗民也被他得罪了。

最上层是与之有“一饭之仇”的慈安，和因为“钩弋故事”引发猜忌的慈禧，中间是各级被他得罪的官僚，最下是广大的在京旗民，构成了反对肃顺等人广泛的群众基础。

发动政变，需要武装力量作为保障，“后党”的直接军事后援则是胜保〔一〕。胜保出身举人，好誉喜事，在京任时“屡上疏言事，甚著风采”。咸丰二年，上疏论时政，批评皇帝赏罚不明，逸豫偷闲，咸丰优容，并未以此责怪〔二〕。此后，出京带兵，胜少败多，成效不著，十年，召回京城。正赶上英法联军犯阙，命带八旗军会合僧格林沁等军“勤王”。六里桥一役，带伤力战，裹创面圣，咸丰奖励他“忠勇性成，赤心报国”八个字，此后“每诵天语，感激涕零”，对咸丰个人怀有深深的知遇之感。他的姐姐文殊保，是个小有成就的文艺女青年，慈禧入宫前就曾随她学书法。所以，胜保和慈禧，在政变前已有交情。咸丰死前，针对肃顺和二后的矛盾，胜保就说过要带兵前往热河“清君侧恶”的话。据说，慈禧听到十分感动，特地绣了个

〔一〕僧格林沁也是偏向“后党”一派的军方统帅。不过，其时他在山东，军务繁忙，无暇北上“助拳”，故“后党”的直接军事后援，只有胜保一人。

〔二〕《清史稿·列传》卷一百九十：“咸丰二年，因天变上疏论时政，言甚切直，略谓：‘广西贼势猖獗，广东、湖南皆可忧。赛尚阿督师无功，请明赏罚以振纪纲。河决不治河员之罪，刑轻盗风日炽，应明敕法以肃典常。臣工奏折多留中，恐滋流弊。一切事务，朱批多而谕旨少。市井细民，时或私论圣德。’疏入，下枢臣传问疏末两端，令直言无隐。覆奏曰：‘朱批因事垂训，臣工奉到遵行，他人不与闻，非若谕旨颁示天下。近日诸臣条奏虽依议，而原奏之人不知；交部重案，覆奏依议，外人并不知作何发落。古者象魏悬书，俾众属目。似宜通行宣示，以昭朝廷之令甲，而杜胥吏之蔽欺。至愚贱私议，或谓皇上励精之心不如初政，或谓勤俭之德不及先皇。今游观之所，焕然一新。释服之后，必将有适性陶情之事，现在内府已有采办梨园服饰以备进御者。夫鼓乐田猎，何损圣德。然自古帝王必先天下之忧而忧，后天下之乐而乐。《书》曰：无于水监，当于民监。诚不可不察也。’文宗不怿，明谕指驳，以其意存讽谏，不之罪也。寻因自行撤回封奏，降四品京堂。”

荷包送给他，上有四字：精忠报国。[一]咸丰驾崩，留下孤儿寡母，他的立场自然偏向“后党”。胜保在特殊时期的特殊地位，则令他的立场偏向具有左右大局的重要性。停战议和，各路溃军及陆续来到的勤王部队共万余人，都由他统领，随又奉命兼管圆明园八旗和内务府包衣三旗，改练“京兵”。那时，他成了实际上的“卫戍司令”，担负起原来“九门提督”[二]任内的责任。这就是胜保的特殊地位，能够在军事上保障“后党”在北京实行政变。

〔一〕沃丘仲子（费行简）《慈禧传信录》。

〔二〕九门提督是“提督九门步军巡捕五营统领”的简称，又称“步军统领”。武职从一品。历来由皇帝亲信的部院大臣担任，主要任务为卫戍京城和维持京城治安。直接受皇帝指挥，不隶属顺天府。

以上，分析了“后党”势力形成的原因。反观所谓“肃党”，除了顾命八大臣，几乎再没有别的实力派作为“党羽”，所能凭恃的，只有先帝的“遗诏”——仅为口诏，不是朱谕。“后党”利用身处热河的地理优势，事后推翻或者进行“宪法解释”，远比废除黄绫红字的“成文法”来得省力。“遗诏”既奉，更在主观上麻痹了顾命大臣们的警惕性，没有利用滞留热河的时间，在舆论、人事和军事方面加强戒备，以应不虞。他们怀抱“妇人之仁”，不敢设想政敌们敢于公然违抗“遗诏”，发动政变。以两个女人领衔的政敌们却秉承“最毒妇人心”的古训，不恤人言国法，结合阴谋暴力，获得最后的成功。

太后垂帘的阴谋论

七月十七日，咸丰崩。八大臣辅佐幼主的领导体制开始运作。运作程序为：臣下奏章，顾命大臣与两位太后共同阅看，拟旨由顾命大臣率军机处负责，二后口谕则相当于以前的皇帝“朱批”。重要人事任命，由太后、顾命大臣和军机处共商确定。一般任命，则抽签决定。

圣旨用印，正文开始处用“御赏”印，结尾处用“同道堂”印，〔一〕由咸丰临死前分别赐给慈安和同治。同治年幼，不可能看懂章奏，“同道堂”印的使用权便变相归于其生母慈禧。说起“同道堂”印，还有一个小故事。一日，咸丰上班迟到（估计是淹留在某“春”居所醉酒所致），慈安大怒，跑到寝宫追问昨夜“侍寝何人”。元凶带到，慈安升座痛责之。退朝后，咸丰没看见皇后，知道大事不好，急忙赶回寝宫，只见“宫监森然侍立”，很有可能再说几句就有人要被“杖毙”“赐缳”，于是吩咐宫监不要报告皇后（怕慈安闻信则先斩后奏），“潜步入”，慈安见咸丰来了，只好让座，由他来处理。咸丰打马虎眼，问慈安：“这下

〔一〕咸丰十一年七月十七日，赞襄政务王大臣致兵部、吏部咨文：“本王、大臣等拟旨缮递后，请皇太后、皇上钤用图章发下，上系‘御赏’二字，下系‘同道堂’三字，以为符信。”军机处上谕档，见《清代档案史料丛编》第一辑。

同道堂印，青田石质，光素方形玺，篆书，二厘米见方，通高八厘米。御赏印，田黄石质，光素长方形玺，篆书，宽一厘米，长二厘米，通高五厘米。两印共贮一匣。御赏印是清文宗鉴赏书画时常钤用的小玺。遗命以御赏与同道堂二玺为发布谕旨的凭信。御赏为印起，同道堂为印讫，凡应朱笔处用此代之。御赏由慈安皇太后掌管，同道堂由嗣帝载淳掌管，因载淳年幼，着生母慈禧皇太后代管。

面跪着的是谁啊？”慈安不和他开玩笑，直接来了一篇大道理：“自祖宗建国以来，天子的作息时间都有定制。今天皇上因为贪欢晏起，上班迟到，外间不知道什么原因，只会怪我不能管理内务，所以我要问问她为何拚命劝酒，坏了宫里的规矩？”咸丰只好用“罪在朕躬”的办法蒙混过关：“此自我过。彼何能劝我？且宜恕之。”慈安不好再追究，只好留下一句狠话：“此主子宥汝。以后无论何处醉，惟汝是问！”咸丰自觉惭愧，“即索所佩”，当时只带了这颗“同道堂”玉印，因“解赐后以谢”，于是“同道堂”印就成为咸丰感激慈安赞成“帝德”的信物。〔一〕现在此印从慈安转赠给同治（慈禧），也就蕴含了规制的深意。

〔一〕此据王闿运《祺祥故事》。罗惇曧《宾退随笔》亦载此印故事，云闻诸张百熙，更早于王闿运。又云同道堂印在咸丰、同治、光绪三朝使用，册立宣统帝的懿旨，亦用此印。

抽签决定任命的程序，则如此操作：由吏部堂官选择候选官员，将姓名写在签上，密封进呈。抽签时，太后坐两边，幼帝坐中间，大臣立堂下，签筒交给幼帝，由他“掣签”。掣出后，太后用印，下发各部各省执行。

负责提名写签的吏部尚书陈孚恩，算是各部院实力派中唯一属于“肃党”的高官，他成为“肃党”的经历颇为辛酸，值得多写几句。陈孚恩，江西新城人。道光年间，依附穆彰阿，一直升到刑部尚书。道光三十年，咸丰

养心殿，是慈安、慈禧两位太后垂帘听政的地方。

即位，陈孚恩开始走霉运，原因则都与“肃党”有关。首先是“议礼”一事，道光皇帝觉得任内输了鸦片战争，列祖列宗颜面扫地，自己不配进入祖庙，享受后代祭拜，于是“遗命罢配郊祔庙”。咸丰“交廷臣议”，陈孚恩和怡亲王载垣意见不合，当着皇帝的面，戟指对骂。载垣“以失仪自劾”，咸丰没有过分追究，而“斥孚恩乖谬，降三级留任”。他大为失落，不久就以“母老乞养”告归。回乡后帮办团练，守城有功。七年，母丧后再回北京；明年，授兵部尚书。本以为咸鱼翻身，哪料到咸丰八年协助肃顺主办科场案，发现他儿子陈景彦牵涉在内，于是“自请严议，并回避”。其子终于褫职、远流。由此，他“鄙夫患失，反覆靡常”，“昵附（肃顺）诸人”，咸丰十年九月，由兵部尚书调任吏部尚书，登上个人仕途的巅峰。

批折子、选官员是最重要的两项权力，太后虽然参与，但是实权都掌握在顾命八大臣手里。虽然这是秉承咸丰“遗诏”的运行方式，但是自负才情的慈禧是万不甘心如此的。慈安性情固然刚愎（因食物致恨于肃顺，因晏起大展雌威，可见一斑），可是见识、才能有限，所以，她要掌握的只是一种象征性的权力，或者说就是盖章的权力。慈禧则不然，根据她日后的表现，不难猜测她追求的权力乃是一种事无大小、不分表里的全面掌控。当时肃顺手下某人致其友人信中说：“风闻两宫不甚惬洽，所争在礼节细故，似易于调停也。”其实，两太后所争，根本不在“礼节细故”，而是“垂帘”大计。“后党”某军机章京在八月十三日写信给在京的同事朱学勤，报告热河情报，说：“闻西边执不肯下，定要临朝，后来东边转湾。虽未卜其意云何，大约是姑且将就。”〔一〕“西边”，指慈禧；“东边”，指慈安。话说得很明白，慈禧坚持要“临朝”，也就是不满足于参加与顾命、军机之间的会议，而要直接上朝听政。作此信之“肃党”将这种信息解读为“所争在礼节细故”，政治上未免太不成熟了。而他的“不成熟”，则植根于其老板仗着“遗命”在身的盲目乐观，反映了“肃党”内部的糊涂“共识”。

〔一〕此二信及下文陆续引用的“密札”，共有十二封。此批信件从朱学勤家流出，民国间被张元济主持的涵芬楼收购。民国二十一年，日军空袭上海，涵芬楼毁于火，此批信件也随之消失。但是，此前吴庆坻、高劳、黄濬、章士钊等人都有所抄录。吴氏《蕉廊脞录》节录数函，黄氏《花随人圣庵摭忆》则全部抄录了高氏的整理笔记，自己也有注释。所以，今天我们才能利用这些珍贵的材料，最大限度接近热河当日政争的真相。

当然，“后党”能明确领会到慈禧“定要临朝”的意旨，是在董元醇奏请太后垂帘的折子呈递以后。“肃党”反应迟钝，判断失误，误解为“所争在礼节细故”，其时当在董元醇上奏之前。

八月六日，御史董元醇递上一封奏折〔二〕，“敬陈管见”。他的“管见”，主要有三条：首先，请明降谕旨，宣布两位皇太后垂帘听政；其次，除了顾命八大臣外，再选择一两位亲王加入到领导集团；再次，为幼帝改派师傅。

〔二〕董元醇《奏请皇太后权理朝政并另简亲王辅政折》，《清代档案史料丛编》第一辑。

前两条是赤裸裸的夺权。不但赤裸裸，还有找死的嫌疑。清代祖制，历来严格限制后妃、皇子、亲王、宫监干预朝政，敢于提建议破坏这种制度的大臣，标准量刑一定是死罪〔三〕。虽然顺治初期，出现过孝庄皇太后会同济尔哈朗、多尔衮两位亲王联合辅政，算

〔三〕王闿运《湘绮楼诗文集》卷九《祺祥故事》：“既而御史高延祜上请垂帘，本后意也。以示顾命臣，肃顺即言：‘按祖制当立斩。’孝贞心怍焉，即曰：‘我辈不用其言足矣，不必深求。’”王闿运误记董元醇为高延祜，吴相湘辨之甚详，见黄濬《花随人圣庵摭忆》。

是一个特例，但至少没有公开说这就是“垂帘听政”。咸丰托孤，把二后排除在外，无非也是遵从祖宗之制。凭这点，就可以说董元醇有找死的嫌疑。至于增派亲王进入领导集体，其意所指，当然是恭王奕䜣和慈禧的妹夫醇王奕𫍽。辅政八臣内固然有怡亲王载垣和郑亲王端华，但是咸丰以帝王之尊，变动祖制，自上而下，属于违规；臣子倡言亲王辅政，则是自下而上，属于违法了。此条虽不至死罪，但也不是小过。

第三条则计及长远，为日后太后释权、皇帝亲政的平稳过渡作准备。当时，上书房中已经有了一个帝师，就是咸丰生前钦定的李鸿藻。董之所以要求改派，是考虑到帝师对幼帝的影响力，欲安排铁杆“后党”取而代之。就常人而言，童年时感受最真切的乃是母爱，人生观、价值观的养成也多赖于母亲的教诲，但是生长于深宫之中的皇子却非如此，甚至见到母亲的次数都不是很多。清代祖制：皇子一生下来，不论嫡庶，立即由保姆抱走，归奶妈哺乳。每个皇子都配备了八个奶妈、八个保姆，加上针线、浆洗、灯火、锅灶上人，总共四十人的服务班子，由她们负责皇子的养护，所谓“养于妇人之手”也。断奶后，撤掉奶妈，替换内监若干人为“谙达”，教他吃饭、言语、行走和礼节。六岁，到上书房进学，跟师傅读书。从出生到十六七岁结婚成人，皇子与生母并不住在一起，每年见面都有定时，十几年间合计不过百多次。见了面也不能说太多话，不能享受常人家庭那种承欢膝下、撒娇耍赖的天伦之乐。因此，皇子长大成人以前，与之相处最久、也最能产生感情的，不是其母，乃是其师。除了授读，师傅还有一个最重要的功用，就是为其弟子在太子资格竞赛中取胜进行无微不至的指导。皇子众多、竞争激烈的时候，其指导手段之高明与否，直接决定师徒俩的未来命运，一荣俱荣，一败俱败。同治的父亲咸丰能当上太子，其师杜受田就立了大功。某年春，道光带众皇子到南苑打猎，恭亲王奕䜣射杀最多，咸丰却未发一箭，道光觉得奇怪，就问为什么不开弓。咸丰已经提前接受杜受田的嘱咐，乃从容回答："春天是鸟兽孳育的季节，'不忍伤生以干天和'。"道光大为欣赏，说："此真帝者之言也。"于是，下定决心立咸丰为太子。同治已经继位，不用参与残酷的资格竞赛，但是十几年后他必然要亲政，辅政诸人不管是"后党"还是"肃党"，都要交回权力。如果幼帝在成长期间的老师来自另一阵营，或者不能确保来自己方阵营，那么，稍有疏忽，接受一点"反动教育"，辅政者下台后的日子必不好过，甚而会有性命之忧。董元醇提出改派师傅的要求，就是为辅政以后的退路考虑，所谓"计及长远"也。

这三条"管见"，衡以祖制、遗命，可以称得上"荒唐""放肆"乃至"悖逆"，智商七十以上者，都不会在这上面找刺激。董元醇脑子坏掉了？当然不是。既然不是，此中必有阴谋。那么，是什么样的阴谋呢？阴谋之所以为阴谋，无非故意隐藏或颠倒事物发展的因果关系和逻辑联系，有选择地暴露一些孤立现象，误导当事者的判断而已。明明是自上而下的"授意"和"讽示"，表现出来的却是自下而上的"劝谏"和"舆情"，颠倒因果，割裂逻辑，这就是"垂帘听政"事件之所以为阴谋的本质原因。只要按照时间顺序罗列当日事实，我们就能把握事件的逻辑链和因果律，不着一字，尽得阴谋。

八月四日，北京，周祖培找到李慈铭，"属为检历代贤后临朝故事”，李慈铭记丑而博，一日内就举出汉、晋、辽、宋共八位“贤后”的事迹，“条议上之”[一]。中国人要办事，第一个反应就是翻开史书，看看是不是“古已有之”。官当久了，不免“学殖荒落”，一时半会儿翻不着，所以，学士周（祖培时任体仁阁大学士）不得不请教塾师李（慈铭当时在周家任家教）。李的东家是周，周背后的黑手无疑就是恭王，恭王的操作指令则必来自慈禧。事情关涉重大，命令来自最上层，具体办理却交给远离政治核心的落魄“资郎”[二]，其间“管理层级”甚多，奥妙就在于局外人一眼看不透其中曲折，一语说不破其中阴谋。这是阴谋家常用套路，古今一概。但是，李慈铭的“史料”，并没有被董元醇的奏折采用。这又是更高的一招。因为，董元醇虽然打响了“垂帘”起义的第一枪，但那只是火力试探，没必要暴露全部实力。李氏的“核原料”要用来配置决定战局的“原子弹”，等到十月初才会引爆。我们先看看董折在热河引起的哄闹，再来分析慈禧、恭王“欲擒故纵”“以柔克刚”的精彩战术。八月十三日，守愚道人（“后党”军机章京的化名）寄结一庐主人（朱学勤）书：

千里草上书，初十日未下。此处叫人上去，

〔一〕李慈铭把这个条陈称为“临朝备考录”。见李慈铭《越缦堂日记》咸丰十一年八月初四日、十月朔日日记。

〔二〕李慈铭中进士前，捐了个户部郎中，于是自称“资郎”。但是一直补不到实缺，没地方开工资，生活甚为潦倒，他曾自书一联挂在寓所门口：“保安寺街藏书三万卷，户部员外补缺一千年。”可见他的落魄。

要仍留看，夸兰达下来，说西边留阅。心台冷笑一声。十一日，叫见面，说写旨下来，叫写明发痛驳。夫差拟稿尚平和，麻翁另作……诸君大赞（原注：有“是诚何心”“尤不可行”等句，原底无之），遂缮真递上。良久未发下（他事皆发下），并原件亦留。另叫起耳君，怒形于色，上去见面，约二刻许下来（闻见面语颇负气），仍未发下。云：留着明日再说。十二日上去，未叫起。发下早事等件，心台等不开视（决意搁车），云：“不定是，谁来看？”日将中，上不得已，将折及拟旨发下照抄，始照常办事，言笑如初。

先解释信中的“廋词”“隐语”。“千里草”，“董”的拆字，指董元醇。“夸兰达”，满语内奏事处首领太监的音译。“西边”，慈禧。“心台”，“怡”的拆字，指怡亲王载垣。“叫”“叫起”，指帝、后召见大臣。“明发”，明发谕旨，相当于传达到乡镇一级干部的公开文件。“夫差”，春秋吴王夫差，切吴姓，指军机章京吴台郎或吴兆麟。“麻翁”，军机大臣焦佑瀛，脸上痘痘太多，人称“焦大麻子”。“耳君”，即郑亲王端华，“郑”字有“阝”旁，故称“耳君”。“搁车”，搁置。〔一〕

再通讲一遍。军机章京和赞襄大臣、军机大

〔一〕章士钊《热河密札疏证》（《光明日报》，1962年4月15—16日），《热河密札补证》（《新建设·文史》第二辑）。

臣在一处办公，所以，军机章京“守愚道人”此信不但记录事态发展，还详述了各人的言语神态。董元醇奏折递上去，慈禧看了一天，没有表态。载垣“冷笑”，代表了“肃党”的态度，就是不屑，没当回事儿。第二天，二后、大臣见面，肃顺等人回来，说二后不赞成“垂帘”，由军机处拟旨驳斥，并将在全国范围内公开处理意见。吴逢年写初稿，语气平和，气势不足，肃顺等人不满意。焦佑瀛重写，定下“是诚何心，尤不可行”的调子，非常严厉。拟旨交上去，二后认为话说得太绝，所以再次斟酌，甚而有“留中不发”的意思，也就是低调处理，大事化小，不准备公开驳斥了。并叫端华去谈话，端华气冲冲地去了，在谈话过程中很不理智，“声震殿陛”，把小皇帝吓得尿泪俱下。〔一〕第三天，二后还没表态，于是载垣带领顾命大臣、军机处罢工，说不处理董元醇的折子，别的事也不办了。直到十二日中午，二后“不得已”，同意公开批驳〔二〕。

这一仗，固然是肃顺等人胜利了，可是，全局却从此变坏。二后故意磨蹭几天，然后表态示弱，用意首先在麻痹“肃党”，其次则考虑到人在热河，身不由己，过早发生冲突，未免危及人身安全。“肃党”果然入彀，以为经

〔一〕李慈铭《越缦堂日记》咸丰十一年十月初一日日记。

〔二〕《军机处上谕档》在这封批驳董折的上谕后注明：“本日递上，未发下。次早发下，同折发抄。”“本日”，即八月十一日，慈禧看了一天也没表态。“次早发下”，即载垣等力争的结果，见《清代档案史料丛编》第一辑。密札中那封“套格密札”也记述了当时情景：“是日见面大争，老杜尤肆挺撞，有‘若听信人言，臣不能奉命’语，太后气得手颤。发下后，怡等笑声彻远近。”“老杜”，顾命八大臣中的军机大臣杜翰，即咸丰老师杜受田之子。“怡”，指怡亲王载垣。

此一驳，底下不晓事的中下层干部必不敢再发怪论，“垂帘”之事即可中止，顾命辅政的大局也就这么定下。而未意识到“垂帘”怪论实出于上峰授意，只是颠覆朝局这部阴谋交响曲的前奏。他们也不知道在京官僚们依然在恭王的布置下准备更言之有据的“恭请垂帘”折，并讨论商定“垂帘”召见的礼仪细节。同时，面见二后时的嚣张言行，从热河传到京城，激起在京大臣们的公愤，他们中的大部分本就受过肃顺的气，由此，对“孤儿寡妇”的同情指数暴涨，对“悖逆亡法”的“肃党”更加痛恨。舆论既已如此，那么，违反祖制、支持“垂帘听政”，与违抗遗命、赞成“清君侧恶”，就可以并行不悖了。

“后党”都很冷静，知道“肃党”这次的胜利，不过如朝露泡影，当不得真。此信的作者这么评价他们：“二四者，可谓浑蛋矣！夫今日之事，必不得已。仍是垂帘，可以远祸，可以求安，必欲独揽其权，是诚何心。”（按，“二四者”，二四得八，即指顾命八大臣。）“后党”知道己方的实力和布置，今日小挫，不过是欲取姑予的“不得已”，“垂帘”是迟早要发生的。八大臣懵懂，自作聪明，所以是“浑蛋”，将来的下场一定不能“远祸”。

“后党”“肃党”以外的骑墙派，也能看出其中的趋势。“密札”中有一封不知写信人、收信人姓名的“套格”密札，根据内容判断，就是某骑墙派在此时所写：“此事不久大变，八人断难免祸，其在回城乎？”当然，“后党”要发难，必须在回京之后。而具体准备回京后的操作程序，就需要恭王、胜保，一文一武，来热河面谈了。

七月十七日咸丰驾崩，九月一日恭王才来热河吊唁，于礼不合。拖延一个多月的原因，“肃党”对之有戒心，阻隔他与二后的接触，是一个原因；第二个原因，则是咸丰遗诏顾命名单里并没有他的名字，他要避嫌（前述咸丰病中也不许他来探问，可知嫌忌之深）〔一〕；还有一个原因，则是不甘脱离政治中心，欲有所作为，必须先做一番布置（例如安排周祖培整理“国故”，搜集“垂帘”掌故），做一些沟通（军机章京通信可以让他与二后保持联络；醇王福晋往来热河北京，也可以传递消息），都需要时间，所以赴热河吊唁反而不在急上。而在董元醇奏折被驳斥以后，“肃党”志得意满，戒备松懈；己方准备工作也差不多完成，需要和二后面议落实，恭王再提出到热河吊唁，就水到渠成了。

〔一〕咸丰十一年七月十七日上谕：“豫亲王义道、恭亲王奕䜣、周祖培、全庆着在京办理一切事宜，无庸前赴行在。”此谕应为肃顺等拟旨，与前述咸丰不许恭亲王来热河探病一个意思。

很多笔记都说恭王赴热河见太后，被肃顺等人当面羞辱了一番，恭王唾面自干，忍辱负重，才见到太后，定下大计。比较有代表性的描述，可以看薛福成的记载：

恭亲王先见三奸，卑逊特甚。肃顺颇蔑视之，以为彼何能为，不足畏也。两宫皇太后欲召见恭亲王，三奸力阻之。侍郎杜翰昌言于众，谓：“叔嫂当避嫌疑，且先帝宾天，皇太后居丧，尤不宜召见亲王。”肃顺拊掌称善曰：

“是真不愧杜文正公之子矣。”然究迫于公论，而太后召见恭亲王之意亦甚决，太监数辈传旨出宫。恭亲王乃请端华同进见，端华目视肃顺，肃顺笑曰：“老六，汝与两宫叔嫂耳，何必我辈陪哉？”王乃得一人独进见。〔一〕

〔一〕薛福成《庸盦笔记》卷一“咸丰季年三奸伏诛”条。

揣言摹色，颇有小说家习气，不像实录。不但阻挠后、王见面，杜翰、肃顺甚至说开了“黄话”，亵秽不堪；而且“肃党”自动放弃共同进见、从旁监视的便利，尤不合逻辑。王闿运是“肃党”中人，所闻就接近事实：

（恭王）军机前辈也。至，则递牌入，谒梓宫，因见后。〔二〕

〔二〕王闿运《湘绮楼诗文集》卷九《祺祥故事》。

恭王于咸丰三年入军机处，所以是现任军机们的“前辈”。他到热河行宫，亮出名片（“递牌”）就可以吊唁（“谒梓宫”）、面圣，并非如薛福成所记，历经磨难方能入见。最真切的见闻，则是当时身在热河的军机章京了，“后党”某章京的记述是这样的：

恭邸今日大早到，适赶上殷奠礼，伏地大恸，声彻殿陛，旁人无不下泪。盖自十七以后，未闻有如此伤心者。祭后，太后召见。恭邸请与内廷偕见，不许，遂独对。约一时许方出。宫灯辈颇有惧心，见恭未尝不肃然改容，连日颇为敛戢。……自十七以后，八位见面，不过二三次，时亦甚暂。今则见面一时许，足见自有主宰。〔一〕

〔一〕《樵客致黄螺主人札》（九月初一日）。

“殷奠”，大祭。“宫灯”，指肃顺，繁体“肅”字，形状颇似宫灯。信中说得很明白，恭王先去吊唁，然后太后召见。杜翰、肃顺羞辱恭王，必无此事，否则不会说“宫灯辈颇有惧心，见恭未尝不肃然改容”。恭王主动申请与端、肃等人入内，倒是事实（“恭邸请与内廷偕见”），但是太后“不许”，而非端、肃自动放弃。而且见面谈了两个小时（“一时许”），甚为从容。

“肃党”某章京的记载也差不多：

六兄来，颇觉隆重，单起请见，谈之许久，同辈亦极尊敬之。〔二〕

〔二〕此批书信中有一封《黄笺密札》，即前已引用者，确信为“肃党”某人所作。

恭王排行第六，故信中称六兄。

以薛福成为代表的笔记作者们因为各种原因，不顾事实，捏造恭王面见太后情状，并制造一种双方斗智斗勇的戏剧气氛（甚至有笔记称后、王见面被严密监视，不敢多言，乃通过太监安德海在御赐食物时传递小纸条，才得以联络）〔一〕，无非是要说明“宫灯辈”气焰嚣张，目无尊上，其心不可问，其罪不胜诛，并以此作为旁证，为“后党”锄奸诛恶乃至垂帘听政的行为提供必要性和合法性的借口〔二〕。诋毁政敌，无所不至，乃是我国“史笔”的一个特色，读者诸君碰到此种笔法，一定多留个心眼，不要稀里糊涂就被哄骗过去。

恭王在热河待了六天，“连日面圣”以外，与诸“后党”也有接触（包括醇王奕譞及某些军机章京），无疑就回京后的大小事情交换了看法，决定了做法。谋划极为详尽周到，连外交关系也讨论到了：

> 恭王对：“非还京不可。”后曰：“奈外国何？”王奏：“外国无异议，如有难，惟奴才是问。”〔三〕

政变需要主持大局的谋主，也需要震慑敌人的武将。恭王揣着会议纪要回了北京，一周后（九月十四日晚），胜保装着“决心书”来到了热河〔四〕。不过，他来之前，后、肃两党

〔一〕沃丘仲子（费行简）《慈禧传信录》。

〔二〕咸丰十一年十月初六日谕旨，宣布“肃党”罪状，就有“屡言亲王等不可召见，意在离间”之语。咸丰七月中刚死，“肃党”未尝不阻止恭王来见，但是九月恭王来热河，“肃党”并未阻止。圣旨故意语焉不详，诸笔记也就发挥“想象”，大肆进行“文学创作”了。

〔三〕王闿运《湘绮楼诗文集》卷九《祺祥故事》。九月初二日信（无写信、收信人姓名）也说：“昨见面，后以夷务为问，邸力保无事，又坚请速归。”与王文互相印证，若合符节。

〔四〕八月初二日，胜保以“北路军务现已竣事”，申请来热河“叩谒梓宫”。七日，肃顺等同意了他的要求。《吁恳兼程北上叩谒梓宫折》《寄谕钦差大臣胜保来行在叩谒梓宫》，见《清代档案史料丛编》第一辑。

的矛盾就公开爆发了。起因在批驳董元醇的明发谕旨里面有“是诚何心”一语：

皇考于七月十六日子刻特召载垣等八人，令其尽心辅弼，朕仰体圣心，自有深意，又何敢显违遗训，轻议增添？……该御史必欲于亲王中另行简派，是诚何心？所奏尤不可行！〔一〕

〔一〕《谕内阁皇太后垂帘听政并另简亲王辅弼均不可行》（咸丰十一年八月十二日），见《清代档案史料丛编》第一辑。

由“御史”说到“亲王”，再说到“是诚何心”，言外之意，便骂到了恭、醇等王，所以奕谖大怒，威胁端、肃等人说：“俟进城讲话。”口不择言，盛怒之下泄露了机密。惇勤亲王奕誴在旁，立即“喝止之”〔二〕。后人都说醇王是个草包，看他“进城讲话”这句，就知此言不虚。当日他们俱在热河，虽然大计已定，但只要没回北京，就无时无刻不有杀身之祸。心狠手辣的政客，没有他这句话，也能通过蛛丝马迹发现他们的阴谋，有了这句话，一定毫不迟疑地“杀无赦”。全盘计划被他这句话打乱，并非不可能，“小不忍则乱大谋”，说的就是奕谖这种草包。草包不打自招，以肃顺疾如鹰隼、猛如雷霆的办事风格，他怎么毫无所动，继续一步步走进“后党”的圈套呢？

〔二〕《守愚道人寄结一庐主人札》（九月十六日）。

肃顺对“进城讲话”的反应，现在不得而

醇亲王奕譞

知。但是，进城后，三人被捉，关在宗人府，他“瞋目叱端华、载垣曰：‘若早从吾言，何至有今日？’”据此可知，或在此时，或在否决垂帘提议时，或更早，肃顺就意识到这将是一场你死我活的斗争，从而动了杀心，只是以端华、载垣为代表的大多数“肃党”反对，才没能利用掌控热河局面的有利条件，在进京前果断行事，粉碎“后党”的阴谋。他们的选择很多：例如，既然驳斥垂帘的明发谕旨已经下达各部、省，那么趁机纠出一两个口出异议的“亲王”，如醇、恭即可，罗织一些皇亲“干政”、违反祖制的罪名，就可起到杀一儆百、威慑在京“后党”的效果；或者，直接用“我朝圣圣相承，向无皇太后垂帘听政之礼”（明发谕旨中语）的理由，软禁二后，彻底接管中枢权力，亦未尝不可。成王败寇，反复无常。洞烛机先，先发制人，则是诛吕后、扶汉室的刘章；失机昧时，则是谥为叛逆的徐敬业。区别只在于做不做，而不在于该不该做，所谓“尽人事，安天命”矣。“当断不断，反受其乱”，什么都不做，就只有束手就擒，身死名灭为天下笑了。肃顺为乱党“领袖”，却不得果行其志，乃被“肃党”所误，与之俱亡，其中冤屈，不胜枚举。后辈读史者能不扼腕太息、掩卷而去吗？

奕谖一时冲动，激化了局势，胜保恰在此时到来。当日，举国都在用兵：湘军主力与陈玉成、李秀成、石达开周旋于鄂、赣、皖、贵，僧格林沁在淮北对抗捻军，疲于奔命。京畿附近，只有胜保的部队可以起到弹压的作用。他到热河，不啻“后党”的定心丸，“肃党”的蒙头棒。但是，形势千钧一发，“后党”却不敢在热河动手，尚有隐情。胜保十四日夜里至行宫，“守愚道人”就去拜谒，劝他干脆在热河动手，免得夜长梦多。胜保却说端、肃等人

“罪状未著”，贸然“兵谏”，师出无名，会遭受“恶名”。〔一〕八大臣顾命，奉有遗诏，天下皆知；董元醇建议太后垂帘，明发驳斥，也是天下皆知。如果不先公布罪状，制造舆论，而遽行捕治的话，不仅难以服众，更怕各地督抚（特别是手握重兵且风传与肃顺协洽的湘军将领）质疑，来个“反兵谏”。这种顾虑，并非一味地小心持重。

〔一〕《守愚道人寄结一庐主人札》（九月十六日）。

咸丰刚死，“肃党”内就有人以为辅政之事，不能仅依靠遗诏指派的八个人，而应该团结恭王，才能牢牢把握，所谓“亲贤并用”。也只有这样，才能将外间传说慈禧欲垂帘的计划消弭于无形。王闿运为此致书曾国藩，说“恭王宜当国”，劝曾国藩“自请入觐”，申明母后不得临朝的祖制，依靠军事力量保障政权的平稳交接。〔二〕后、肃、恭三方势力，原是一个三角形，后、肃既不两立，谁能争取恭王，谁就能掌控大局。恭王的条件，无非就是重出任事。政变后，恭王成为“议政王”，掌管军机处和总理衙门，就是明证。“肃党”未尝不能以此结纳恭王，而终不果行，原因还是骄愎二字所误。骄，是倚仗遗诏；愎，是不愿分权。慈禧一方，孤儿寡妇，能够垂帘就是大胜利，暂时分权给恭王，实在不是过分的条

〔二〕王代功《湘绮府君年谱》卷一。世间传言王闿运劝曾国藩造反，目前没有可靠资料，但是劝曾国藩进京“主持朝纲”，则应有此事。《年谱》说曾国藩“恐蹈权臣干政之嫌，得书不报”，则是对此事保持沉默，静观其变。但风声肯定传出来，北京方面不得不有所顾忌。

件。所以后、恭一拍即合，三角制衡之形变成胳膊拧不过大腿之势。不能予则不能取，吝于名则失于实，“肃党”在这种“大智慧”方面，确有欠缺。

恭王的条件，慈禧能够答应，胜保此行，也必有条件交换。政变后，立即擢升为兵部尚书衔镶黄旗满洲都统，算是一个证据。此外，更隐秘的承诺也当达成。只是他一贯“骄纵贪淫”，既得罪湘军，又控制不住苗沛霖、李世忠、宋景诗等降人，军事实力下降，所以反而给了慈禧一个“杀人灭口”的借口。同治二年，以“养痈贻患”“挟制朝廷”的罪名，赐其自尽。临刑前，他要求见慈禧一面，管理刑部大学士周祖培断然拒绝。他这个要求见面的请求，说不定就是要求慈禧履行此前在热河定下的密约，亦未可知。

总之，胜保压住了阵脚，九月中旬以后，整个局面就全由慈禧、恭王控制，“肃党”无非尽职尽责，当好本色演员而已。九月二十三日，热河人员分成两批，同时出发，先后回京：肃顺护送咸丰的棺木，走得慢；二后、幼帝偕同载垣、端华，轻车简从，走得快。肃顺应变能力强，与之一同回京，变数太大，把握变小；故令之护送棺木，待北京诸事俱备后，即可万无一失将其拿下。载、端庸昧，肃顺不在边上，他俩玩不出花样，所以先行带回北京。

祺祥政变

一个多月前，李慈铭按周祖培的嘱咐，写了一本《临朝备考录》。董元醇首先发难，恭请垂帘，奏折中并没有引用他的材料；

此折被严厉驳斥，周祖培并没有继续发难，李慈铭发牢骚，说周祖培胆子太小，并惋惜自己的学术成果不能有裨时政，却不知道他提供的材料已经变成了“核原料”，早就被制成原子弹。热河诸人还在路上，由贾桢（武英殿大学士）领衔，周祖培（体仁阁大学士）、沈兆麟（户部尚书）、赵光（刑部尚书）等人联名的奏折〔一〕，就是这颗原子弹。这篇奏折，有破有立，破的是“赞襄”之义，立的是“垂帘”之礼；之所以能“立”，靠的就是李慈铭的学术成果。这篇奏折，是政变由阴谋转为“阳谋”的标志，是向政敌发起总攻的号角，我们得认真学习一番。

〔一〕贾桢等《奏请皇太后亲操政权以振纲纪折》（咸丰十一年九月三十日），见《清代档案史料丛编》第一辑。

董元醇建议垂帘，被否决，已经下过谕旨。虽然那是“肃党”执笔，但毕竟盖了公章，发了公告，算是做了了结。现在旧话重提，如何“破题”？折云：“权不可下移，移则日替；礼不可稍渝，渝则弊生。”这就是破题。按照“肃党”的说法，遗诏之意，是咸丰帝主动将“权”“下移”给他们，不存在“替”的问题。那么，只有咬文嚼字，推陈出新，颠覆遗诏，才能证明权力“下移”并不可取。所以他们说“臣等寻绎‘赞襄’二字之义，乃佐助而非主持也”，“今日之赞襄大臣，即昔日之军机大臣”，“此太阿之柄不可假人之义也”。言语之间，就把“临时政府”降格为军机处。他们这话对不对呢，还真不好判断：“赞襄”当然是“佐助”，可是同治年少不能管事，“主持”的权力自然由顾命大臣代行。代行其权，自然就变成了“主持”。咸丰遗诏说让八大臣“赞襄一切政务”，不就是这个意思吗？但是，政令出自天子，除了他，谁也不能“主持”“一切政务”。那么，若“赞襄”大臣实际在“主持”“一切政务”，就又不对了。绕来绕去，谁能说得清“赞襄”这两个字的含义？模棱两可的本质原因，就在于遗诏没有具体规定“赞襄”的岗位职能和运作程序，国家法律也没有相应条款可以遵照。要破除这个谁也说不清的“赞襄”之局，只有在八大臣外，另立“主持”，而让顾命大臣只履行军机大臣的职权。李慈铭搜集的史料这就派上用场了：汉朝邓太后、晋朝褚太后、辽国萧太后，“史册称美”，宋朝高太后，是“女中尧舜”，这些例子论证了太后临朝、管理国家的可行性，不但能管，还能管得很好。类似今日的具体情况，则可参照明神宗即位的形式：神宗的嫡母与生母，在神宗十岁时，携手把持政务，“未尝居垂帘之名”，而有“主持”朝政之实，军国大事也都秩序井然。那么，与其让同样无名有实的赞襄大臣“主持”，何不干脆让两位皇太后“不居垂帘之虚名，而收听政之实效”呢？所以，奏折有破有立，破的是借“赞襄”之名，行“主持”之实的顾命之局，立的是无“垂帘”之名，有“听政”之实的便宜之策。

但是，无论怎么狡辩，这个奏折还是回避不了两个原则性错误：一则显然违抗遗诏，一则悍然破坏祖制。俗话说理直气壮，这个奏折说得天花乱坠，理也直不了。不能理直，那就只剩下气壮，

总理各国事务衙门，1878 年，Thomas Child 摄影。

〔一〕胜保《奏请皇太后亲理大政并简近支亲王辅政折》（咸丰十一年九月二十八日），见《清代档案史料丛编》第一辑。

所以胜保也上个折子〔一〕，干脆不讲道理：

怡亲王载垣、郑亲王端华等……以臣仆而代纶音，挟至尊以令天下，实无以副寄托之重，而餍四海之心。在该王等，不过以承写朱谕为词，居之不疑。不知我皇上以宗子缵承大统，天与人归，原不必以朱谕之有无为定。至赞襄政务一节，则当以亲亲尊贤为断，不得专以承写为凭。何也？先皇帝弥留之际，近支亲王多不在侧，仰窥顾命苦衷，所以未留亲笔朱谕者，未必非以辅政难得其人，以待我皇上自择而任之，以成未竟之志也……为今之计，非皇太后亲理万机，召对群臣，无以通下情而正国体；非另简近支亲王佐理庶务，尽心匡弼，不足以振纲纪而顺人心。

意思就是咸丰的遗诏也当不得数。一通糊涂闷棍，竟然将顾命大臣打成"挟至尊以令天下"的王莽、董卓之流。最搞笑的是自作聪明，还揣摩出咸丰临死之前的"苦衷"，并非病重不能"亲笔"，而是不放心载垣等人，所以故意卖个破绽，留待同治小皇帝再行"择而任之"一番。无中生有，强词夺理，哪里称得上据理进言的奏折，简直是演义体的评书。不过，蛮不讲理有蛮不讲理的好处，那就是既不依循理路立论，对方就没办法依循理路加以驳斥。胜保这种"我是流氓我怕谁"、无知者无畏的蛮横，反而比董、周等人支吾其言、不可自洽的狡辩来得痛快。而这种奏折也公开让大学士、九卿、科道进行讨论，底下的明白人一看就知道今日局面纯乎是“有力者得之”，什么道理都是放屁了。这种奏折被我比喻为原子弹，并不是说它合理合法，具有震慑乱臣贼子的威力，而是指其具体使用而言。原子弹用在什么时候？就用在大家讲道理讲不清的时候。你有先帝遗诏，我有心理分析；你有祖宗制度，我有历史经验。反正对话没有基础，交流没有平台，不如扔一颗糨糊原子弹，一了百了。原子弹一扔，此后就不用讲道理，可以无法无天地进行政变了。

帝、后等人十月一日到北京，恭王率领大臣迎驾。二后当街哭诉“三奸欺藐之状”，周祖培公报私仇，假意问道：“何不重治其罪？”二后也装模作样：“彼为赞襄王大臣，可径予治罪乎？”熟悉行政程序的周出谋划策：“皇太后可降旨先令解任，再予拿问。”（就像人大代表犯了事，先得人大常委罢免其代表资格，再行逮捕。）太后曰：“善。”恭王早就派人写好了治罪诏书，立即奉上，二后分别用印，签下了逮捕令〔一〕。

第二天，群臣朝会，恭王宣布拿问载垣、端华、肃顺的诏书，载、端还傻乎乎地质问：“我辈未入，诏从何来？”边上侍卫早就一拥而上，

〔一〕即署期“咸丰十一年九月三十日内阁奉上谕”的《谕内阁解赞襄政务王大臣任并派奕䜣等会议皇太后垂帘听政事宜》，但是，此谕“三十日”上有签纸，改署“十八日”。此谕早在热河期间即已拟好，由“奕譞缮就”，见《谕将载垣等革职拿问》（九月三十日），印证了“垂帘”阴谋乃自上而下发动起来的。三十日，并签发了逮捕肃顺等人的命令（《谕将肃顺即行拿问议罪》），见《清代档案史料丛编》第一辑。

褫去二人冠带，押解宗人府。那边厢，肃顺刚到密云，时候已晚，正在床上和两个小妾厮混。睿王仁寿、醇王奕谖带了人马前去捉拿，破门而入，从床上把他捉住，连夜解往北京。一日之内，三个首犯全部到案，所谓迅雷不及掩耳盗铃之势〔一〕也。

〔一〕后、恭的做法，如前所述，不合理不合法，悍然行之，不就是“掩耳盗铃”么？

刑事拘留以后，就得审判、量刑。人是肯定得杀的，用什么罪状呢？十月六日的诏书是这么说的：

载垣、端华、肃顺于七月十七日皇考升遐，即以赞襄王大臣自居，实则我皇考弥留之际，但面谕载垣等立朕为皇太子，并无令其赞襄政务之谕。载垣等乃造作赞襄名目，诸事并不请旨，擅自主持，即两宫皇太后面谕之事，亦敢违阻不行。御史董元醇条奏皇太后垂帘事宜，载垣等非独擅改谕旨，并于召对时有伊等系赞襄朕躬，“不能听命于皇太后”、伊等“请皇太后看折，亦属多余”之语；当面咆哮，目无君上情形，不一而足。且屡言亲王等不可召见，意在离间。此载垣、端华、肃顺之罪状也。〔二〕

〔二〕薛福成《庸盦笔记》卷一“咸丰季年三奸伏诛”条。

罗列的是“集团罪行”。就像前述奏折或者讲不清道理，或者不讲道理，此份诏书所谓“罪状”，也无道理可言，全是诬陷。第一条大罪，说咸丰“并无令其赞襄政务之谕”，三人“造作赞襄名目”。前从曾国藩日记引用了吏部咨转的咸丰遗诏：“七月十六日奉朱笔，皇长子现已立为皇太子，着派载垣、端华、景寿、肃顺、穆荫、匡源、杜翰、焦佑瀛尽心辅弼，赞襄一切政务。”早已公之天下，人所尽知的遗诏，难道是一张废纸？第二条，关于董元醇奏请垂帘，太后垂帘，就是违反祖制，载垣等依据祖制加以驳斥，义正词严，怎么不对了呢？“当面咆哮”不过是态度不好，属于工作作风问题，也能算一大“罪状”吗？第三条，“屡言亲王等不可召见，意在离间”，亲王不得干政，是祖制；叔嫂当避嫌疑，是俗制。不让亲王召见，不就是维护制度和风纪吗？怎么称得上“离间”呢？所列“罪状”极不充分，根本站不住脚。接下来单列肃顺的罪状：

肃顺擅坐御位。于进内廷当差时，出入自由，目无法纪，擅用行宫内御用器物。于传取应用物件，抗违不遵，并自请分见两宫皇太后，于召对时，词气之间，互有抑扬，意在构衅。此又肃顺之罪状也。

“擅坐御位”、擅用御器这种事情，没有列出人证物证，极为可疑。在内廷“出入自由”，肯定经过咸丰首肯，不然不用等到今天才来治罪。“于传取应用物件，抗违不遵”，说的就是逃难路上没有做好太后的饮食供应。“自请分见两宫皇太后”，则好像肃顺要对太后进行“性骚扰”，读者恐怕要偷笑。“词气之间，互有抑扬”，大概是肃顺劝慈安不要听信慈禧，慈安露了口风，被慈禧知道。所列各条，只有“擅坐御位”算得上死罪，可明显证据不足，以此定罪，太过牵强。

秦桧给岳飞定罪，叫“莫须有”，这份定罪诏书所列各款，还比不上“莫须有”来得清爽。否认遗诏“赞襄一切政务”之语，是不给先帝面子；责怪三人阻止垂帘，是不给祖宗面子。要较真的话，这不是“三奸”的“罪状”，而是两位太后的“罪状”，而是“朕躬”的“罪状”。就这么一份混淆是非、自相矛盾的诏书，却判了三人的死刑，其智可笑，其愚可叹。但是，当日满朝上下已无是非，千夫所指，都欲杀之而甘心。慈禧、恭王得偿所愿，成为政治核心；以周祖培为代表的官僚泄了私愤，抓了实权；被肃顺减去俸禄的在京旗人出了怨气。所以，不管如何可笑，多么冤屈，肃顺等人之死，还是符合最大多数人的意愿，不合法而合情，不得理而得势。

当日，载垣、端华赐令自尽。肃顺押赴菜市口正法。路上，因为经济利益受损而痛恨肃顺的旗人们一边高呼“肃老六，你也有今天”，一边捡起瓦砾泥土扔向囚车，不一会儿，肃顺就“面目模糊不可辨”。但是，肃顺表现得很坚强，斗志至死不懈。行刑前，破口大骂，“皆为人臣子者所不忍闻”。又不肯跪下，刽子手用铁锤敲断了他的小腿，方才就范，引颈受刃。是年，肃顺四十六岁。〔一〕

〔一〕文廷式《闻尘偶记》：“彭泽、欧阳润生观察熙为余言，亲往观肃顺伏诛，家人进药而不肯食，及死后，其家缝头殡殓事。”文氏原稿有朱书注：“熙，当是霖之误。”按，欧阳霖，江西彭泽人，监生，咸丰七年报捐知县，十年投效河南军营，仕至江苏道员。入民国，为江西著名耆绅，寿至八十五岁以上。

其他“肃党”，没有大范围“捕治”，处理了十余人而已。陈孚恩发配伊犁充军。穆荫发往军台效力。其余景寿、匡源等人革职。旋即有人上奏，请“查办党援”，并为肃顺督办的科场、户部等案平反。〔一〕奉旨：对其他与“肃党”有染人员，“宽大为念，不咎既往”，朝臣也“毋须再以查办奸党等事纷纷陈请，致启讦告诬陷之风”。〔二〕在查抄肃顺家产后，发现很多账目、书信，倘若逐件调查，清办“党援”，必然会株连一大批人。慈禧为了表示“宽厚和平、礼待臣工”的“至意”，特命将这些书信“焚毁”，“毋庸呈览”。〔三〕揆以历代“党祸”，这次处理真算得上是菩萨心肠，但何尝不是政变成功者心虚理亏的藏拙之举呢？肃顺等人遵旨行事，固然无“党”；不“讦告诬陷”，又到哪里去查办“奸党”？慈禧、恭王等人内外勾搭，结党谋私，才是当之无愧的“奸党”。贼喊捉贼，盗而无道，不适可而止，大事化小，岂不弄巧成拙？

十月五日，以“祺祥”二字意义重复，声音未协，〔四〕改明年年号为“同治”〔五〕。“祺祥”以肃顺身首异处告终，“同治”以慈禧坤纲独断开场。此后，经历了一段回光返照的短暂“中兴”，“独治”的慈禧带领“我大清”亿万子民走上一条一点也不“祺祥”的单行道。

〔一〕许彭寿《奏密陈查办党援等四项事宜折》（咸丰十一年十月一日），《清代档案史料丛编》第一辑。

〔二〕《谕内阁将党援载垣等之陈孚恩诸人革职》（咸丰十一年十月初七日），《清代档案史料丛编》第一辑。

〔三〕《谕内阁着将查抄肃顺家产中账目书信焚毁》（咸丰十一年十月二十九日），《清代档案史料丛编》第一辑。

〔四〕周祖培《奏请饬军机处另拟建元年号折》（咸丰十一年十月初五日），《清代档案史料丛编》第一辑。《尔雅》卷三《释言》：“祺，祥也。”

〔五〕《谕内阁奉皇太后懿旨以明年为同治元年》（咸丰十一年十月初五日），《清代档案史料丛编》第一辑。《尚书·周书》：“同治天下。”

战天京

未经证实传闻：咸丰临死许下大愿，说，不管是谁，能克复南京，即封郡王。〔一〕

〔一〕薛福成《庸盦笔记》卷二。

清朝开国以来，封过五个异姓王——定南王孔有德、靖南王耿仲明、平南王尚可喜、义王孙可望及平西王吴三桂，还有死后被追封的四个异姓王——扬古利、傅恒、福康安（傅恒子）及黄芳度〔二〕。据此，咸丰的封王遗命，有迹可循。但是，同治三年，南京克复后，功臣封爵唯有侯、伯、子、男等名目，并无一人因此封王，甚至连公爵也没有。据此，咸丰的封王遗命，似是而非。不过，慈安、慈禧听到遗命却不奉行，亦未可知。当时一同聆奉遗言的“顾命八大臣”，都或杀或流，一句空口愿，又有什么要紧呢？

〔二〕福格《听雨丛谈》卷二。

传闻虚实，不得而知。但是，克复南京是天下第一大功，当时诸人没有不知道的。李鸿章诗云“一万年来谁著史，三千里外欲封侯”〔三〕，无疑是当事诸人的心声。克复南京，可以名垂青史，可以身膺旷典，倘若躬逢其盛，谁不攘臂而争？谁能袖手而让？于是，南京攻防战，不但是敌我之间的战争，也是盟军内部的博弈，既有浴血坚城的壮举，也有兄弟阋墙的机心。欲知围攻南京的详细战况，当时后世，诸人著作俱在，读者取观可也，无须我来踵事增华，铺陈渲染。窃拟屏蔽战场上的轰轰炮声，尽量感受当事者的怦怦心跳，别开生面，强作解人，重现诸人内心中比实际战况更激烈、更微妙的“战天京”。

〔三〕李国杰编《李文忠公遗集》卷六《入都》。

势围和力围

虽然要揭示内心的“战天京”，但是按照由表及里的原则，不得不稍稍介绍外部的“战天京”，否则，缺乏背景，不便定位。

要战天京，先得围天京。要围天京，则分为“势围”“力围”两种围法。“势”，指清军内部的权力分配，已经为围城做好政治和经济方面“势”的准备；“力”，则指军事方面，已经做好内圈、外围的兵力布置。

“势”，其实就是“知己知彼”一词中的“己”。“己”有多大的力量、有多少的资源、有多强的援助，这个账算清楚了，才叫“知己”。“彼”实不易知，今日信息化程度如此发达，天下第一劲旅——美军也不敢说全盘掌握“匪军”“贼首”的动向，遑论百年前的湘军。所以，能切实做到“知己”，鄙意已经占了八成胜面。“彼”之能知不知、知多知少，归于天意而已；一切尽在掌握，那也不叫打仗了。那么，我们来看看湘军对于自身，曾国藩对于自身，能否进行全面而精确的判断，是否“知己”，是否能够“势围”。

“己”的主要内容在于人。有了人，才可以打仗；有了人，才可以筹饷。而归根结底，这两类人都需要权。打仗要兵权，筹饷要财权。兵权，可以参看咸丰十一年十月的一条谕旨：“钦差大臣两江总督曾国藩，着统辖江苏、安徽、江西三省并浙江全省军务，所有四省巡抚提镇以下各官，悉归节制。”从这一天起，曾国藩就名正言顺，被赋予“肃清东南”的责任与权力，也就是掌握了“兵权”。财权，掌握于相关各省首长之手，也就是总督、巡抚之手。相关各省，主要指长江沿岸各省。这些省的督抚都是谁呢？我们从上游开始数：

四川总督骆秉章，他是左宗棠的前老板，湘军的好朋友（初期不太友好），湘军出省后，筹兵筹饷，不遗余力，将湖南建设为真正意义上的湘军基地；四川布政使刘蓉，曾国藩同乡密友。

湖广总督官文，刚刚逝世的湘军元老胡林翼的上司，能力稍逊，但经过胡林翼精心调教，至少不再对湘军使坏；湖北巡抚严树森，胡林翼一手提拔起来的高级干部，政治上绝对可靠。

湖南巡抚毛鸿宾，曾国藩同年、旧交〔一〕，完全遵守前任巡抚骆秉章所定规范，勤勤恳恳做好湘军的后援工作。

江西巡抚沈葆桢，前此屡召不出，经曾国藩密保，“超擢”为巡抚。但是后来为“地税”“国税”问题和曾国藩翻脸。人品一流，性格犟直，不做好事，也无坏心。

安徽巡抚李续宜，湘军名将李续宾弟，曾国藩的湘乡老乡。

〔一〕咸丰二年，曾国藩出京，途中闻母丧，在京一切家事、丧仪，便都委托毛鸿宾主办，可见两人交情之深。见《谕纪泽》（咸丰二年七月二十五夜），《曾集·家书》（一）。湖南是湘军诸将领士兵的故乡，地方大员于筹饷以外，如何对待“军属”，于士气军心影响甚大，故选择一个与湘军将领关系较好的人做湖南巡抚，是彼时中枢选派官吏必须考虑的重要问题。

江苏巡抚李鸿章，曾国藩的老门生、前幕客，经曾国藩保奏为江苏巡抚，并命其组建淮军。

浙江巡抚左宗棠，从个性上说，和曾国藩不是一路人，但是从来敬佩曾国藩的“知人之明，谋国之忠”(左挽曾国藩联语，在奏折中也这样赞扬过他)，公事上并不掣肘。

此外，广东作为湘军的重要协饷省份，就因协饷不力，乃将总督劳崇光调离，换成和曾国藩关系甚好的晏端书、毛鸿宾。同治二年，广东巡抚由曾国藩的好朋友郭嵩焘担任。

这就是同治初年的“官场新气象”，重要位置都由湘军将领及与湘军有渊源的人士占据。曾国藩自己也评论过这种政治布局：“广东督办厘金，放晏端书，以其为戊戌同年而派。朝廷之用心，良可感矣。”〔一〕“戊戌同年”，即指晏和曾一样，都是在道光十八年（戊戌）中的进士。“朝廷之用心”，则明显是以曾国藩、湘军为中心，挑选和曾国藩、湘军关系好的人担任各省首长，以便做好后勤、服务工作。当然，这并不是曾国藩有意布局，他也不敢主动提出这种人事上的建议。因为形成“同人政治”之局，地方权力容易勾结，必会削弱中央集权，任何统治者都不愿意看到。而最终

〔一〕《致沅弟》（同治元年四月十一日），《曾集·家书》（二）。左宗棠等人对于此种有利局面，也是赞叹有加：“新皇初政，气象一新，……各省上座均极一时之选。”见《答刘荫渠》（同治元年），《左集·书信》（一）。

形成这种政治布局，清廷自有其不得不如此的苦衷：一则决定于军情。湘军连下九江、安庆，直逼南京，战绩优秀。而江苏、浙江由于江南、江北两大营相继崩溃，已经全境糜烂，绿营战斗力宣告终结，东南残局只能依靠湘军来收拾。一则决定于舆论。“天子（同治）新即位，群臣争上书言事，多推湘、楚军功，以为偏裨皆可督、抚。”〔一〕大忧大喜后，举国疯狂，开始新一轮的“造神”运动。“偏裨皆可督、抚”，简直就是变种的“出身论”，但这恰恰是我国的传统、人情，无可厚非。因此，同治初年形成的由湘军势力掌握地方人事、财务权力的政治布局，构成了围天京的“势围”。

〔一〕王闿运《湘军志·曾军后篇》。

“势围”得天独厚，“力围”的军事布置又怎么样呢？军事上围困南京，得分为内圈、外围两个层次。内圈，指阵地，即沿着城墙连续驻扎的营盘；外围，指形势，即苏、浙、皖、赣四省境内，被敌军占据，可以迅速发兵，赴援南京、兼击围军的战略要地。例如：水路有长江中的九洑洲，陆路有苏州、常州、杭州、嘉兴、宁国、和州、六合、扬州等重镇。不控制这些地方，光在南京城下设围，则前有“城贼”，后有“援匪”，腹背受攻，顾此失彼，不可能一心一意地战天京。水路不控制，敌军或者渡江而北，或者破坏围军粮运；陆路不控制，敌军可以调集援军对围城之师进行“反包围”，纵使不能“剿围”，至少可以突围。光有阵地，不占形势，围也是白围。不用举此前江南、江北两大营因此崩溃的例子，介绍一下李氏兄弟攻打曾国荃的案例，就知道光有阵地、不占形势的危险了。

二李战一曾

咸丰十一年八月，曾国荃攻克安庆。旋即回家募兵、过年，次年二月回到安徽，会同鲍超的霆军，在三个月内克复长江南北各城，一直杀到南京城下的雨花台，时在同治元年五月，此即所谓占领阵地。但是，九洑洲未破，不能防南渡敌军，不能保证粮道畅通；苏州、嘉兴未破，不能防东来强敌。于是，闰八月十九日，李秀成自苏州率领大军来攻曾营，“号称六十万众”，“旗帜如林，层层排列”〔一〕。曾国荃军驻扎雨花台，人数不过两万，不一二天工夫，就被李秀成围了个密不透风。

〔一〕此语见于曾国藩奏折，有夸大之嫌。《曾文正公大事记》所报数字为二十万，较为可信。

李秀成此次攻营，一以炮，一以洞。炮者，“西洋开花大炮”也，“自空中击下，呼声动地”；洞者，“开地道，用火药轰官军垒壁”

也。防炮无妙法，每当炮弹呼啸而来，全体卧倒而已。幸亏开花炮弹自上而下，弹道弧度过大，则声势甚猛，杀伤力不猛。且曾军扎营严格按照湘军营规执行，墙高且厚，濠深且宽；太平军安放炮座，相距营盘便不能太近，否则开花炮的射程和打击范围更受限制。濠沟一般有两三道，环绕营盘，深达五六米，敌军仓促之间挖地道、堆炸药进行突攻，也难致效。故李秀成也赞扬曾国荃的基本工夫做得扎实："九帅节节严营，濠深垒坚，木桥叠叠层层，亦是甲兵之利。"〔一〕（按，"木桥"就是营规中所谓"花篱"，以粗木埋入地下，"坚筑旁土，以攀摇不动为主"〔二〕。墙、濠以外，有五六层"花篱"，可以减缓敌军冲锋的速度。）

不能突破花篱、濠沟，一味大炮远攻，不易奏效；挖地道也因距离过远，事倍功半。九月初，李秀成堂弟世贤从嘉兴赶来助战，于是，太平军改变战法，倚仗装备优势，近前枪战，逼营肉搏。这一下曾国荃就有点吃不消了。因为此时湘军个人装备中大多为鸟枪、抬枪等"土枪"，火力不猛，射程也短，而李秀成所部"专用洋枪，力可及远，皆'牛芒鬼子'（即闲散洋人）广东、宁波商船购运者"〔三〕。敌我对阵，敌枪能射中我，我不能射

〔一〕罗尔纲《李秀成自述原稿注》。

〔二〕《曾集·诗文·杂著·营规》。

〔三〕《复曾沅帅》（同治元年九月初七日），《李文忠公朋僚函稿》卷二。

中敌人；将士虽欲用命，而苦无用武之地。无奈之下，只能收缩防线，躲在子墙后面进行抵抗。而太平军将湘军逼进营垒后，便可达到濠沟边上，“多用箱箧实土于中，排砌濠边，明防炮子于上，暗凿地道于下”。九月十二日，太平军便挖通了一条地道，直抵营墙。我们看看地道战的威力：

十二日，瞥见西南一股悉并东路，潜伏雨花台后。曾国荃知地道之将轰塌，令各营谨以备之。不转瞬，而嘉字、吉后两营外一声霹雳，烟焰上冲，石块、土块飞入天半，营墙各崩塌十数丈。〔一〕

一旦守不住营外濠、篱，敌军就可以轻轻松松实行“定向爆破”。幸而曾国荃所部为百战精锐之师，爆破前妥为部署，爆破后勇猛敢战，拼死堵住缺口，敌军才没冲进营盘。此后，太平军继续挖地道，湘军则总结教训：与其被动挨炸，“莫若审贼所向，掘地数仞，隧而迎焉”，就是以地道破地道之法。填满炸药的地道才可怕，没填炸药则不可怕。于是，两边对挖，一待“内外洞穿”，湘军或“抽刃迭刺，聚而歼之”，或“熏以毒烟，灌以

〔一〕《缕陈金陵鏖战四十六日得解重围折》（同治元年十月二十七日），《曾集·奏稿》（五）。本节描述战状，非特别注明，都采自此份奏折。

秽水”，或“伐木作薪，堵塞洞口”，总算抑制住了太平军的地道战。

以炮以洞，二李俱不能得逞，两军势必陷入僵持之局。僵持，则饷粮弹药能否补充至为关键。曾国葆负责江边粮道的防守，在水师接应下，顶住了太平军的猛攻，乃能源源不断从安庆、芜湖等地获得接济。而南京防军和城外李军被曾营阻隔，无法接济粮草。倘自苏州前来接应，则长江两岸镇江、扬州为清军占据，江面另有湘军水师，运船也无法通过。因此，太平军无法保障后勤补给。加之太平军八月中旬来此，未带冬衣，十月后气候转凉，饥寒交迫，无法“僵持”，遂于十月初五日撤兵。曾国荃坚守四十六天，勉强保住阵地，没有重蹈向荣、张国樑的覆辙。

曾九呆子

如前所述，只占内圈阵地，不占外围形势，腹背受敌、围军被围剿的局面就不可避免。尤其是苏州、常州、杭州、嘉兴、宁国和九洑洲这几处要地，一天不被清军控制，南京围军就一天不得安宁。南京城墙、石垒极为坚固，城中粮食弹药储备极为丰富，贸然强攻，伤亡必大，士气必衰，一旦再有援军来攻，是不是还能坚持四十六天，把握极小。在外围未曾肃清的情况下，“长扎雨花台，以二三万劲旅屯宿该处”，必然是一种尴尬乃至危险的境况：“援贼不来，则终岁清闲，全无一事（按，城坚粮足，不敢攻城，故曰清闲）；援贼再来，则归路全断，一蚁溃堤（按，倘若粮道被断，则必然崩溃）。”所以，最初曾国荃孤军挺进雨花台，曾国藩就不赞成，[一]此次被围攻，他就直接批评了："此等最险之着，只可一试再试，岂可屡屡试之，以为兵家要诀乎？……行兵最贵机局生活，弟在吉安、安庆，机局已不甚活，至金陵，则更呆矣。"[二]话说得很严厉，甚至连前此克城之功也加以指摘。

湘军陆军名将，前有塔齐布、罗泽南，后有李续宾、多隆阿、鲍超，曾国荃虽然屡在前敌，不乏身先士卒、冲锋陷阵的举动，也有克城拔寨的功勋，但并无名将之称。何也？若从以少胜多、出奇制胜或者治军有方、纪律严明等标准进行综合比较，论述冗赘，可读性差。讲一个小故事，读者自可知道其不被称以名将的原因。

光绪十年，左宗棠奉旨赴福建督师，在南京与两江总督曾国荃预商军事，谈毕，唠起家常，左问："老九一生得力何处？"曾说："挥金如土，杀人如麻。"[三]就这八个字可以判断其不是名将？具体问题具体分析。湘军十年征战，一直被"饷绌"困扰，士兵因此哗变的事例各军皆有，唯独曾国荃所部不曾发生此类事变[四]。特别是咸丰八年曾国藩重出江湖以后，曾国荃所部待遇优于他军，彭玉麟、鲍超等人便屡屡抱怨这

〔一〕曾国荃刚进驻雨花台，曾国藩就写信给他，说："此次弟不候多（隆阿）军至九洑洲，而孤军独进，余深为焦虑。又上游南陵空虚，季弟不留兵守之，于宁国、芜湖均有妨碍。"（同治元年五月初七日）。写信给和曾国荃共扎雨花台的曾国葆，也是此意："沅弟进兵，究嫌太速，余深以为虑。"（五月初八日）

〔二〕《致沅弟》（同治元年九月二十一日），《曾集·家书》（二）。

〔三〕汪康年《穰卿笔记》卷八附录吴光耀《庚戌文钞》。左宗棠又云："古之称颂将材者，用钱如泥沙，杀人如草芥。曾文正从前与弟纵谈及之，弟无以应，但云：此材固难得，然就有此材，亦恐为世俗所不与耳。"见《答杨石泉》（光绪五年），《左集·书信》（三），按，此语为刘锦棠所发。

〔四〕咸丰七年，曾国荃率吉字营援江西，回家奔丧。回湘后，其军"欠饷三月余，各弁勇鼓噪汹索，竟辟一湘勇未有之局"。这算是其部唯一一次"闹饷"，但是原因则在于他与周凤山等人的意气之争，属于故意捣乱，并非纯粹的经济问题。见《答王璞山》《与赵玉班》（咸丰七年），《左集·书信》（一）。

种厚此薄彼的做法〔一〕。甚至，与他人争夺拨款以外，曾国荃的个人账目也不是很清楚，常常招惹物议〔二〕。而在具体作战中，曾国荃不吝惜子弹炸药，消耗极大，连曾国藩也啧有烦言，但又不得不“源源接济”。〔三〕不缺饷，军心自然稳定；弹药不计成本，实力自然超群，所以，曾国荃所谓“挥金如土”，不过是得天独厚、近水楼台的经济优势，并非湘军将领普遍拥有的战备条件。“杀人如麻”固然豪爽，但是类似于安庆屠城〔四〕那样的“杀人如麻”，又有什么值得称赞的呢？起点不公平，程序不正义，结果当然不令人信服，是故曾国荃不被称为名将。

既然不是名将，所以曾国藩敢于在战略、战术层面批评曾国荃，对于塔齐布、鲍超之类的将领，他就不用如此操心，做好调派、筹饷等行政工作就够了。批评过后，他又指示机宜，表明取“势”的重要性：

愿弟早定大计，趁势图之，莫为浮言所惑，谓金陵指日可下，株守不动，

〔一〕曾国藩说过：“弟军之视鲍、张、朱、唐各军已极优矣。”再举个极端一点的例子，就可知他军对厚此薄彼的抱怨已经到了忍无可忍的程度。同治三年四月间，攻城关键时刻，曾国藩收到密报：鲍超霆营士兵不满他在拨饷方面“待霆营独薄”，蓄意“哗变”，“决裂即在目前”。曾赶紧派亲兵到李鸿章处（上海）提取总署拨款九万两，解发鲍军，才算消除隐患。见《致李鸿章》（同治三年四月初三日），《曾集·书信》（六）。

〔二〕曾国藩说他“昔年于银钱取与之际不甚斟酌，朋辈之讥议菲薄，其根实在于此。去冬之买犁头嘴、栗子山，余亦大不谓然。以后宜不妄取分毫，不寄银回家，不多赠亲族”（同治元年五月十五日）。显然，曾国荃不无贪污嫌疑。

〔三〕平日操练，曾国荃军就不太节省，曾国藩总是劝他“量入为出，少操几次”。临战则浪费更多，“火药一事，此间及湖南所解弟处者实不为少，弟不知撙节，余深虑有缺乏之日”（同治二年十二月十五日）。

〔四〕罗尔纲《李秀成自述原稿注》：“安省被曾九帅之兵克复，合城饿死……全军俱没，死于大江之中，此城尽没，未漏余人。”按，安省，即安庆。曾国藩奏折也说“杀毙长发老贼二万余人，该逆情急，赴江内、湖内凫水遁窜，又经水师截杀，实无一人得脱”。见《克复安庆省城片》（咸丰十一年八月初二日），《曾国藩全集·奏稿》（三）。而且，安庆攻城的具体指挥，尚要归功于程学启。

贪赫赫之名，而昧于死活之势。至嘱至嘱。如弟之志必欲围攻金陵，亦不妨掀动一番，且去破东坝，剿溧阳，取宜兴，占住太湖西岸，然后折回，再围金陵，亦不过数月间事，未为晚也。

“破东坝，剿溧阳，取宜兴，占住太湖西岸”，即占据南京东南的战略要点，方可远防来自苏州、嘉兴的援军，雨花台围师乃无后患，即前所谓肃清外围之“力围”。曾九不可能不明白这个道理，但是他根本不采纳曾国藩这个建议，决计“呆”围。

“呆”，出自曾国藩之口，固为贬词。但是，以之描述曾国荃的个性，却十分恰当。左宗棠尝目曾国藩为“书憨”〔一〕，曾国藩亦尝视郭嵩焘为“书呆”，湘军诸人互相“憨”“呆”之，也算此军一大特色。考其言行，曾、郭之“憨”“呆”，俱能转圜，不算真“呆”；曾九之“呆”却是“我心匪石，不可转也”的真“呆”。且曾九之“呆”与曾、郭二人“书呆”之“呆”又有不同。书“呆”者，不过是尽信书、知经而不知权，大可欺之以方，动之以情。曾九之“呆”，则近乎“犟”，并非不明白道理，实因欲望太盛，无法自抑，故不达目的誓不罢休；理不可喻，情不可感，湖南俗语所谓“不进油盐”也。

〔一〕《答胡润之》（咸丰四年），《左集·书信》（一）。

呆、犟都是不讲道理，但呆、犟自有一番道理。曾国荃的道理，怎么讲的呢？他认为：南京是“长毛老巢”，湘军起兵，最终任务也就是占领南京。现在从安庆至南京，自西而东，水陆俱已打通，固应驻扎一支部队在南京城下，以起到威慑作用。而且，可以牵制苏、常、杭、嘉的太平军，令其在回救南京和扩张势力（例如进攻上海、福建和江西）之间难以取舍。如果遵从“阿兄”的建议，解围南京，转战东南，去攻打东坝、宜兴以至太湖西岸等战略要地，事机顺利，固然如曾国藩所说“不过数月间事”，可以快去快回，继续围困南京；但是，事机不顺的话，就有可能在攻城、野战时被“忠逆”等人纠缠，而南京“城贼”也可能趁机和江、浙太平军取得联络，那么，再想回来围困南京，恐难如愿。这是他对大战略的理解。小九九方面，他也有打算：扬州、镇江分别为都兴阿、冯子材镇守，此二人都不属于湘军系统，如果湘军撤围后，此二人奉到圣旨或自作主张，前来围攻南京，那他只能作为“会剿”之师参与围城，主客易位，事权旁落。所以，这个“茅坑”，不论“便意”之有无，他都得死死占住，不肯轻言撤离。

乍一听，曾“呆”并非全无道理。但是，刚刚发生的“围剿围军”之战，令人后怕，江、浙等地太平军极有可能再度东来。当李鸿章、左宗棠两军未能“肃清”江苏、浙江两个战场之前，“呆”围南京，时刻都有隐患。何况，目前也就围住了南京的南面，并未形成合围，战略上的影响更大于战术上的实际作用，倘为此付出大代价，似乎不值价。曾国藩作为“节制四省军务”的统帅，进行全盘筹划，不能不有此担忧。再者，依照目前形势，不但不能实行合围，而且不敢率先攻城，那么，两万湘军“呆”扎南京城下，“清闲”无所事，不仅不对其他部队实行支援，反而坐等其他部队攻占要地，然后独收围困乃至攻破南京之第一等大功。这样的如意算盘，明眼人谁看不清，谁不讥议？所以，于公于私，他都要劝说曾国荃不要“呆”围。但是，曾九之“呆”早成心疾，曾国藩只能迂回曲折，旁敲侧击。

同治二年开春，曾国藩自安庆东下，检阅南京围军。此前，他在给曾国荃的信中创造了“呆兵”“活兵”两个概念：

以后宜多用活兵，少用呆兵，多用轻兵，少用重兵。进退开合，变化不测，活兵也；屯宿一处，师老人顽，呆兵也……弟军积习已深，今欲全改为活兵、轻兵，势必不能，姑且改为半活半呆、半轻半重，亦有更战互休之时。望弟力变大计，以金陵、金柱为呆兵、重兵，而以进剿东坝、二溧为活兵、轻兵，庶有济乎！（同治元年十月二十日）

“活兵”，就是游击之师，战兵；“呆兵”，就是大本营，守兵。“更战互休”，就是战兵和守兵之间的互调。这个意见是一种妥协，既不全部撤围，也不全部“呆”围，所谓“坚守已得之地，多筹游击之师”〔一〕。到南京后，曾氏兄弟就

〔一〕《致沅弟》（同治二年三月二十九日），《曾集·家书》（二）。

此“呆”“活”布置进行了一番讨论，经过去年四十六天的苦战，曾国荃未尝不知外围不肃清则难以专心攻城的尴尬，所以原则上接受了此一意见。不过，曾国藩建议呆、活两军保持两百里以内的距离，曾国荃讨价还价，只同意六七十里的范围。而在呆、活两军具体调遣方面，两人则时常发生争论，曾国荃“每每不以为然”，动辄“长篇辩驳”，指责曾国藩“料敌不明，调度不善”。[一] 曾国藩作为大哥兼上司，展阅复函，哭笑不得，只好说：“弟于吾劝诫之信，每不肯虚心体验，动辄辩论，此最不可”[二]，“非老年兄弟所宜出此”。

此外，在军队装备、训练方面，两兄弟也时常龃龉。去年二李使用西洋枪炮，在火力控制方面大占优势，曾国荃颇思效法。他知道李鸿章的淮军大多装备“洋械”，便写信请教。李鸿章毫无保留，尽心指点：

欲剿此贼（此指李秀成军），非改小枪队为洋枪队不可，再持此以剿他贼，亦战必胜、攻必取也。惟洋枪洋炮，好者不易得。鸿章前解之二百杆天字号，在中国为上品，在外国仍不中用。元字号次之，万字号又次之。然我军所用，皆以万字号为真洋枪，其余多系广东土

〔一〕《致沅弟》（同治二年三月二十六日），《曾集·家书》（二）。

〔二〕《致沅弟》（同治二年七月二十一日），《曾集·家书》（二）。

造……师门（指曾国藩）始不深信洋枪火药为利器，望谆请饬下粤东厘局多为购办。并行鲍、张各军，均效洋人步伐，操练洋枪队，平中国之贼，固有余矣。〔一〕

〔一〕《复曾沅帅》（同治元年九月十二日），《李文忠公朋僚函稿》卷二。

此信介绍洋枪各品牌之优劣真伪，并告知购买渠道（粤东厘局），曾国荃便依此制订采购报告，孰知曾国藩讲了这么一番道理："制胜之道，实在人而不在器。鲍春霆（超）并无洋枪洋药，然亦屡当大敌……未闻以无洋人军火为憾。和（春）、张（国樑）在金陵时，洋人军器最多，而无救于（咸丰）十年三月之败。弟若专从此等处用心，则风气所趋，恐部下将士，人人有务外取巧之习，无反己守拙之道，或流于和、张之门径而不自觉，不可不深思，不可不猛省。真美人不甚争珠翠，真书家不甚争笔墨，然则将士之真善战者，岂必力争洋枪洋药乎？"〔二〕

〔二〕《致沅弟》（同治元年九月十一日），《曾集·家书》（二）。

说句不恭敬的话，这种口吻，颇似"师弟师兄保大清"的刚毅、徐桐之流。打个比方，湘军鸟枪队与太平军洋枪队相隔几十米，开枪互射。湘军之枪射程不及，火力亦弱；太平军之枪子呼啸而来，火力强劲。胜败之分，不在此难道在彼？曾国荃被二李压制，缩营弃濠，狼狈不堪，难道不正是"以无洋人军火为憾"？引进洋枪洋炮，照样严格训练，也不至于就“人人有务外取巧之习”，否则淮军的战斗力从何而来？曾国荃、李鸿章是一线干部，且分别见识了太平军、常胜军的厉害，让他们“反己守拙”、相信“在人而不在器”，那不是拿自己和三军将士的性命开玩笑吗？所以，从逻辑、现实和历史来判断，曾国藩此段言论实在“迂谬”得很，曾九、李二都只能当笑话来听。〔一〕当然，“制胜之道，实在人而不在器”，这种精神需要提倡，这种哲学需要发扬，二人不会公然反驳，只会说“深以为然”。只是，一个照旧添配，一个照样申购，你说你的，我干我的。曾国藩也只能一边暗叹此二人“昧于大道”，一边应其所请，安排“筱泉（鸿章兄瀚章）于粤厘项下购买”〔二〕。当然，如前所述，曾国藩这个“书憨”并不顽固。几年后，他就主持开设江南制造局，敦促派遣留学生，走上洋务运动最前线，不再死扛“在人不在器”的偏颇之论了。

〔一〕同治元年末，郭嵩焘致书毛鸿宾，畅论洋枪之利，云：“前沅浦方伯之守雨花台，专恃洋枪之利，以洋枪佳者视土枪远至数十步，又出火速，土枪以二出抵洋枪三出，故常不及。贼据苏州后，每战以洋枪队冲锋，无能当其利者。鲍军在宁国屡有挫失，季帅（左宗棠）围龙游汤溪两城，战久无功，皆坐无洋枪之故。”（《清咸同年间名人函札》，第64页）

〔二〕《致沅弟》（同治元年九月二十九日），《曾集·家书》（二）。

奏折速成培训教材

就这么唯唯诺诺、磕磕碰碰，阿兄徒自唠叨，阿弟我行我素，直到同治二年三月末，曾国荃被“补授”为浙江巡抚，曾国藩才能因势利导，找到另外一个法门，在军事、官方和私德方面将曾九带上一个新层次。军事战略暂且搁下不提，只说说曾国藩是如何教导他弟做官之法和做人之道的。

曾国荃补授浙江巡抚，但“浙省系左宗棠兼辖，既兼署巡抚，尤责无旁贷。曾国荃即着仍统前敌之军，驻扎雨花台，一意相机进取，以图金陵，毋庸以浙事为念”(三月十八日谕旨)。原来，左宗棠时任闽浙总督，兼署浙江巡抚；曾国荃的浙江巡抚乃是“补授”。浙江政务，仍由“责无旁贷”的左宗棠管理，而曾国荃原来干吗现在还干吗，“毋庸以浙事为念”。绕了半天，这个“补授”巡抚是个安慰奖，但是，其用意则甚微妙。李鸿章一句玩笑话，点透此中玄机：“惟有位无地，有权无财，仍系美中不足。须盼金陵大功早成，以两粤、四川酬庸。”[一]“有位无地”，谓名为浙抚，而不管浙地之事。“有权无财”，谓身为浙抚，而不能动用浙江的钱漕厘税补充军费。总之，这个虚衔毫无实际。最末“酬庸”云云，则是说此一虚衔得等到攻下南京才能落实。当然，那时候可能被调到更富裕、更轻松的省区，如两粤或者四川，担任总督。“升官图”的游戏设计，妙则妙矣，无奈局中人经过初期的惊喜，

〔一〕《复曾沅帅》(同治二年四月初四日)，《李文忠公朋僚函稿》卷三。

冷静下来，不免有些觖望，有些气愤。

投以木瓜，报之以琼瑶；任以抚台，则求之以军门。中央给曾九帅开玩笑，曾九帅也给中央开玩笑，他想了几天，决定辞掉巡抚这种文职任命，改求提督（即军门）一类的武职。改文为武，为什么是笑话呢？要理解这个笑话，我们先得知道：清代以科举取士，仕宦依次以进士、举人、五贡、荫生为正途出身，捐纳、议叙为异途出身。用今天的话说，正途是考试得来的文凭；捐纳是花钱买来的文凭；议叙是学校赠予的荣誉文凭。正途多任文职，捐纳难以升任高级职位，议叙则多靠战功充任武官。然而一、二品大员（尚、侍、督、抚等）多从进士、举人中选擢。这些铨选标准并未明文载入国家法令，但是整个社会已经默认为不成文法，并按此操作。例如，左宗棠不甘心举人身份，虽在湘抚幕内风光无限，诏赏四品卿衔，还是不绝进京考试之意，咸丰闻之，说："左宗棠何必以进士为荣？文章报国与建功立业，所得孰多？"〔一〕"文章报国"，就是经过一级级考试的"正途"；"建功立业"，则是论功议叙的"异途"，左宗棠汲汲不愿走"异途"，可见正途出身亦即科举考试出身，对清代读书人的影响之大之深。这和今日高官、高职纷

〔一〕《与诸子》附郭嵩焘与左书（同治丁卯），《左集·书信》。

纷在职读书，补得硕、博“出身”，是一个道理。举人况且如此，举人以下出身，倘被破格超擢，就更能感到来路不正的遗憾。曾国荃出身“优贡”，即“五贡”之一，[一]出身比举人还差。巡抚为正二品，拔贡补授此职，固然是破格超擢，惊喜以外，如前所述，不能没有遗憾；遗憾之余，发现此职竟是虚衔，则终于味同嚼蜡。所以，他准备放弃“正途”出身，辞文就武，走上“异途”。这恰恰和左宗棠不愿从“异途”进身相反，也大悖于当日的一般观念。因此，曾九此举，可视作不服从组织安排的玩笑之举。曾国藩识破他的狡狯，赶紧阻止：“优贡出身，岂有改武之理？且过谦则近于伪，过让则近于矫。……其改武一层，弟以后不宜形诸笔墨，恐人疑为矫伪不情也。”[二]严厉警告他不要乱开玩笑，“矫伪不情”。李鸿章作为好友，则出之以幽默：“求改武职，鄙见亦深不谓然。干事不在读书多少，即公之学业，已足媲美时流，所论‘方今要务，全在筹饷、养兵、添兵、打贼，此外皆在所缓’数语，便是疆吏大本领。惟有土此有财，以虚衔而受无饷实祸，窃为公忧之。”[三]虽然体谅他“以虚衔而受无饷实祸”（即前信“有权无财”之意）的尴尬，但还是不赞同改文就武这种玩

〔一〕五贡分别为恩贡、拔贡、副贡、岁贡和优贡。每省学政三年任满，就会联合督、抚进行三院会考，在全省选拔出数名生员，大省六名，小省四名，送京参加朝考。这些被选中的生员就称为“优贡”。

〔二〕《致沅弟》（同治二年四月初六日），《曾集·家书》（二）。

〔三〕《复曾沅帅》（同治二年四月二十八日），《李文忠公朋僚函稿》卷三。

笑。一兄一友，都是进士“正途”出身，比曾国荃更清楚官场的游戏规则，他那点小聪明，一看便知。所以曾国荃这个恶作剧性质的玩笑被及时阻止，不致酿成大错。

超受官职，例必谢恩，谢恩折例必客气辞让一番，这套虚文我就不讲了，单讲讲曾国藩如何手把手教他兄弟写奏折。

胡林翼说：“天下奏牍，仅三把手，而均在洞庭以南。”〔一〕“洞庭以南”，即是湖南；“三把手”，即曾国藩、左宗棠和他自己。李鸿章写奏折也是一把好手，只是当时头角未露，所以不在其选。曾国藩既为“三把手”之一，曾国荃对阿兄在写作奏折方面的意见，自然言听计从，不像论军务那样“每每长篇辩驳”。

〔一〕《致左宗棠》（咸丰九年正月初一日），《胡林翼集·书牍》。

曾国荃补授巡抚，可以“单衔奏事”，便思有所表现。此前军务、人事、饷况，都由其兄代奏，略无遗漏，曾九胸中实无多少不吐不快的“下情”，非得上达天听不可。小孩子新得套鞋一双，不管是否下雨，先穿上出外溜达一圈，曾九急于奏事之情，颇具此种童趣。但是，立言有体有要，像这种没话找话、纯属尝新的不稳重，就是不识大体，所以，曾国藩给他上的奏折第一课，就是：

应奏之事暂不必忙。左季帅奉专衔奏事之旨，厥后三个月始行拜疏。雪琴得巡抚及侍郎后，除疏辞、复奏二次后，至今未另奏事。弟非有要紧事件，不必专衔另奏，寻常报仗，仍由余办可也〔一〕。

〔一〕《致沅弟》（同治二年四月十六日），《曾集·家书》（二）。

“左季帅”，左宗棠，字季高，时方率领楚军攻战于浙江。“雪琴”，彭玉麟字。此二人被曾国藩当作榜样，令曾国荃效法。曾国荃此时奏事，无非调防布围等琐事，剿灭小股等细事，没有大做文章的必要。中央爱听的是克复城池，捕杀“著名贼目”，不爱听的是军队溃败，丧失守地，这两种大喜、大忧，都不能隐瞒不报，要据实上陈。其他琐细事务，属于地方、军队首长职权范围，可以自行处理，不是谕旨垂询，自无屡渎天听的必要。除此之外，减少主动奏事次数，还有另外一层深意。

京官不知外事，外官不谙体制，历来是中央、地方聚讼纷纭的根源。六部制度，有则有例，构成一套严密繁琐的操作章程，不要说一般外官，本部堂官也不一定就明白其中关键。真正掌握这套章程的人，多是部中胥吏〔二〕，他们地位低，工资少，不避繁冗，就怕清闲。

〔二〕增补驾车之喻。

因为，非如此不能凸现业务才能，非如此不能借事生财。借事所生之财，名曰“部费”，尤为胥吏“喜事”的根本动力。“部费”是什么呢？一语以蔽之曰：贿赂。举个报销的案例，就能知道不容于法的“部费”，实具有内在“合法性”，而舞文弄法的胥吏，亦具有程序“正当性”。战事完毕，统帅照例须向户部报销军费，而户部胥吏则借此索要“部费”。打仗是公事，报销也是公事，军方出具费用明细，财政部门加以审计，公事公办，多退少补，其中何有贿赂一说？可分为两种情况加以考察：一、将领有贪污之嫌，账目经不起推敲。胥吏要求将领分一杯羹，则审计时睁一只眼闭一只眼，船过得舵也过得，大家按比例分赃，公私两便；二、将领清廉，账目清楚。胥吏利用熟悉部门则例的优势，大至报表格式、报销标准，小到银钱成色、库存实数，绞尽脑汁加以刁难，或无中生有造成冤案，或迁延时日造成耽搁。将领不胜其烦，只好散财消灾。这就是部费的内在“合法性”。胥吏索要部费，众生平等，从不吃软怕硬，一概雁过拔毛，这就是胥吏的程序“正当性”。福康安征西藏，军功显赫，回京后，照例往户部递交会计账册，报销军费。他依仗军功，且自忖深得帝心，故悍然不提部费。胥吏基于前所说“合法性”与“正当性”，登门造访，“贺喜请赏”(“赏”即部费)。福康安大怒：“幺麼小胥，敢向大帅索贿赂乎！”胥吏不卑不亢，说：

索费非所敢，但用款多至数千万，册籍太多，必多添书手，日夜迅办，数月之间，全行具奏，上方赏功成，必一喜而定。若无巨资，仅就本有之人，分案陆续题达，非三数年不能了事。今日所奏乃西军报销，明日所奏又西军报销，上意倦厌，必干诘责，物议因而乘之，必兴大狱。此乃为中堂计，非为各胥计也。

部费是陋规，所以胥吏要为此另立名目。数额太大，报表太多，只有“多添书手，日夜迅办”，才能速报速结，意即增添人手和加班的实际费用，名正言顺，绝无“贿赂”之意。倘无此项费用，那么，几个月的财务审计可能要“三数年”方可毕功。本来，大军凯旋，龙颜大悦，打铁趁热，报销之事“必一喜而定”。倘若迁延数年，“今日所奏乃西军报销，明日所奏又西军报销”，喜闻战胜攻取之情逐渐冷却，警惕中饱干没之意油然而生，于是“上意倦厌”，必定嘱咐胥吏对账目严加审核。稍有差池，“必干诘责”，而“物议”四起，纪检监察部门必闻风而动，账务方面的技术错误就可能上纲上线，成为原则错误，乃至成为犯罪证据，“必兴大狱”。所以，用于雇人加班之“部费”，实为保护“中堂”的政治生命，并非满足“各胥”的私欲。说辞堂堂正正，情理俱当，所暗示的后果，极能撼动人心。所以福康安“闻之，大为激赏，遽饬粮台以二百万予之”〔一〕。

〔一〕金安清《水窗春呓》卷下。

通过“部费”这种极端案例，我们可以

知道中央、地方之间存在着一种合作与竞争共存、公务与私情并济的微妙关系，并由此想见日常办公各项事宜，无不暗蕴风波和机险。军费报销等事，可以公然索取部费，保举人才、奏减地税等事，胥吏不便于借事生财，那么，就会借机生事，在制度条文间上下其手，时刻对外官晓以颜色，示以趋向。秉公办事尚不免于被矫驳，倘有实在把柄被胥吏掌握，情形必更加危险。王公亲贵尚不免于被敲诈，倘身份地位远不及此，情形必更加难堪。很多地方上、军营中习以为常的措施，本未能尽符各部则例，规避之法无非多做少说，略不与闻。作奏之人如何取舍，如何叙述，以求避开风险，便是极高深的学问。对于曾国荃这样的新手来说，在未掌握心法之前，少说话，少奏事，才是最安全的自保之术。所以，曾国藩教给他的第一招就是："非有要紧事件，不必专衔另奏。"

不会说话，固然少说为妙，但总有许多"不得不说的故事"，令人不能噤口。那么，通过训练，尽早掌握表达技巧，就是新任大员的当务之急。曾国藩给他拟定了一个教程：

眼界不必太高，自谦不必太甚。……目下外间咨来之折，惟浙、沪、湘三处较优，左（宗棠）、李（鸿章）、郭（嵩焘）本素称好手也。此外如官（文）、骆（秉章）、沈（葆桢）、严（树森）、僧（格林沁）、吴（棠）、都（兴阿）、冯（子材）之折，弟稍一留心即优为之。以后凡有咨送折稿到弟处者，弟皆视如学生之文，圈点批抹，每折看二次，一次看其办事之主意、大局之结构，一次看其造句下字之稳否。一日看一二折，不过月余，即可周知时贤之底蕴。

然后参看古人奏稿，自有进益。每日极多不过二三刻工夫，不可懒也。〔一〕

〔一〕《致沅弟》（同治二年七月初一日），《曾集·家书》（二）。

“眼界不必太高”，意谓不要出手便欲跻身于古今作者之林，捐除文学青年动辄以文学大师为自我期许的毛病。“自谦不必太甚”，意谓天下督抚都是血肉之躯，中人以上之资，稍加以学，尽可造其堂奥，毋庸自卑。这是此教程的基本纲领。取法乎上（左、李、郭），能得乎中（官文诸人），则是此教程的教学目标。“每折看二次”，历时月余，乃能尽快熟悉流行体裁。“然后参看古人奏稿”，则能斟酌今古，推陈出新，全面提升作文水准。这是具体教法。每日“二三刻工夫”，则是课时标准。当时军务繁忙，曾国藩还来不及给他编写教材。克复南京后，曾国荃回乡修养，曾国藩便选取汉唐以来十七篇名臣奏议，编成两卷《鸣原堂论文》，供其专门研讨。此是后话不赘。

日课规定之后，还要具体指示机宜：“弟文笔不患不详明，但患不简洁。”〔二〕“简洁”为什么比“详明”重要呢？中央固然要了解详情，但是每天看那么多本奏折，倘本本“详明”，不但有伤目力，兼且劳渎精神。政事繁剧，军情变幻，能于纷乱中出以“简洁”之

〔二〕《致沅弟》（同治二年四月初一日），《曾集·家书》（二）。

笔，条分缕析，令读者甫观即得其要，较之“详明”罗列，徒使读者茫无头绪，自然要好得多。所以，中央希望看到的奏折，乃是提纲挈领、简明扼要的简报，而不是细大不捐、泥沙俱下的详禀。咸丰四年春，曾国藩兵败靖港，在精神恍惚的状态下汇报军情，叙事“详明”，但不“简洁”，未能扼要说明事件的时间次序和因果关系，奉到朱批：“此奏太不明白。岂已昏愦耶？”〔一〕亦是此后他极为重视“简洁”的原因之一。同样的错误，自不希望乃弟重犯一次，故于奏折写法，首标“简洁”之旨。

〔一〕《靖港败溃自请治罪折》（咸丰四年四月十二日），《曾集·奏稿》（一）。

奏折写作，除了上述大原则，细节上的注意事项也不少。例如，克复南京，曾国荃作为当事者，理应第一时间驰奏报捷，这份奏折怎么写呢？距克复南京尚有大半年，曾国藩就为他预先设计了一个包括署名次序、行文格式的范本，曾国荃所要做的仅仅是填空而已：

金陵如果克复，弟当会同彭（玉麟）、杨（岳斌）三人前衔，将大略情形飞速入告。折首云：“为官军克复金陵，谨将大概情形先行驰奏，以慰宸廑，仰祈圣鉴事。”折末云：“伏乞皇太后皇上圣鉴。再，臣等前接曾国藩密函，金陵如果克复，嘱臣三人先将大概情形会奏，早到京一日，圣怀早得宽慰一日。其详细情形，仍咨由官文、曾国藩会奏等语。除将详细战状另咨楚、皖续奏外，合并声明，谨奏。”其折愈短愈妙。洪秀全之下落，银钱之多寡，不可不说大概，此外皆宜略也。〔一〕

〔一〕《致沅弟》（同治二年十一月初五日），《曾集·家书》（二）。

彭、杨二人是水师统帅。攻克南京，陆军功劳最大，但是水师协围水面、运送粮饷军备，功不可没，故需三人会衔。折首、折末云云，是公文标准字样。折末的“再，臣等前接曾国藩密函”云云，则有如下深意：曾国荃是前敌指挥，但不是全军统帅，那么，大型战役的战状不应由曾国荃汇报，而应由钦命节制四省军务的曾国藩汇报，否则即是僭越。可是，战报从南京传到安庆，再传到北京，必然不如直接从南京传到北京来得迅速。捷报“早到京一日，圣怀早得宽慰一日”，发乎非常之情，止乎非常之礼，所以曾国荃要以此解释“越级上报”的程序错误。“详细情形，仍咨由官文、曾国藩会奏”，可见领衔受此殊荣者，是官文，而不是曾国藩。官文远在湖北，虽有派兵克复九江、筹饷支持前敌之功（实际操作则当归功于胡林翼），但并未实际参与攻打南京，为什么由他领衔呢？很简单，出身论而已。官文是满人，他来领衔，较由曾国藩这个汉人领衔，更易消弭朝廷对汉臣居功握权的隐忧，更能体现满人治满的优越性。所以，曾国藩决定由官文领衔，续奏详细情形。“再”云云这段补充，以退为进，非常巧妙地平衡各方利益，为湘军系人物在将来政局中继续发生影响作了铺垫。湘军建立奇功，天下尽知，固非区区排位可以掩盖，则并不会因此减损眼前的名望和事后的封赏。谦让之际，不仅消除了中枢的戒心，还自然而然赢得了此后长期的政治信任。如果让衔是学道有得之证，那么，“其折愈短愈妙”，则是阅历有得之言。“贼酋”是死是活，一定要有交代，死要见尸，拿获要录口供，逃走要知去向和人数。“贼赃”若多，政府会以此作为赏金，而吝于拨款；若被将士私掠私分，能否惩治追缴，需要临时判断；若为数甚寡，似乎不合常情，容易引起物议，则应列举事实加以澄清。首先入城人员，其封赏大大优于其他将士，那么，开列请奖名单，是照实汇报，还是在功劳、苦劳之间斟酌取舍？哪种方案最能平衡军内各部利益？种种具体问题，绝不能在仓促之间做出定论，所以，没考虑清楚就不说或少说，“其折愈短愈妙”。

没有深刻的政治远见，没有丰富的办事经验，没有周到的人情揣摩，设计不出这份看似简单的范本。在为曾国荃度身定做的奏折学教材《鸣原堂论文》的序言中，曾国藩说点评奏折的用意在于“兄弟相戒以免祸”，这个实用折稿格式无疑就是“相戒以免祸”的最佳典范，而此前曾国荃因折稿惹“祸”，则是这个范本得以出现的现实因素。两个多月前，因为总理各国事务衙门（下称总署）咨商英国兵船助攻南京一事，曾国荃就惹了个不大不小的祸，弄得自己灰头土脸，十分狼狈。

李泰国舰队事件

这个祸是怎么闯的呢？那就先得说说议政王奕䜣办的一件尴尬事。咸丰十一年五月间，奕䜣奏请购买英国军舰用于“剿贼”，奉旨俞允，令湖广、两江、两广督抚妥筹。[一]那时候湘军正在进攻安庆；而江、浙一片狼藉，亟须水师进驻，配合陆军作战。于是曾国藩复奏：“购买外洋船炮，为今日救时第一要务。”但是，他所谓的“要务”，却不是说只要购买了外洋船炮，就能在军事上收到立竿见影的效果，而是另外一层意思：“凡恃己之所有、夸人所无者，世之常情也；忽于所习见、震于所罕见者，亦世之常情也。轮船之速，洋炮之远，在英、法则夸其所独有，在中华则震于所罕见。若能陆续购买，据为己物，在中华则见惯而不惊；在英、法亦渐失其所恃。”[二]对这些洋人“夸其所独有”的“奇技淫巧”，他的态度是聊备一格，做个摆设而已。日久天长，积少成多，君臣国人“见惯而不惊”，洋人也就“渐失其所恃”。洋务派的“中体西用”，颇为后来全盘西化者诟病，曾国藩此时的态度则顽固到“用”一下也不情愿，买来看看就够了。

〔一〕咸丰十一年五月三十日上谕。

〔二〕《复陈购买外洋船炮折》（咸丰十一年七月十八日），《曾集·奏稿》（三）。

合同定稿主要内容为：筹拨沪粤各地关税，作为购船款，合同签订即预付一半，交验后付清余款。英舰驶至中国，由中国总兵官“总统”，兵弁从湖南、山东、满洲招聘，酌情聘用一些外国（不限于英国）人作为舵手、炮手。合同从同治元年正月开始生效。二年四月，自称“大清国唯一海军大臣”的李泰国（Horatio Nelson Lay）抵达北京，为交接军舰作准备。由于对建设清国海军抱有过分的热情，他的最新建议已经全盘否定了原订合同除付款方式外的所有条款。他任命英国人阿思本（Sherard Osborne）为舰队“总统”，随船带来六百多名外国官兵，清一色的“海龟”，根本没有放“土鳖”上船的意思。总署“不胜诧异”，迅即“严词驳诘”，“相持几至一月”。大清国外交部门的谈判原则历来讲究“必也正名乎”，名正则言顺、事顺，六六大顺。于是，几经“折冲”“晓谕”，“唯一海军大臣”李泰国俯首听命，同意设立一个“汉总统”，将阿思本降格为“帮总统”，二人“均听所在用兵地方督抚节制调遣”，共赴国难，协剿金陵。原订条款与此相悖者，尽行废除。然则，一个技术设备引进项目，转瞬间变成了英国带薪自愿军“抗贼援华”的军事合作。但是，从制度创新层面进行考察，我们发现，由国人出任董事长（“汉总统”），外国职业经理人出任 CEO（“帮总统”），国有资产不致流失，国家主权未受侵犯，实在是外交、军事上的双赢佳例。〔一〕

〔一〕此段引文见同治二年十月初六日上谕附录总理各国事务衙门原折片。

不过，在谈判上取得了巨大胜利，具体操作尚需曾氏兄弟、李鸿章诸人负责，故总署将外交通报咨发各处，妥议妥筹。曾国荃就在奉命咨商时栽了跟头。

二年五月，水师攻克九洑洲，长江肃清。鲍超随即渡江，围住南京北面。八月，陆军攻克南京东南面几处坚垒。同时，李鸿章和左宗棠在江苏、浙江两地连连打胜仗，李秀成等部俱受牵制，无力回援南京。因此，自去年五月进扎雨花台，合围还是雕剿、"呆兵"抑或"活兵"的两难局面，似乎渐至解决之时，而攻克南京也只是个时间问题。那么，像任何一个名心未褪的正常人一样，曾国荃不得不严肃思考独占大功的可能性，对任何外力协攻的建议，首先生发的就是抵触心理。恰在其时，总署咨商函稿来了。

此次咨商，没有采用谕旨垂询的形式，而由总署分别发出密函。曾国藩接到密函后，迅即回复，并通知曾国荃："西人助攻金陵、苏、常，似非总理衙门之力所能阻。余下次有信，必痛陈之。昨复一信，言李泰国七船之事，兹抄寄弟览。"〔一〕第一句话，说的是驻沪英、法军队请求协同李鸿章攻打苏州、常州乃至金陵，尚在草议，后亦未果，从略；第二、三句话，则将个人对李泰国舰队助攻南京的意见透露给曾国荃，希望他作为回复总署密函

〔一〕《致沅弟》(同治二年八月十五日)，《曾集·家书》(二)。

的参考。我们先看看曾国藩的回复。他先重申咸丰十一年的意见：

> 购买洋船之议……（国藩）叹为救时第一要务，盖不重在剿办发逆，而重在陆续购买，据为己有，在中华则见惯而不惊，在英、法亦渐失其所恃。

摆看而已，无所用之。“不重在剿办发逆”，意思就是毋庸助攻南京，这是此信的主题。但是，这句话、这个意思，也就出现一次，其他洋洋洒洒千余言，都在谴责李泰国背弃前言、别出心裁的毁约之举。选一段最为“警策”的看看：

> 购船云者，购之以为己物，令中国之将得为斯船之主也。若仍另带中国师船，则蔡国祥仍为长龙、舢板之主，不得为轮船之主矣。轮船之于长龙、舢板，大小既已悬殊，迟速更若霄壤。假令同泊一处，譬之华岳高耸，众山罗列，有似儿孙。洋人本有欺凌之心，而更授以可凌之势；华人本有畏怯之素，而又逼处可怯之地。及至约期开行，彼则如箭如飞，千里一瞬，此则阻风阻水，寸步难移。求其拖带同行，且不可得，又安能使彼听我号令，以为进止哉？寄谕所示，悉由中国主持，窃恐万办不到，其势使之然也。〔一〕

〔一〕《复奕䜣》（同治二年八月十二日），《曾集·书信》（二）。

蔡国祥是预先挑选接管洋船的水师将领。李泰国与总署谈判，虽设立并尊崇“汉总统”，但根据董事长只管战略不问经营的商业常规，规定“汉总统”不得登舰，“仍须另带中国师船，与轮船同泊一处”；而军舰所用兵勇“已在外国雇定，毋庸添募”，则是遵循CEO（“帮总统”）掌管人事权的国际惯例，要求总署与之“接轨”。因此，“蔡国祥仍为长龙、舢板之主，不得为轮船之主矣”。接下来譬喻纷陈，都是预想汉、帮二总统“同泊一处”，参差难办的尴尬情形。但是，总署诸公决非在智商、情商方面有所欠缺，预计不到这些不便之处，而是“与李泰国集议时，必已百端辩诘，舌敝唇焦”，“彼则挟制恫喝，持之愈坚”，于是，“万不得已，隐忍而俯从其所请”。米已成炊，再想改作糍粑是不可能了，能做的也就是炒个蛋炒饭而已。曾国藩“忝为疆吏，敢不体朝廷深意，委曲求全？”“委曲求全”就是炒蛋炒饭的别称，曾国藩不愧“巧妇”，一下就打了两个蛋：第一个叫“虚与委蛇”，第二个叫“疏而远之”。

“虚与委蛇”，就是在对方“仪文不甚倨傲、情意不甚隔阂”的情况下，分船同泊，“徐讲统辖之方”。“疏而远之”，则是在对方“意气凌厉”，“视汉总统如堂下之厮役”的情况下，“既不与之同泊，亦不复言统辖”，干脆“将此船分赏各国，不索原价”。

毫无疑问，第二个蛋是恐龙蛋。周情孔思，房谋杜断，一切赞美大智慧、真聪明的语词，都可用来赞美这个绝妙构想。你不是仗着几吨铜铁，夸奇炫独吗？我不是买定离手，不能撤注吗？那好，我先照单全收，不伤和气，然后移赠友邦，另结交情。东南大势已定，固不必借重其力协攻南京，有什么脾气，有什么骄气，我让你发不到我身上。唯一的损失，“以中国之大，区区一百七十万之船价，每年九十四万之用款”而已，“视之直轻如秋毫，了不介意”！〔一〕

〔一〕《复奕䜣》（同治二年八月十二日），《曾集·书信》（六）。

或者将以曾国藩此番言论视为狭隘的民族主义，或者视为丧心病狂的官僚做派。但是，我要提醒读者，这一切的前提，是默许李泰国公然背叛合同初稿，而非作蛊作祟规避合同义务。列强借机启衅，固为常态，但是通过将商贸合同强行转为军事合作这种方式来启衅，是不是稍嫌曲折？人家因鸦片开战，业已表明其底线在于经济利益，船款既经认账，则实无再起波澜的必要。因此，曾国藩之所以发表此一怪诞创意，在于看透了此事的本质：总署实是屈服于李泰国个人的强嚣，而非迫于英国政府的压力。李泰国身为总税务司，在军事上过多介入，在其个人，固有思出其位之嫌；在其职守，必被越俎代庖之责。可以断定，李泰国此次改约并非政府授意，而是个人即兴。总署倘真能据理力争，李泰国势必不能“持之愈坚”，曾国藩也毋庸出此惊人之论。而回信中无一语涉于此，乃是真能体会总署诸公的苦衷：昏昧畏葸一至于此，精通明断如奕䜣、文祥者，岂不自知？而所以忍辱含羞如此，则在于他们并未掌握决策所需的足够信息。战乱以来，奕䜣、文祥最远就去过天津，地方情形全通过文牍章奏了解，外国情形所知更少，所以要咨商，要交流，要探听下情，要了解军方实力是否足以支撑总署做出更改成议的决定。曾国藩用荒诞派手法忽略掉总署诸公的尴尬，暗示可以决裂的信心，既保存对方颜面，又提供解决方案，这种一流的政治智慧，实在值得再三回味。

这封信就是曾国藩“抄寄弟览”、提供给曾国荃作为回复参考的范本。可惜，曾国荃作为一介武夫，体会不到其中的深意。当然，他不至于傻到追究总署前此昏昧畏葸、“俯从其所请”的难言之隐，但是，他被名心蒙蔽，自作聪明，犯了另外一种错误。当日曾国荃回复咨商的信文已不可考，但从廷寄及曾、李二人致函可以了解他的主要意见。

十月六日上谕摘录了曾国荃的意见：“江边仅金陵一城未复，长江水师帆樯如林，与陆军通力合作，定可克期扫荡，实不借轮船战攻之力。并因轮船所需经费甚巨，请裁沿海水师，节省饷需，以资酌济。”

八月二十七日曾国藩致函曾国荃：“弟十九日疏陈轮船不必入江，而以巡海盗为辞，殊可不必。”

九月八日李鸿章致函曾国荃：“大疏请派轮船捕海盗，是李泰国七船结穴处，不比师门分赏各国之议，过于奇突。批旨若何？”〔一〕

〔一〕《复曾沅帅》（同治二年九月初八日），《李文忠公朋僚函稿》卷四。

综观上述谕、函，我们可知曾国荃的主要意见有两条：一、毋庸助攻南京；二、派遣洋舰巡海。

第一条，曾国藩复函内，有一句也仅有一句提到洋舰作用"不重在剿办发逆"。曾国荃复函被上谕引用"江边"云云，就有三十九字之多，根据谕旨引用大臣章奏仅抄要点的惯例，那么原文论证此一观点，必更繁冗。同样一个意思，曾国藩写一句，曾国荃为什么写那么多句呢？前线将领更了解具体情况，还是基层干部更知道形势机宜？"不重在剿办发逆"与"实不借轮船战攻之力"，哪种说法更含蓄有味呢？提出正确的问题，比解答问题更难能可贵。因此，我不拟自问自答，而将研读重点放到第二条"派轮船捕海盗"。

南京围局渐成，"长江水师帆樯如林，与陆军通力合作，定可克期扫荡"。上至朝廷，下至江、皖、苏、浙各部军队，无人不知曾国荃不愿他人分功的心意，也是中外俱鉴。只要战事无所停顿，日有进展，则朝廷乐于观其成，同僚不便扫其兴，各有所得，皆大欢喜。但是，曾国荃终究只是一军统领，而非全局统帅，当总署咨商洋舰事宜，固可就事论事，发表"不借轮船战攻之力"的意见。轻言"派轮船捕海盗"，居然以调度全局自任，则有语侵尊上的嫌疑；谈兴正浓，收不住口，甚而"请裁沿海水师，节省饷需"，则俨然指示机宜，全未考虑此事自有钦差、总署、军机诸公筹划，不劳前敌将领代谋。

最为微妙之处则在于：李泰国舰队一事，无济实用，耗费巨资。无济实用，可以"形势比人强"解之，一两年前，谁敢设想今日的乐观局面？决策过于保守，也是无可奈何之事，不算大错。耗费巨资是决策失误后的必然后果，本非大错，但在此时则是大错，因为这笔巨资的性质已经发生根本改变。这笔巨资，已非当初做出保守决策时的资金投向错误，而是对方悍然违约、总署懦然“俯从”造成的国有资产流失。投资者不但失去设备的实际控制权，并被追加设备运维、人员薪酬等费用，还要承担外国军队横行内江、大局无法调控的政治和军事风险。简言之，总署诸人因谈判失误，负有不可推卸的重大责任。当局者知道这点，旁观者如曾、李，对此亦有深刻的认知。只是议政王奕䜣参与祺祥政变，为皇室第一功臣，余威犹在；兼之大敌当前，不宜掀起内争，所以曾国藩、李鸿章等人在回复密函时，不仅不埋怨办理失宜，对耗费巨资这个话题，更是小心翼翼，绝口不提。尤有甚者，曾国藩说，“以中国之大，区区一百七十万之船价，每年九十四万之用款”，“视之直轻如秋毫，了不介意”。轻描淡写间，将国有资产流失这等大错编排成“秋毫”小眚，为总署诸人占一地步，开一境界，坏事变成好事，被动化为主动。混淆是非也好，矫干逆说也好，总之，他的回信体用兼备，词义俱赡，最能抚慰总署诸公悔疚惭恨的心。所以，奕䜣复函曾国藩，极佩其说。〔一〕

〔一〕《致沅弟》（同治二年十月十七日）：“恭邸有信寄余，极佩余八月十二日一函之说。”见《曾集·家书》（二）。同治二年十月初六日总署致曾国藩函，云：“承示以虚与委蛇，疏而远之两说见商，俾本处得有遵循，尤为欣慰”，“词严义正，实为名论不刊”。又云，“（区区一百七十万之船价云云）此固忠愤之谈，实为制夷之法”。（《湘乡曾氏文献》，第4438—4445页）

曾九纵无乃兄如此大智慧，只要有问则答，不及其他，未尝不是正解。可是，他不但倡改设备用途（由助剿南京变为巡捕海盗），竟还说："因轮船所需经费甚巨，请裁沿海水师，节省饷需，以资酌济。"这不摆明在指责总署决策失误、浪费巨资，亟须补过吗？李鸿章九月八日致函，云："大疏请派轮船捕海盗，是李泰国七船结穴处。""结穴"，是堪舆家术语，所谓地脉顿停之处、地气蕴积之所，具体表现为地面的洼、凸。触动"结穴"，必然坏了风水，坏了风水，必然要触霉头。所以，李用"结穴"一词，含蓄指出曾国荃触了总署的霉头。十天后，则更明白地说明这层意思：

调停轮船一疏，此乃总理诸老疚心之事，不免变恼成怒，公然言之，致触忌讳。〔一〕

〔一〕《复曾沅帅》（同治二年九月十九日），《李文忠公朋僚函稿》卷四。

曾国藩因此批评曾国荃，则更为严厉，到了触及灵魂的地步：

弟十九日疏陈轮船不必入江而以巡海盗为辞，殊可不必。弟意系恐李泰国来金陵搅局攘功，何不以实情剀切入告？"苦战十年，而令外国以数船居此成功，灰将士忠义之心，短中华臣民之气”等语，皆可切奏。凡心中本为此事，而疏中故托言彼事以耸听者，此道光末年督抚之陋习，欺蒙宣宗。逮文宗朝已不能欺，今则更不宜欺矣。七船之事，余曾奏过三次，函咨两次，即不许李泰国助剿金陵、苏州。李少荃亦曾上书恭邸二次，计恭邸亦必内疚于心。特以发贼未灭，不欲再树大敌，故隐忍而出此耳。君、相皆以腹心待我兄弟，而弟疏却非由衷之言，恐枢府疑我兄弟意见不合，又疑弟好用权术矣。〔一〕

〔一〕《致沅弟》（同治二年八月二十七日），《曾集·家书》（二）。

曾国藩既是讲究畏慎之学的道学家，又是早达科举、谙练宦情的老干部，一内一外，兼修并济。严批其弟，也就从为官之术和做人之道入手。

“凡心中本为此事，而疏中故托言彼事以耸听者，此道光末年督抚之陋习”，能深知“道光末年督抚之陋习”者，在道光末年，不为地方大员，则任在京高官，或得高人点拨，否则，无从得闻其详。道光二十七年六月，曾国藩由翰林院侍讲学士（从四品）超升为内阁学士兼礼部侍郎衔（正二品），连升五级，自叹“湖南三十七岁至二品者，本朝尚无一人”〔二〕。道光末年，升官晋级，多论资格，无关才干，所以

〔二〕《致澄弟沅弟季弟》（道光二十七年六月十八日），《曾集·家书》（一）。

龚自珍要大声疾呼"不拘一格降人才"，曾国藩升官如此迅速，要说不借奥援，但恃才能，谁也不会相信。他的奥援是谁呢？王闿运晚年畅谈旧事，说："曾侯始起由穆鹤舫。"〔一〕鹤舫，穆彰阿字，道光间第一权臣，即是曾国藩的奥援。嘉庆、道光间，穆彰阿屡任乡试、会试考官，多次参与复试、殿试、朝考，遍任国史、玉牒、实录诸馆总裁，于是，门生、故吏遍布朝野，号为"穆党"。曾国藩无疑是一名"党员"，从提拔速度来看，绝非普通"党员"。曾国藩于同治七年再度入京，专程去穆家看望"帅相"后人，"不胜盛衰今昔之感"〔二〕，从私人交谊来看，定是骨干"党员"。然则，道光末年，曾国藩年少官高，兼有当朝第一人提携指点，难怪他能真切体认"道光末年督抚之陋习"，并以此儆诫其弟。

"凡心中本为此事，而疏中故托言彼事以耸听者"，这种指东打西的做官诀窍，在道光朝通行无阻，为什么咸丰间"已不能欺"，同治间"则更不宜欺"了呢？"不能"以此欺咸丰，有两个原因：一、咸丰是少年天子。道光三十九岁即位，咸丰二十岁即位，父子俩帝术孰高孰低，不好评价，〔三〕中年、少年性格迥异，却是常情。道光当了大半辈子的皇孙、皇

〔一〕《论道咸以来事》，王闿运《湘绮楼诗文集·王志》卷一。

〔二〕《曾集·日记》同治七年十二月二十八日日记。

〔三〕清廷祖制，凡后世皇帝有失尺地寸土者，不准在陵墓内设立"神功圣德"碑。道光任内打输了鸦片战争，被迫五口通商，视为失地，故无此碑。咸丰任内再输一次鸦片战争，亦不得立碑。从这一点看，父子在伯仲之间，难分优劣。见刘成禺《世载堂杂忆·清陵被劫记》。

子〔一〕，在太子争夺战〔二〕中不断成熟，及登大宝，早已是城府极深的中年人。一般来说，中年人喜好稳重，不事轻狂，乐于曲尽其妙，不惯直抒其情。按照我们唯物论者的观点，皇帝也是人，也要符合人情世态，那么，臣下与之周旋，就不得不投其所好，尽量适应中年皇帝业已形成的世界观和价值观。可是军国大事、臣子私情总会与之发生冲突，如何消除异见、博取共识，便成为道光一朝宦学的关键。于是，“心中本为此事，而疏中故托言彼事以耸听者”。咸丰就不一样了，少年人好直恶隐，不耐烦嚼话头、斗机锋，臣下章奏尽可依据情理，畅所欲言。若再言此意彼，被皇帝反话正听，反而会弄巧成拙；不慎被皇帝识破机关，加以诘责，则更为不妙。二、曾国藩有切身教训。咸丰七年，他“托言”父丧守制，“心中”却欲得督、抚之位，以求解决“客军”远征的各种麻烦。奏上，被咸丰识破，对他明里谋忠尽孝、私底下讨价还价的行为极其不齿，一怒之下，遽尔弃用。〔三〕他经过此番磨炼，“始知自己本领平常之至”〔四〕，发现以前的“宦学”已经跟不上今日的“学术潮流”，遂全盘摒弃道光陋习，事事以畏、慎处之，以求达于至诚。因此两点，他要说“逮文宗朝已不能欺”。

〔一〕嘉庆四年，立次子旻宁为皇太子，即道光。但是根据祖制，立谁为太子，只有皇帝一人知晓，并不公布。故直到嘉庆二十五年，仁宗临死，才宣布此条消息。所以说做了大半辈子的皇孙、皇子。见《清史稿·本纪》卷十七《宣宗本纪》一。

〔二〕皇子们争夺皇位继承权的情形，见本书《祺祥故事》相关段落。

〔三〕见本书《每闻春风之怒号则寸心欲碎》相关段落。

〔四〕《致沅弟》（同治二年九月十一日），《曾集·家书》（二）。

至于“今则更不宜（以此）欺（皇太后、议政王）”，理由很简单：二后一王的黄金搭档，不费一枪一炮，就完成了祺祥政变，其机智谋虑，实非常流所及，其明通决断，更在咸丰以上。柔能克刚，拙能用巧，实在没有再要道光牌花枪的必要。而且，同治元年正月，即命曾国藩以两江总督协办大学士，超授曾国荃浙江按察使，“君、相皆以腹心待我兄弟”，一家人不说两家话，更无谓故作狡狯，被人怀疑为“好用权术”了。

前引曾国藩复函，直截了当说明：购买洋舰，“不重在剿办发逆”。然此语在信首偶一露面，便再无下文，他所以不加阐发，乃是明白立言的体、用之别。曾国藩是全局统帅，当持大体，“不重在剿办发逆”，就是大体。描述大体，贵在简要，所以一句话说一次足矣。曾国荃是前敌统领，独当一面，是朝廷“用”来办具体事的人，谙娴军旅，深得下情。那么，“苦战十年，而令外国以数船居此成功，灰将士忠义之心，短中华臣民之气”等语，由曾国荃来说，更为恰当。本国军队能够独立完成“剿贼”大业，有什么必要引狼入室，让外人来“搅局攘功”呢？将士血战十年，有什么理由将此大功拱手让人呢？两兄弟倘能分言体、用，就像编辑创设选题、记者采写稿件，合之则是一篇堂堂正正的绝好文章，有什么必要藏着掖着“托言彼事以耸听者”呢？曾国荃生怕别人讥讽他拒绝协剿为贪功，却不明白完成任何一件事情，本就要对应到具体的个人。事成赏功，事败罚责，都得有人承受。值此时势，曾国荃恰当其位，既对自身实力有信心，那么当仁不让，奏此肤功，实在是仰承天意、俯顺舆情的大好事，“何不以实情剀切入告”呢？拥有天时、地利、人和，却不敢独居其功，往轻里说叫虚伪，往重里说是缺乏大才，不堪重寄。再往深里说，朝廷当日所望唯在克复南京，尚无暇计较一人之功还是合作之效，所谓“不管黑猫白猫，抓着老鼠就是好猫”，就是这个意思。只有在克复南京之后，平衡满汉势力、防止军权独重、预防帮派勾结等善后事宜，才会提到朝廷的议程。如前所述，曾国藩早有让功官文、裁撤湘军的安排，毋庸曾国荃来自作聪明，杞人忧天。所以，曾国藩要痛诛其心，指斥他患得患失、言不由衷的错谬。

曾国藩这番话说得极重，自是良药苦口之意，但是曾国荃一贯粗疏，予智自雄，回信狡辩，说心中并无算计，“实见得轮船该用以巡海盗”，故实话实说而已，阿兄不免诘责过当，未能体谅他的“本意”。所谓孺子不可教也，即此谓耶？曾国藩身为兄长，不便穷追猛打，只好说若此“则余前缄之所责为过矣”。曾国荃又有疑焉，担心兄弟间的家信“或传播于后世”。确实，这些信件完全暴露了曾国荃患得患失的小人之心，一经传播，他身后的名誉势必不能完美。曾国藩答曰：“家信稿本，除誊信之李子真（原注：极慎密）外，并无一人得见……此弟之拙见过虑，亦视阿兄太高之故。”〔一〕什么叫“视阿兄太高”？一则自谦，认为自己火候未到，德业文章能否传世尚不可知，遑论家书。二则感叹

〔一〕《致沅弟》（同治二年九月初九日），《曾集·家书》。

碍于亲情，徒予姑息，未能消洗掉曾国荃处于功名之际的“拙见过虑”。当然，这只是我的臆测，找不到曾国藩的言论予以质证。但是，我们可以通过第二年淮军协剿事件中兄弟二人的言论，深切体会“门内之治恩掩义”的苦衷。

虽经曾、李或直接或委婉的批评，曾国荃的复函毕竟发出，怎样批评都避免不了来自中央的薄惩。曾国荃的折疏被批谕：“（此后）毋庸单衔奏事。”就是说，曾国荃被剥夺了单独上奏的权力。总署诸公看到曾国藩的复信，本来心花怒放，旋又接到曾国荃的复信，必定笑转为嗔。总署老大是恭亲王，军机老大也是他，既然曾家老九这么不懂事，开口即招人厌，干脆封掉他发主贴的权限（“毋庸单衔奏事”），只许在阿兄监护下发言。此后汇报战况等事，曾国荃可以“后衔”附奏，即所有言论须经曾国藩审查后方可上报，省得再犯“兄弟意见不合”的错误，惹人烦恼。曾国荃不知道祸从口出，曾国藩则早料到祸从天降，祸虽不大，但总有一些负面影响，于是写信宽慰：

此七船乃恭邸数年苦心经营之事，近则既经怄气，又复抱歉，正在十分不自得之际，疑弟折意含讥讽，故触其怒，而一为发舒，非皇太后另有所咎于弟也〔一〕。

〔一〕《致沅弟》（同治二年九月十三日），《曾集·家书》（二）。

恭亲王“苦心经营”了这么件尴尬事，“怄”了谈判的“气”，对前线将士，特别是积极围攻南京的湘军“抱”有“歉”意，“正在十分不自得之际”，你不幸触其霉头，做了他的泄气筒（“一为发舒”），实在是点背不能怨政府。不过，这只是警告处分，不算严责，唯自为宽解而已。〔一〕曾国荃这下倒是老实了，复函检讨得失，“心气和平，事理通达”，曾国藩赞曰：“大慰大慰。”〔二〕

福祸相倚，得失相继。曾国荃这种说话不经大脑的人被贴上封口胶后，那些复杂的人事关系、笔墨官司全部由阿兄代理，他反而能专心致志，一意部署军务，遂在同治三年元月，完成对南京的合围。而中央在“博采众论”后，痛下决心，“将轮船撤退”，并在新一轮谈判中采取强硬姿态，取得“辉煌”成果：英国军舰、兵勇全部退回，英国并归还预付船款；已经发生的薪酬、差旅等费用，则由中方支付；额外奖赏阿思本一万两银子；撤销李泰国总税务司职务〔三〕。实事求是地说，此种谈判成果，在中国近代史中，称得上是外交方面的成功案例。美中不足的是，斡旋其中、对达成协议起到关键作用的人，并不是宣言“分赏各国”的曾国藩，而是另一个英国人——二十九

〔一〕同治二年九月十日曾国荃致毛鸿宾书：“八月十九《请裁减水师为轮船经费经久之计附报近日军情一片》，奉谕旨：嗣后金陵攻剿情形，毋庸单衔出奏。可见新进之臣，忠信未孚。不可妄有陈说，以渎圣明之听，不惟于时局无补，且于一隅军事转有呼应不灵之一日。甚哉进言之难也。此后自当仿照提镇带兵之例，一事不言，一疏不陈，第一心战守以报国恩而已。”（太平天国历史博物馆编《清咸同年间名人函札》，档案出版社，1992 年）

〔二〕《致沅弟》（同治二年九月十七日），《曾集·家书》（二）。

〔三〕同治二年十月初六日上谕。

1894 年 12 月 27 日出版的《名利场》杂志刊登了赫德的漫画肖像，以中西合璧的装束，生动描绘了这位出任大清帝国海关总税务司的英国爵士。

岁的赫德（Robert Hart）。他在中、英政府间上下其手，借此挤走一心要为中国海军做“贡献”的李泰国，自己如愿以偿成为第二任总税务司。此后，他控制中国海关达四十八年之久，极为深刻地影响了近代中国的政治、经济和外交。

替补队员李鸿章

如果说，战天京时当局诸人的怦然心跳汇成一部交响曲，主题必然用来展示曾氏兄弟在此过程中的真情互动，洋船事件只算一个俏皮的小插曲，而中段插入、几乎喧宾夺主的淮军助攻事件，则是一段扣人心弦的变奏。作为百年以后聆听此曲的爱乐者，不仔细考察此段变奏的进入、发展以及戛然而止的怪异休止，则必不能完全理解整部交响乐。

淮军，是在阴差阳错的情况下仓促组建的。当然，研究清朝军志和太平天国的历史学家罗尔纲先生一定不同意我这种观点〔一〕。此篇专讲故事，无暇辩证。我引用两段材料，证明李鸿章之所以受命援助江苏、成为淮军领袖，并非出自曾国藩的本意，则淮军是否在阴差阳错的情况下仓促组建，读者自能体会。

〔一〕关于组建淮军，罗尔纲先生主要有两个观点：一、以淮军之锐气弥补湘军之暮气，乃是曾国藩早就考虑的策略。二、早在同治元年前，就有试办淮军的举动。见罗尔纲《晚清兵志》第一卷《淮军志》第一章。

第一段材料，乃当日身在曾幕的欧阳兆熊所记：

（曾国藩）欲保一苏抚而难其人，予谓李广才气无双，堪胜此任。文正叹曰："此君难与共患难耳！"盖犹不免芥蒂于其中也。〔一〕

这段对话发生在咸丰十一年冬。中枢频频接到参劾江苏巡抚薛焕、浙江巡抚王有龄的奏折，饬令曾国藩"察看"二人"否能胜任"，并命"择其智勇兼全、堪胜封疆将帅之任者，酌保数员，听候简用"〔二〕，所以文中说"欲保一苏抚而难其人"。"李广""肃毅"，俱谓李鸿章，前者切其姓，后者乃其伯爵封号。欧阳兆熊劝曾国藩将援苏大任委派李鸿章，曾却说他"难与共患难"。这从何说起呢？得从去年说起。咸丰十年八月，曾国藩派李元度援徽州，入城后，坚守未满三日，即被攻破。徽州一破，祁门大营岌岌可危。李元度深知此役失败的严重性，怕被责罚，遂不返回祁门大营。游荡十几天后，终觉不妥，这才回营请训。但是，见面后，李一味狡辩开脱，曾大怒，痛斥之。李元度不堪训责，负羞而逃。军营岂是说来就来说走就走的地方？曾国藩当下决定严

〔一〕欧阳兆熊《水窗春呓》卷上。另有一段记载更生动。杨钧《草堂之灵》卷十四："（李文忠）不甘闲散，一日入小晴（按即欧阳兆熊）室，谓曰久陷于此，如何办法，先生其为我一言。窗外有履声，知文正公（即曾国藩）至，乃急避之，横卧小晴榻后从者榻上。文正公入，与小晴闲话，叹曰，人材难得，江苏绅士都来请兵，何人可去。小晴曰，李广天下无双。文正公不答，久之乃曰，君未知其人耶，饥则为用，饱则飏去。言讫而出。文忠向小晴道谢。小晴曰，必用阁下，可以预贺。数日之后，果使治军上海。一生勋业，发端如此。"

〔二〕咸丰十一年十月十六、十七日及十一月二十日上谕，《曾集·奏稿》（三）。

参，命李鸿章作稿。孰料李鸿章认为李元度是共历患难之人，功罪相抵，不应严惩，便说："果必奏劾，门生不敢拟稿。"曾国藩怒不可遏，说："我自属稿。"李说："若此，则门生亦将告辞。"曾国藩正在气头上，乃说："听君之便。"于是，李鸿章去了江西。〔一〕此事只能说明李鸿章好讲哥们儿义气，似乎和"难与共患难"无关，曾国藩为什么要对欧阳兆熊那样说呢？如前所述，徽州一破，祁门大营兵单将寡，岌岌可危，随后太平军大举来攻，相距数十里而已。曾国藩万念俱灰，预先写好遗书〔二〕，准备在此死节。幕客、委员或请病假，或请事假，走了一大半。留下来的则将行李移置舟船，时刻准备逃命。程桓生是曾国藩的棋友，几乎每日要陪曾国藩下一盘棋，见面太频繁，不好意思开溜，但私底下逢人便问："死在一堆如何？"〔三〕前此，李鸿章借李元度事负气出走，现在看来，则不无借机逃遁的嫌疑，所以曾国藩要说他"难与共患难"。后来，鲍超、曾国荃胜仗解围，渡过危机，李鸿章再度入幕。恰逢朝命曾国藩推荐巡抚人选，李鸿章固然"智勇兼全，堪胜封疆"，但曾国藩心中不能不存"芥蒂"，故犹豫再三，终未遽以其名入告。

〔一〕薛福成《庸盦笔记》卷一。参见《曾集·日记》咸丰十年八、九月日记。日记中说陈鼐为李元度求情，并未言及李鸿章。但李鸿章确实于九月间离开了大营。薛福成久在曾、李二人幕府帮忙，其笔记似可为李鸿章离开曾营下一注脚。郭嵩焘《玉池老人自叙》："乙亥（光绪元年）秋，由闽臬内召，道天津，与合肥李傅相（李鸿章）言及此（按，郭氏自谓曾左发端皆由于己），傅相惊曰，吾之出亦由君，君忆之乎？嵩焘茫然不能应。傅相曰，文正公驻师祁门，以皖南失陷劾李次青（李元度），吾力争之不能得，愤然求去，文正公以吾简放延肇道，宜赴官，立遣之行，时沈文肃（葆桢）家居，缄询福建情形，复书言闽事糜烂，君至，徒自枉其才耳，力止之，嗒然回合肥，不复有他望矣。会接嵩焘书，力言此时崛起草茅，必有因依，试念今日之天下舍曾公谁可因依者，即有拂意，终须赖之以立功名。仍劝令投曾公。读之怦然有动于心，乃复往祁门从文正公。"

〔二〕《谕纪泽纪鸿》（咸丰十一年三月十三日），《曾集·家书》（一）。

〔三〕欧阳兆熊《水窗春呓》卷上。

第二段材料，则来自王闿运。祁门危急时，幕客、委员纷纷逃逸，王闿运也是其中一员。他有一句诗："独惭携短剑，真为看山来。"〔一〕就是为此次不甚光彩的行为自我解嘲。他提供的材料则是：

〔一〕《发祁门杂诗二十二首寄曾总督国藩兼呈同行诸君子》，王闿运《湘绮楼诗文集·诗》卷六。

李（鸿章）在军中不见知，常发愤怏望，后以沅浦（曾国荃）、俊臣（陈士杰）俱辞避，李乃自请行，非曾（国藩）意也。〔二〕

〔二〕《论道咸以来事》，王闿运《湘绮楼诗文集·王志》卷一。

咸丰十一年十月，在沪绅士公推钱鼎铭赴安庆请援。钱于座次痛哭流涕，叩头乞师。此前，曾国藩已安排左宗棠自江西援浙，己军则沿长江向东推进，计划中暂无援苏的规划，一是兵力不敷调配，二是饷源无法落实。钱鼎铭带来的江苏绅士公启（冯桂芬执笔）中，所谓"江苏今日之情事，……有仅完之地而不能持久者三"，除了"有兵无饷之镇江""兵单饷乏之杭（州）、湖（州）"之外，还有个"有饷无兵之上海"。〔三〕因此，钱鼎铭此次带来的，不仅仅是江苏人民吁天待救的悲情，还有上海地区商绅筹集的巨款，所谓"深情款款"也。所以，曾国藩不能不思有以应之。钱的问题解决了，就得解决人的问题。当日，他手下大将只

〔三〕沈粹芬等编《国朝文汇》丙集卷十七，冯桂芬《公启曾协揆》。

有鲍超、曾国荃，鲍超正在江西东部鏖战，不可抽调；曾国荃克复安庆后，回乡添募士兵，正好可派为援苏之军。朝廷接到江苏告急之信，也点名派曾国荃前去援剿，所以，他便写信给曾国荃："吾家一门，受国厚恩，不能不力保上海重地。上海为苏、杭及外国财货所聚，每月可得厘捐六十万金〔一〕，实为天下膏腴。吾今冬派员去提二十万金，当可得也。"〔二〕然则，援苏不仅可报国家"厚恩"，还能解决湘军饷绌的窘况，一举两得，何乐不为。可是，曾国荃自打攻克安庆后，精力所注，全在克复南京，其他种种，非所思存，故回信拒绝〔三〕。最适合去的人不想去，不得已，退而求其次。可是，这个"次"，还轮不到李鸿章，曾国藩找的是湖南老乡陈士杰。幸亏石达开这会儿正在骚扰陈士杰的家乡桂阳，而陈又是大孝子，唯恐"惊忧太夫人"，故在乡率兵防守，"不敢一日离"。〔四〕就这样，曾国藩高瞻远瞩的目光才由遥远的湖南徐徐收回，落到近在身边的李鸿章身上。而且，根据王闿运的说法，也就是瞩目暗示而已，并未像对待老弟、老乡那样直言托付，所以，"发愤怏望"的李鸿章得学上一回毛遂，"自请"之后方能脱颖而出。这时候的李鸿章，是替补的替补，预备队都不让进，还比不上失意于埃

〔一〕其实，上海关税、厘金每月的收入并没有这么多。李鸿章到任后，在奏折、书信中报的数字不过每月二十几万而已。后来，曾国藩按这个"预算"向他索要协饷，他每每欲哭无泪，呼天喊冤。

〔二〕《致澄弟沅弟》（咸丰十一年十一月十四日），《曾集·家书》（一）。

〔三〕王定安《曾文正公大事记》卷二："朝意欲其（曾国荃）由沪图苏。公以商之国荃，国荃谓：'金陵为贼根本，急攻金陵，贼必以全力援护，而后苏、杭可图。'公壮其谋。因以围攻金陵属之国荃，而以浙事属之左宗棠，苏事属李鸿章，于是东南肃清之局定矣。"曾国藩十二月初一日记："接沅弟信，不愿往上海，恐归他人调遣，不能尽合机宜，从违两难。"

〔四〕《陈侍郎行状》，王闿运《湘绮楼诗文集·文》卷八。曾国藩咸丰十一年十一月廿九日记："灯后，少荃（李鸿章）来谈，商调陈俊臣（士杰）带勇赴江苏事件。"

弗顿队的李玮锋[一]啊。

〔一〕李玮锋，曾任中国国家男子足球队队长。

由此可见，不出现这些阴差阳错的情况，李鸿章怎么做得了淮军的统帅？确定统帅的人选竟如此富有戏剧性，这支军队的组建能不仓促？同治元年三月，七艘英国商船装载这支仓促组建的新军，缓缓驶过南京附近由太平军控制的下关、九洑洲两处炮台，到达上海。为防止太平军纠察，李鸿章和其他将士一起“闭置西国汽舟中”[二]。我想，他心中憋的那股闷气，应该比船舱中的闷气更闷上百倍千倍吧。

〔二〕吴汝纶《李文忠公神道碑铭》，《李鸿章全集》卷首。

当然，考察历史事实，我们固然要注意个人恩怨的重要性，但也不能一味以个人情感去揣测当事者的一言一行。能成非常之功，必是非常之人。所谓非常，就是说能超乎常情之外，不必事事都出以个人恩怨，而要行所当行，止所当止。曾国藩毕竟是他的老师，曾国藩毕竟是他的领导，曾国藩毕竟是他一生学问功业的奠基者，李鸿章倘因一时受气，遂枪法大乱，那也就不是李鸿章了。仔细考察他抵沪以后的行止，我们才能真正认识他的非常之处。人情、饷事、军务诸端，头绪太多。我们先讲攻取苏州，可知他固然具有但求成功、不择手段的狠忍之心，然后再讲拒援南京，证明他更具有止所当止的非常之度。

李鸿章告别青涩岁月

李鸿章于元年三月至上海，随即一面操练新军，一面规划大计。六月，亲赴泖湖、淀山湖前线实地考察后，遂大举向西进攻，一年多时间，连克青浦、嘉定、常熟、太仓、昆山、江阴等城。二年七月，程学启会同戈登（Charles George Gordon）常胜军，进逼到苏州城下。

苏州本就是一座坚城，三年来，经李秀成、谭绍光精心布防，更觉坚不可摧：

> 太湖之水，由胥口、鲇鱼口流入苏州胥、盘两门，外绕至娄门、齐门，大河如带，横竖三四道，环卫城垣。该逆凭河筑长城，周围十余里，枪眼炮台，层层密布。长城内，石垒土营数十座，南自盘门，北至娄门，联络扼扎。墙内多穴地为屋，堆土覆板于其上，以避开花炮，布置极为严整。〔一〕

〔一〕《攻踏苏州城外贼垒折》（同治二年十月二十二日），《李文忠公奏稿》卷五。

淮军攻城，和湘军区别甚大。湘军曾、胡、左诸人最怕“老师坚城”，指示将领机宜时，时刻叮嘱的就是围而莫打。因为，挖地

同治十年的李鸿章，转载自立德夫人（Mrs. Archibald Little）撰《李鸿章一生与他的时代》。

道、搭云梯等战法，除了造成己方大量伤亡外，并不能对守军造成致命打击，遑论攻克。城垣高大，外绕护河的坚城，除了巨型炸炮，别无他法可破。湘军只有一件叫“劈山炮”的军火，用于守营、野战，效果固然不错，用于攻城则最多在墙上打凹几个弹坑而已，可以称之为浮雕艺术，绝不敢大言攻城。故九江、安庆之克，都是围上一年多，城内弹尽粮绝，方才大举进攻，从未有兵临城下，不及数月，遽行攻打之事。〔一〕淮军则否。围城前做好清场工作（即篇首所谓“外围”），是一般军事原则，淮军固如湘军一样遵守；但是，围定之后，淮军即行猛攻，未有如湘军候敌自溃者。原因何在？拥有开花大炮之故也。攻苏州要带上戈登率领的常胜军，主要原因就是能借助其炮火“轰坍”城墙，然后“梯而登之”，甚至“跃而入之”。拥有此等利器，淮军攻城，当然比湘军快捷得多。

〔一〕李续宾克九江，用时十六个月。曾国荃克安庆，用时十七个月。

然而，如上引文所示，苏州城的防御，外有护城河、石垒、长城，开花炮距离过远，不能直接轰击城墙，只有破除障碍后，方能直逼城根，架炮开打。而要破除障碍，光有陆军还不行。因为李秀成惯于以攻为守、反客为主，时不时就能从水路派出奇兵来抄围军的后路；

不解决这个后顾之忧，陆军一味进攻外城，时不时就会遭遇腹背受敌的灭顶之灾。所以需要水师协助，封锁苏州周遭如西塘、芦墟、阳澄湖、九里湖、黄天荡等十几处水域，杜绝李秀成派出奇兵的可能性。水域既广，汛地〔一〕又多，势必需要大量水师营哨。李鸿章入苏后，先已携带淮扬水师同行，后逢太湖水师前来接防，此时恰能派上用场。故引文所述苏州城外的石垒、土墙，经水、陆合攻，在十月间一举攻破，淮军、常胜军方能“逼城轰打”“径抵城下”，而驻苏太平军见外围屏障尽失，全城俱在开花大炮射程之内，不免“胆寒”，遂有“乞为内应”之举。由此可见，水师于苏州之役，作用巨大。

但是，这两路水师中由黄翼升率领的淮扬水师，按照全局战略规划，此时应该出现在苏、皖之交的洪泽湖，协剿降而复叛的苗沛霖，怎么仍滞留苏南呢？早在五月间，曾国藩奏复剿苗方略，就提出调黄翼升北上助剿，江苏境内另派李朝斌太湖水师接防〔二〕，奉旨依允〔三〕。同时，通知李鸿章速遣黄翼升北上〔四〕。李鸿章听令而行的话，手边就只能留下李朝斌一军，而欲攻苏州，必须封锁周遭所有水域，单单一支水师绝不敷用，所以，为

〔一〕汛地，明、清军事术语，即军队防守之地。

〔二〕《近日金陵江北江西及援寿剿苗军情片》（同治二年五月十二日），《曾集·奏稿》（六）。

〔三〕同治二年五月二十日上谕。

〔四〕《复李鸿章》（同治二年五月初六日），《曾集·书信》（五）。

了攻下苏州，他没有遵守这个命令。从五月到十月，曾、李之间的通信，黄翼升水师之行止就成了最主要的话题。曾国藩当然知道李鸿章攻苏州不能无水师助阵的实际情况，但是，安徽巡抚唐训方是湘军将领，正受命进攻苗沛霖，于公于私，他都要施以援手。总统湘军水师的杨岳斌、彭玉麟，则是黄翼升的顶头上司，与唐的关系则又密近于李，故极力支持调派黄翼升北上。朝命、军令、交情，三者合力之下，黄翼升一军没有不走的理由，而终于"梗令"达五个月之久，李鸿章、黄翼升反了不成？这就是前面说的为成功而不顾一切的人之常情在起作用了。淮军虽于一年内攻克十余座城池，但是，不将苏州拿下，就好似有前戏无高潮的养生之法，聊可自娱，不足成其"战则胜，攻则克"的赫赫之功，用能懋赏。统帅如李鸿章，部将如黄翼升，所思所虑俱不能出此范围，所以才串通一气，悍然违命。功利二字连用：克苏州是功，黄翼升一军饷需取自李鸿章，则是利。曾国藩给彭玉麟分析黄翼升敢于抗命的原因，说："昌岐（黄翼升字）饷项出自沪中，固不能不听少荃（李鸿章字）调遣。"[一] 罗尔纲先生研究湘军、淮军制度对近代兵制的影响，说最重要也最恶劣的一点就

〔一〕《复彭玉麟》（同治二年十月初十日），《曾集·书信》（六）。

是：由于军队就地筹饷，统帅私人筹饷，导致国有军队变成私人军队，开创了清末民国军阀割据的局面。[一] 曾国藩说黄翼升敢于拒绝统帅和直管上司的命令，就是“饷项出自沪中”，不敢得罪财神爷李鸿章的缘故。

为了更形象地说明这种历史现象，我多费点笔墨，用现代行政制度的弊端解释一番。地方贸易保护主义盛行之时，各省都曾发生公安、检察、司法部门为“维护”本地企业的利益，在本地或竟奔赴外省“绑架”相关“涉案”人员的极端案例。按照行政原则，公、检、法等机构都应根据国家法律，遵从上级机构命令，合法行使权力，毋庸也不能为地方事务滥用权力。但是，由于中央政府在“饷项”方面不能尽行满足各部门的预定“饷章”，乃至符合本地经济发展水平而又超出中央规定的实际“需求”，各部门经费不得不靠地方财政解决一部分。既然部门经费、福利与地方财政发生关系，那么，地方财政的盈绌必将影响各部门的实际收益，于是，各部门不得不应允地方政府的要求，承担为地方经济“保驾护航”的义务和责任，从而将使用权力的依据由国家法律置换为地方利益，将政令来源由上级机关置换为地方政府，因此，国家权力变成了地方

〔一〕见罗尔纲《湘军兵志》、《晚清兵志》第一卷《淮军志》二书中论营制、饷章部分。我选抄一段，可作此种观点的代表性论述：“盐厘、关税、厘金各项，都是曾国藩、李鸿章督两江时就地所筹的款，以后遂成为淮军例款，仅协饷一项为户部指拨而已。自咸、同军兴后，开就地筹饷例，其后积重难返。同、光时，淮军饷源还是外筹的款项，咸丰前，中央拨饷旧制，竟不可复行。淮军所以终为李鸿章私人武力，而不是清政府的军队，这是一个原因。”

权力。以黄翼升为代表的武装（公、检、法等地方机构），名义上是官军（国家执法机关），却不遵守朝廷（中央政府）和直管上司（上级主管机构）的命令，只听命于为之提供经费的江苏政府，或者说李鸿章个人（地方政府），则本质上已经蜕变为地方或者私人军队（地方权力）。

这种“有奶便是娘”的做法，曾国藩能够理解，但不能够纵容，于是，十月九日，他向李鸿章下达最后通牒：

> 昌岐（黄翼升字）此次再不应调，实不能不参办。……阁下五、六、七月各缄均称待李质堂（朝斌）军到齐，即令黄部换防赴淮，至八月以后忽变前说。……楚军历年之规模，彭（玉麟）、杨（岳斌）与唐（训方）之公议，迫我以不得不参。〔一〕

〔一〕《复李鸿章》（同治二年十月初九日），《曾集·书信》（六）。

所谓“八月以后忽变前说”，即苏州围定后，必须水陆合攻方可致效，而水域太广，淮扬、太湖两军合力才足以布防，故李鸿章不能放走黄翼升，不能遵守黄、李换防的“前说”。有法必依，违法必究，曾国藩不得已，只能“不得不参”。信到之时，李鸿章正在苏州督战，外围墙垒尽被“踏平”，克城指日可待，倘若惮于严命，将水路撤围，必将前功尽弃。所以，他横下一条心，顽抗到底，遂写下这封“词意乖忤，气质未平”〔一〕的答复：

〔一〕《上曾相》（同治二年十一月十四日），《李文忠公朋僚函稿》卷四，这八个字是他在十一月攻克苏州后给曾国藩道歉的话。

奉初九日钧示，以昌岐不应调必须参办见责，震悚无地。……蒙调此军以来，鸿章每函必恳暂留，其说不一，先私情而后公事，总之恳留协剿。今苏、（无）锡垂成之局，更难松劲，仍恳吾师检阅前后函稿。此军从鸿章最久而亲，苏省攻剿至急且大，而吾师必欲苦逼！应请暂勿参奏，先檄质堂将各防接替（原注：彼固不肯分船，船单亦实不敷），而昌岐不行，鸿章不遣，再将昌岐与鸿章一并参办，死亦甘心！苏省水路，彭、杨、唐诸公皆未亲历，而遽科鸿章以拥兵自卫之罪；将在外，君命有所不受，语有之乎？吾师海量盛德，求勿以此纤芥致伤天和。〔二〕

〔二〕《上曾相》（同治二年十月二十二日），《李文忠公朋僚函稿》卷四。

“先私情而后公事”，所谓“私情”，一是指他和曾国藩的师生之情，一则谓“此军从鸿章最久而亲”，隐喻黄翼升已经改换门庭、换了大哥之意。所谓“公事”，也有两层意思：既云“苏省攻剿至急且大”，言外之意则是协剿苗逆至缓且小了。上一封信，他就很不客气地提醒曾国藩："究竟协攻苏州与协守临淮，事体宜分轻重，贼势要看缓急。"〔一〕"私情"当厚于门生，"公事"莫急于苏州，可说是占尽情理，"而吾师必欲苦逼"，显见地在埋怨曾国藩漠然无情、蛮不讲理。埋怨归埋怨，耍赖也得有说辞，他的缓兵之计则是等李军"将各防接替"后再调黄军，否则，"将昌岐与鸿章一并参办"。从五月"调"到十月，从夏天"接"到冬天，严格按照组织纪律办事的话，早就可以参得他体无完肤了，这会还觍着脸说"死亦甘心"，李二先生真是赖皮到家了。接下来，则是指桑骂槐的"大不敬"，也是此份文本最可玩味的部分。表面上说彭玉麟、杨岳斌、唐训方不下基层，瞎指挥，而紧接着却说"将在外，君命有所不受，语有之乎？"则非质询"诸公"，而是在直斥曾文正公了。这十三个字的画外音好似在说："只有你们湘军的事才算是事，只有你家老九的南京才算攻城。苏州就不是攻城？淮军就不配建功？李鸿章就不配做事？我要告诉你：今天的我，不信那一套了。我要告诉你：'将在外，君命有所不受！'你知道这句话吗？你听得懂这句话吗？"饱含着屈辱的泪水，李鸿章发出告别青涩岁月、进入成

〔一〕《上曾相》（同治二年十月初三日），《李文忠公朋僚函稿》卷四。

人世界的愤怒吼声，这不仅标示他作为个体的独立，也在宣告淮军业已脱离湘军，成为一支独立军队。

瓜熟蒂落，成长总是意味着决裂。当然，此处所谓决裂，乃是精神世界的一空依傍，独立寒秋，而非现实世界的谢本师、逐逆臣。因为，冥冥中似有天意，并不愿意破坏这对师生的半生缘。南北事态的顺利发展，消弭了此次忠诚与背叛的危机：写就此信后的第三天，李鸿章就克复了苏州，毋庸“暂留”黄翼升；而与此同时，苗沛霖军被陈国瑞攻溃，淮河也毋庸黄翼升“协守”。尤为奇妙的是，搭载此信的安迪禄船在途中焚毁，曾国藩并未见到这封“词意乖忤，气质未平”的决裂宣言〔一〕，心中不必平添无谓的“纤芥”。曾、李二人注定要走上各自的道路，惯于弄人的天意却不着痕迹地消泯了可能的现实决裂，让二人的离合在时间中显现为渐行渐远的温柔轨迹，而不是空间中斩然可辨的南辕北辙。

〔一〕《复李鸿章》（同治二年十月二十五日）：“初九日奉致一函，计当有复书在途，而迟迟未至。前数日安迪禄船在大通焚毁，或有尊缄沉失于此乎？”“尊缄”，即指李鸿章二十二日这封回信了，见《曾集·奏稿》（六）。

苏州杀降

大半年后，李秀成在站笼中写“回忆录”，提到苏州失陷：

苏、杭之误事，洋兵作怪，领李抚台之银，攻我城池。洋兵见银，打仗亡命。〔一〕

〔一〕罗尔纲《李秀成自述原稿注》。

其实，当日他在城中防守，手下也有白齐文（Henry Andrea Burgevine）带领一干“牛芒鬼子”（李鸿章对外国雇佣军的污蔑之辞）帮他作战。“洋兵”云云，实在是乌鸦莫笑猪黑，彼此彼此。不过，对方军中的戈登，确实是“打仗亡命”兼擅谋略的一流人才，比白齐文之流要强上万万。正是他和程学启的合作，才“踏平”苏州城外的石垒、长城，紧逼城下，导致太平军守将郜永宽等人乞降，并引发一场杀降的大风波。在全面介绍杀降事件前，我要引用英国诗人拜伦的诗句，帮助读者对戈登获得一个感性的认识：

其中也有大名鼎鼎的异邦人，
虽说国籍不同，倒全是自愿投效，
他们出生入死并非为了拯救祖国或王冠，
而是想有一天当个将校，
而且也巴望不时地洗劫城镇，
这种事对于年轻人当然有味道。〔二〕

〔二〕拜伦《唐璜》，查良铮译。

这首诗写于拜伦在意大利参加烧炭党、与奥

地利人作战期间，由于来源于生活，所以，对外国雇佣军的刻画十分妥帖。据说，戈登敏感、多变、理想主义的思想和言行，是因为他的同性恋倾向，〔一〕那么，再加上拜伦所谓“当个将校”的极端荣誉感，读者不难在脑海中推想出戈登将军的大致形象。

〔一〕R.J. 史密斯（Richard J.Smith）《十九世纪中国的常胜军》第七章，汝企和译。

他的中国朋友程学启，原为太平军将领，咸丰十一年驻守安庆，阵前倒戈，向曾国荃投降，妻子未及同行，皆被杀害。〔二〕怀着刻骨仇恨，程在攻打安庆时极为奋勇，最坚固的石垒就由他“力攻拔之”。湘军攻克安庆后，其锋甚锐，“鸡犬皆有升天之望”，但他以桐城“客籍混入其中”，不免受到地域、资格方面的歧视，颇难出人头地。碰上新建淮军这个机会，遂毫不犹豫地转换门庭，从人浮于事的大机构跳出身来，紧跟大老乡李鸿章，参与到筚路蓝缕然而充满希望的创业中去〔三〕。一年多时间，他率领开字营攻城拔寨，积功累累，眼前的苏州城一旦拿下，则将成为当之无愧的淮军第一名将。

〔二〕王闿运《湘潭县志》卷八《黄曾列传》第四十：“黄润昌，字少坤，在国荃弟贞幹营中。贞幹……获寇谍，言伪将程学启有归正心，议招之，宾佐皆骇笑。而润昌独锐自任，广设耳目，身三入寇中。初约斩寇酋以降，已而事泄，学启将百余众夜奔贞幹营。贞幹开壁纳之，润昌与共帐，同卧起。后学启从军江苏，以复宁杭，名闻海外，润昌功也。”

〔三〕刘体智《异辞录》卷一。

程学启和戈登，就是杀降事件中最重要的两个人。杀降杀降，先降方可得而杀之，我们先说降。

苏州城本由李秀成镇守，但去年秋天他带兵攻打曾国荃，便委派手下爱将谭绍光留守苏州。攻破曾营失利，李秀成并未回苏，而是渡江北上，随后而西而南，转了一大圈，到处被湘军追杀，无法落足。此时，南京再度告急，洪秀全紧急召调他回到南京。旋即苏州告急，谭绍光“日日飞文前来”，他急于赴援，而洪秀全坚决不允。好说歹说，要他“助饷十万”，方准东去。不得已，李秀成变卖家产、首饰，凑齐十万“保证金”。同时，洪秀全限令他四十日内必须“回头”，否则，“依国法而行”。太平天国除了天父天兄之类的宗教米汤是否还有别的干货，我研究不深，未知其详，但类似这种以私济公的操作手法倒是屡见不鲜。到苏州后，草草几仗，太平军节节败退，防线越退越后，眼见得大势已去。除了谭绍光，其他如郜永宽、汪安均、周文嘉等，都隐约有了投降的意思。某日，李秀成与他们交心：

主上蒙尘，其势不久。尔是两湖之人，此事由尔便，尔我不必相害，现今之势，我亦不能留尔。若有他心，我乃国中有名之将，有何人敢包我投乎？

爽快人说话就是痛快。熬不下去，你们尽可或走或降，两不“相害”就好。但我是扑克牌上的黑桃A（洪氏父子当是大小王），和敌军是你死我活的关系，各位就没必要拉着我一块投降了。众人大表忠心：

忠王宽心。我等万不能负义，自幼蒙带至今，谁敢有他心？如有他心，不与忠王共苦数年。〔一〕

〔一〕罗尔纲《李秀成自述原稿注》。

古今叛徒措辞，如出一口。李秀成审时度势，察言观色，当然知道他们言不由衷。可是反状未露，不能“严其法”；离苏一年多，军队形势大有变化，也不敢“严其法”。诸人欲投降清军，势必献城为功，李秀成不走，那是逼着大伙儿大义灭亲。既然说了“不必相害”，城池也必不能守，就只有识趣而退，成全这桩好事。十月二十日的夜里，李秀成出胥门，经光福灵岩，黯然作别苏州。

于是，郜永宽等人搭上淮军魁字营营官郑国魁这条线，“递禀乞降”。郜、汪先后密约程学启、戈登在阳澄湖边“单骑相见”，湖光秋色中，吃大闸蟹，喝花雕酒，谈笑间定下大计（按，此份食单系鄙人揣测之辞，暂无可靠史料证明）。双方都相信洋人最讲信用，遂由戈登居间作保。谈判有两个结果：一、献城；二、“生擒忠逆，或斩慕逆首级来献”。“慕逆”就是慕王谭绍光，他是死硬分子，“坚忍凶狡，百倍寻常”，又是攻陷杭州、湖州的首犯，血债累累。不能活捉李秀成，就得提他的头来见，否则无以表示诚意。李秀成的出走，固然是自己机警，小半也是郜、汪等人念及旧情，不忍加害，乃在言语神态间暗示他避身远祸。而他不便将此情况透露给谭绍光，否则会立即发生内部火拼，白白送了众士兵的性命，而无补于大势。李走谭留，实在是形势所逼，不能怪李秀成不仗义，只能怪谭绍光懵懂糊涂。二十四日中午，清军水陆齐攻，为投降造势。谭绍光“传令各伪王上城堵御”，正在对众训话，郜永宽使个眼色，“伪天将”汪有为挥刀即砍，谭绍光当场毙命。随即又将“慕逆死党杀毙千余”，开门迎降，郑国魁、郑国榜率领一千多人进城“弹压”。次日清晨，郜永宽等人提着谭绍光首级来到淮军大营，“验

视无讹”，程学启、李朝斌、黄翼升督率大队入城，又捕杀“慕逆”余党（主要是两广人）一千多。[一]

这就是降的过程，进行得非常顺利，要求降人做到的，他们都做到了，看不出有杀降的必要。李鸿章前此攻打南汇、常熟，得力处正在招降。太平军守城将领吴建瀛、骆国忠“退出城池，谨受约束”[二]，李鸿章允许二人保留部分军队，随淮军攻战。善待降将的口碑，无疑是郜、汪等人愿意投降的主要原因。此外，不宜杀降，还有一硬一软两个约束。

硬，是朝命。元年冬天，英国参赞威妥玛致函总署，说：

近日官兵得胜之战，常有事后乱杀之行。即如洋枪队，彼日离沪不远之地，随将二千多犯全行杀毙，实使人生异心。盖贼众十分之中，真贼不过二分之多，其余全裹胁小民。……前当河面差使之时，每进金陵一日，伪称干王贼匪洪仁玕有云：“官兵似此乱杀，实为天国太平之益。不然，则上海一带地方，我军自难久驻。今因该处义兵（曾国藩注：即该贼匪）不信清官（即系国朝），所以未肯投诚，实乃上海迤西之义军不散之故。”[三]

〔一〕《克复苏州折》（同治二年十月二十六日），《李文忠公奏稿》卷五。

〔二〕《骈诛八降酋片》（同治二年十一月初三日），《李文忠公奏稿》卷五。

〔三〕同治元年十二月初一日上谕附录《英国威妥玛来函》。

滥杀降众，适足坚其必死之心，大不利于统战事业。威妥玛采访清军劣迹，传达洪仁玕的意见，就是劝清廷剿抚兼施，收效更快。清廷从善如流，十二月九日发布明谕，“刊刻誊黄，遍行晓谕”军中及“贼区”：

果能于城池未下之先诚心归顺者，勿论其从贼之久暂，均一律准其投诚。将军械、马匹呈缴后，该大臣等酌留所部，令其随同剿贼。……倘有不愿随营，即饬地方官递送回籍，或妥为安插，毋令失所。携带资财，不准兵勇抢夺；如兵勇利其财物，私行杀害，即按军法从事。本管官不行查办，一经发觉，即着该大臣等从严参办。〔一〕

〔一〕同治二年十二月初九日上谕。

明令不准杀降，且要尊重降人意愿，或“随同剿贼”，或“递送回籍”，或就地安置。而且分级负责，落实到人，兵勇杀降，“按军法从事”，其主管则“从严参办”。这条法令发布于元年末，苏州招降在次年十月，不存在未奉明令的借口。然则，杀降已经不仅是军事处置失措的问题，而且是违法行为。

谕旨是硬性规定，“杀降不祥”的历史教

训和阴骘迷信则是软性约束。秦将白起坑杀四十万赵军，何晏有个评论，说得很深刻、很精彩：

（杀降）岂徒酷暴之谓乎！后亦难以重得志矣。向使众人皆豫知降之必死，则张虚卷（通拳）犹可畏也，况于四十万被坚执锐哉！天下见降秦之将头颅似山，归秦之众骸积成丘，则后日之战，死当死耳，何众肯服，何城肯下乎？是为虽能裁四十万之命而适足以强天下之战，欲以要一朝之功而乃更坚诸侯之守，故兵进而自伐其势，军胜而还丧其计。……战杀虽难，降杀虽易，然降杀之为害，祸大于剧战也。〔一〕

〔一〕裴骃《史记集解》。

从战略、政治的角度看，杀降不仅仅是不道德反人性的行为，而且直接增强了此后军事行动的难度。商场如战场：投降与受降，就是一种契约；杀降，则是单方面违约；违约，则再无信用可言。商业上失去信用，最坏的结果无非不做生意；军事上失去信用，则此后不论强弱悬殊到何种程度，敌军都不会投降，而是抱着必死的信念与己决战。语云“哀兵必胜”，而养成哀兵并不是一件容易的事，杀降则恰好成全对手，使之成为一支哀兵。敌军成了理论上“必胜”的哀兵，己方不是搬石头砸自己的脚么？兵法云：战者，气也；能量守恒，气也守恒，故敌我双方的士气，总是此消彼长，没有双赢一说。战争就是一个不断通过局部战役来激励己方士气、削弱敌军士气的长期过程。所谓关键战役，或者是攻克要塞，或者是力歼强敌，最重要的作用就体现在增强己方士气、削弱对方士气。如果打赢一个局部战争，却鼓舞了对方的士气，那不就是得不偿失，“兵进而自伐其势，军胜而还丧其计”么？再战，则“何众肯服，何城肯下”？所以，“降杀之为害，祸大于剧战也”。

这是杀降不利于全局战略的经验之谈，还有一个杀降不利于主其事者的迷信之谈：

（李）广尝与望气王朔燕语，曰：“自汉击匈奴，而广未尝不在其中，而诸部校尉以下，才能不及中人，然以击胡军功取侯者数十人，而广不为后人，然无尺寸之功以得封邑者，何也？岂吾相不当侯邪？且固命也？”朔曰：“将军自念，岂尝有所恨乎？”广曰：“吾尝为陇西守，羌尝反，吾诱而降，降者八百余人，吾诈而同日杀之。至今大恨独此耳。”朔曰：“祸莫大于杀已降，此乃将军所以不得侯者也。”〔一〕

〔一〕《李将军列传》，《史记》卷一百九。

“李广难封”，是个成语，看了这段对话，我们总算知道“难封”的真实原因，乃是杀降惹的祸。抱有唯物主义世界观的我们可以不信王朔的话，身处万恶旧社会、满脑子迷信思想的李鸿章、程学启可不会无所顾忌。由此可见，杀降是违法行为，也是不尊重客观规律的短视行为，更是有伤阴骘的缺德行为。李鸿章受降，固然要遵循上述原则，郜永宽等人敢于投降，无疑也将上述原则当作一种保障。而且，戈登居间作保，他们可以“挟洋自重”，无疑更让他们确信自身安全及降后待遇俱有保障。〔一〕

那为什么郜永宽等人还是被杀了？据李鸿章的说法，主要是条件没谈妥：

官军入城查探，降众实有二十余万，其精壮者不下十万。郜云官（即永宽）等歃血立盟，誓同生死。献城后，遂占住阊、胥、盘、齐四门，于街巷各口堆石置卡，隐然树敌。又添招苏城附近贼党陆续进城，坚求准立二十营，并乞奏保总兵、副将官职，指明何省何任。……传令该酋等八人来营谒见，讵郜云官并未剃发。维时忠逆李秀成尚在望

〔一〕徐一士《凌霄一士随笔》云：“至李广不侯，谓缘杀降，是司马迁文字诙诡处，实讥汉之吝赏，而故为支离之辞，亦不可呆看。”（中华书局徐泽昱新辑本，第1110页）按，此为真能读史者之语。

亭，距苏甚近，郜云官等皆系忠逆党羽，诚恐复生他变，不如立断当机。登时将该伪王、天将等骈诛。〔一〕

〔一〕《骈诛八降酋片》（同治二年十一月初三日），《李文忠公奏稿》卷五。

如果真实情况如上所述，毫无疑问，郜永宽等人是在逼着李、程杀降。虽说杀降不祥，但是，受降如受敌，稍有疏忽，受降者也不无遭受突然袭击的危险。郜永宽等人献城而不缴械，且“堆石置卡”，似乎做好了巷战准备，明显欠缺诚意。郜云官不曾“剃发”，继续保留“长毛”的造型，似乎为再度回归太平军留了条后路，也算是诚意不够的表现。尤为过分的是“坚求准立二十营，并乞奏保总兵、副将官职，指明何省何任”这两条。二十营，根据淮军军制，当有一万多人；上引明谕规定如何处理降众，说的是由“该大臣等酌留所部”，而非由该降人决定留用多少、遣散多少。总兵、副将是正二品、从二品，且“指明何省何任”，那就是要求补实缺。要知道当日的情况是缺少衔多，湘军、淮军中大部分有功将士也就一个虚衔，享受不到相应实缺的福利待遇。郜永宽等人不但索要高衔实缺，还指明何地任职，仓促间，在指定省市安排七八个警备司令，别说李鸿章答应不下，军机处也安插不了。投降、受降，就如公司兼并。兼并方和被兼并方之间固然要谈条件，但是由被兼并方指定高级职位，规定裁员比例，是不是过分了点？到底谁兼并谁，谁投降谁？提出这种条件，能算“诚心归顺”？所以，我说他们是在逼着李、程杀降。

兼并谈不拢，最多继续恶意收购；受降谈不拢，那就只有杀人了。郜永宽等人固然不读书不看报没有文化，但还不至于故意提出不可能的条件，逼着人家来杀吧？逻辑上如此不通，那么，李鸿章的报告岂不大有问题？

当日诸降人如何开条件，除了李鸿章一人的记载，没有其他旁证，不好直接判断真伪。但是，一个重要人物不在场的事实，透漏了几分消息。戈登是此案的保人，受降谈判的关键时刻，他怎么不在场呢？李鸿章的报告是这么说的：

戈登先期调回昆山，事在仓猝，未及商量。盖一商询则彼必极力沮格，此事遂无了局矣。

郜永宽等人二十四日中午杀谭绍光，二十五日来营投降。其时，戈登身在苏州军中。二十六日，戈登离苏赴昆，当日“未刻”（下午两点）左右，程学启“骈诛八降酋”。据此可知：受降的那一刻，戈登不但在场，而且双方已经解决了谈判的重要细节，并不像李鸿章所说出现了立营、授职这两个无法解决的难题。否则，戈登会继续留在现场进行调停，倘若降人敢于坚持过分的条件，制造无解的僵局，戈登必不会姑息养奸，“极力沮格”，而会赞同并参与杀降。因为，前不久戈登就亲身经历了一场诈降。是年三月，攻打太仓，太平军守将蔡元隆诈降，淮军受降时被诱杀一千多人。倘若部永宽等人故技重演，戈登能不吸取教训？由此可见，戈登离开苏州之时，投降、受降两方已经谈妥条件，做好交接。他刚一离开，李、程就大开杀戒，是不是一开始他们就订下了杀降的计划，而自始至终对戈登都有所隐瞒，只有调虎离山，方能畅行其志？〔一〕

〔一〕简又文《曾左李彭手札注释》（《太平天国杂记二辑》，1946）载李鸿章致鹤章书二通，殆作于杀降当夜，可参观。

我曾细看《李鸿章全集》中奏稿、函稿，以及相关笔记，想从中寻绎线索，终不得要领。笔记中，尤以刘体智的《异辞录》最为重要，他父亲刘秉璋当日就在淮军中任职，对此事必有所闻。但《异辞录》中并未详述此事起因，唯有“降人相煎”一条，记八王被诛后，程学启部下大肆杀掠，李鸿章责其律下不严，斥之曰：“君亦降人也，奈何遽至于此！”从口气上揣摩，似乎杀降一事主持者为程学启，而李鸿章并非完全赞同，然终无实据，不敢断定。从朝廷法令、历史经验、因果报应、英国保人乃至二十五日三方参与的受降会，都看不出一点杀人的痕迹，而终竟杀了，岂不怪哉？岂不怪哉！

直到某日翻看徐珂《清稗类钞》第二册“武略类”之“程忠烈用兵能相地势得士心”

一条，才恍然大悟：

（郜、汪等人）约降。往来其间者，提督郑国魁也。寇必欲要忠烈面议，忠烈慨然往。要以三事，亦允之，降计始定。李文忠公期以五日后纳忠烈所部粪副将营中。至期，忠烈密布方略。逮寇魁六人至营，文忠接以温语，将入宴矣，左右报："有廷寄。"文忠起，曰："速请程军门陪客。"文忠起，忠烈入，麾勇士直前擒斩。……忠烈旋鸣鼓统师入城，驻守各门，派诸卒分走街衢，大呼曰："逆首诈降，已伏诛。胁从无罪，各闭门守，出即杀！"令下，无一人探首出声者。旋呼男子投器械，分门出，各以将士监之。留营者入伍，归籍者资遣，悉听其便。未逾三日，城中无一寇踪，所余者妇女五六万而已。当寇魁五人之伏诛也，计甚秘，国魁亦不知。……谋斩苏城降寇，文忠踟躇三昼夜，不能决。忠烈以去要之，始定。惟性嗜杀，论者少之。然苏城降寇所约三事，曰留半城屯其余众、曰编定百营照给饷、曰受翎不剃发，此何可从？盖寇自有取死之道也。

"忠烈"，是程学启的谥号。此文叙述"擒斩"降人及此后的戒严、清场甚详，但这不是重点，我所注意者，独在此句："寇必欲要忠烈面议，忠烈慨然往。要以三事，亦允之，降计始定。"这一句为什么重要呢？因为，这一句揭示了程学启这个"骗降"者的真面目。阳澄湖谈判，到底谈定了什么条件，李鸿章的报告里根本没说，而是模糊其辞，一笔带过：

该伪王汪安均、郜云官先后密约程学启，单骑相见于城北洋〔阳〕澄湖，情词恳顺，求勿开炮轰打。〔一〕

〔一〕《克复苏州折》（同治二年十月二十六日），《李文忠公奏稿》卷五。

“求勿开炮轰打”，肯定不是谈判条款。具体“密约”了什么，李鸿章此处避而不谈。《清稗类钞》引文则说得很明白：“要以三事，亦允之，降计始定。”然则当日谈判，包括两个部分：郜永宽等人献城、杀谭绍光；李、程则在其降后满足“三事”。所谓“三事”，即“留半城屯其余众”“编定百营照给饷”和“受翎不剃发”。这三件事，和李鸿章报告中所谓降人的非分之请略有出入，报告中说：“献城后，遂占住阊、胥、盘、齐四门，于街巷各口堆石置卡，隐然树敌。又添招苏城附近贼党陆续进城，坚求准立二十营，并乞奏保总兵、副将官职，指明何省何任。”我们可以比较一下。

“编定百营照给饷”和“坚求准立二十营”，区别在于营数。“百营”必是误记，因为淮军营制规定：包括营官在内，每营限额五百零五人〔二〕，百营，那就是五万多人。而当日淮军人数总共还不到三万人，必不可能同意保留差不多是己军人数两倍的降军。李鸿章所云“二十营”之数，即一万多人，更符情理。但

〔二〕周世澄《淮军平捻记》卷十一附记军制、军饷录，见罗尔纲《晚清兵志》第一卷《淮军志》。

不管是一万还是五万，对于只有两万多人的淮军来说，都是一个不可能消化的数字。

“留半城屯其余众”和“献城后，遂占住阊、胥、盘、齐四门，于街巷各口堆石置卡，隐然树敌”是一个意思，即苏州并非全部由淮军控制，而是两军共管。降军之所以要保留二十营，并非编入淮军，而是用来屯守苏州“半城”。

“受翎不剃发”和“讵郜云官并未剃发”，郜之保持“长毛”发型，乃经阳澄湖会议商定，早有成议，并非违约。

“三事”以外，李鸿章报告还多出一条，就是“奏保总兵、副将官职，指明何省何任”，此或《清稗类钞》漏记，或是李鸿章捏增，不过，这已经不重要了。重要的是，这些条件根本就是阳澄湖谈判确定并经戈登担保的“成议”，而不是降人开门迎师后临时增添的“动议”。

限于国体（如“受翎不剃发”）、政体（如“奏保总兵、副将”），程学启早就知道这些条件不可能得到履行，而“亦允之”，原因只有一个，就是要早日拿下苏州。当时战局，实有利于淮军，假以时日，必能力取。但如前所述，军机处和曾国藩正在催调黄翼升水师，并已发下最后通牒：再不应调，即兴参办。果真参办，水师势必调离；水师调离，城围势必松懈；城围松懈，克复必成虚愿。程、李当日并不能预知苗沛霖即将覆灭，而是以为黄翼升水师必在短期内离开江苏，赴淮协剿。那么，如何在水师离开前最大限度发挥水师的作用，成为淮军战略考量的首要甚至是唯一因素。水师在，可以继续攻城，但不能保证如期攻下；水师不在，则遑论攻城，并因此减轻敌军的压力，得随时提防敌军的反攻倒算；江苏攻守大局，敌我消长之势，将为之大变。为避免出现此种局势，其战略决策必须遵守如下原则：招降较之克城，用力较省，用时较短，故攻城不如招降。投降、受降，须进行谈判；水师随时可能调离，则谈判必须速战速决，否则水师撤离，敌方压力骤减，便会拒绝投降。谈判要快，唯一的办法就是不纠缠细节，有求必应，甚至主动牺牲权益。于是，程学启在阳澄湖谈判中，答应了所有不合理、无法履行的条款。于是，郜永宽等人在五天内〔一〕履行了合同义务，于二十五日来到淮军大营，要求李、程履行相应义务。于是，李、程因无法执行合同，遂悍然违约，杀人灭口。

〔一〕李秀成于十月二十日夜里离开苏州，可以将二十日视作合同签订之日。

李鸿章、程学启鉴于水师不日离苏的现实困难，以招降代替攻城；鉴于谈判条款不可执行的法理局限，以杀降代替抚降。这就是杀降事件的真相。

谈判初始，程学启欺骗了郜永宽等降人以及戈登这个保人。随即，向李鸿章汇报，并告知事成后杀降的“方略”。李鸿章“踟躇三昼夜，不能决”，所以如此之故，无非三个原因：首先，谈判条款过于离奇。李鸿章知道朝廷不仅不会同意，甚至会因此进行责罚（胜保于本年初被杀，罪状之一就是“养痈贻患”）。其次，倘若因此不得不杀降的话，前所列举杀降之祸及舆论压力，必将集矢于作为统帅的己身，自己应否承受？能否承受？最后，戈登身为保人，杀降势必玷污他的名誉。彼人一怒之下，是否会引发常胜军和淮军交恶乃至“开仗”，甚而导致中、英两国的外交危机？场面闹大，能否“驾驭在我”，实无把握。

李鸿章“三昼夜，不能决”，程学启可没心思看他“踟躇”，故“以（离）去要（挟）之”。但求成功、不择手段，即所谓“小人无忌惮”的狠忍之心，终于占了上风，就这样，他半推半就参与到杀降事件中，并着手布置善后事宜。程学启对降人可以一杀了之，李鸿章作为一军统帅，乃是最终责任人，则需考虑到事后的危机公关。

一个是道德、舆论层面的公关。鄙人作为历史爱好者，可以将这个先骗降后杀降的故事原原本本、清清楚楚地讲一遍，李鸿章却不能。因为，杀降不过是“暴虐”，依照雷锋同志所说“对待敌人要像秋风扫落叶一样无情”的名言，过分一点而已，尚无伤大雅；倘若此前还有骗降的勾当，那么，他就不但破坏了“惟名与器不可以假人”（招降谈判，李、程实为政府代表）的政治原则，也触犯了“人而无信，不知其可”的圣门家法。较之“暴虐”的恶名，这才是真正的生命中难以承受之轻，他务必要文过饰非，尽行撇清。因此，他在报告中混淆次序，调换因果，将敌我经谈判确定的“成议”置换为敌方临时倡发的“动议”，将有组织、有预谋的杀降解释为仓促应变的“立断当机”。借此信息不对称之故，外界看到他的“第一手”材料，尽管对杀降不无微词，但也能体谅他那份不得不如此的无可奈何。如此公关的结果就是：朝廷没有一丝指责，并讥讽“夷人”的抗议是“不明事理”〔一〕；同侪不仅不谴责，甚而设身处地，予以褒扬〔二〕；洋商以及英国外交官们在经过初期条件反射的愤怒之后，渐渐“淡然”，甚而“以杀伪酋为是”〔三〕。

还有一项公关，稍嫌麻烦，就是如何安抚戈登。那时候，中外人士尚未就人权、公法等“普世价值”取得共识，李鸿章这套便宜行事的说辞，尤其不能说服特别重视荣誉的戈登将军。戈登在昆山知道这个消息后，“深感耻辱和极度伤心”，发誓要消灭李、程和“实际上他怀疑参与将诸王斩首和苏州屠杀的任何中国官员”。〔四〕据闻，他“自携短铳以觅之”〔五〕，要和李鸿章进行一次私人决斗。但是，此时的淮军，已经不是初抵上海时的规模，而常胜军“除炸炮外，攻剿不若我军”，所以，戈登“屡称对仗”，李鸿章“亦不甚惧怯也”。〔六〕凡敢于利用、玩弄、出卖他人者，首要考虑的就是事态激化后是否有以制之，否则，就成了玩火自焚。淮军实力足以弹压常胜军，早在李鸿章和程学启的算计之中，戈登熟知彼已，自也不敢意气用事。双方不发生火拼，则事态尚未恶化，则公关之术犹有用武之地，李鸿章针对戈登实施的公关技巧，一是奏请褒奖，一是保持

〔一〕《同治朝筹办夷务始末》卷二十二。

〔二〕《李文忠公函稿》卷四，致曾国荃、郭嵩焘、乔松年等人书。曾国藩就极力表扬这种处理方式：“此间近事，惟李少荃在苏州杀降王八人最快人意。”见《致澄弟》（同治二年十一月二十四日），《曾集·家书》（二）。

〔三〕《上曾相》（同治二年十一月十四日），《李文忠公函稿》卷四。“这种对事件的解释首先被赫德所称许，后又为卜鲁斯等人——也包括戈登——所接受。”（R.J. 史密斯《十九世纪中国的常胜军》，第179—180页。）按，卜鲁斯（Frederick Bruce），当时英国驻华公使。

〔四〕R.J. 史密斯《十九世纪中国的常胜军》，第178页。

〔五〕梁启超《李鸿章传》第四章。

〔六〕《上曾相》（同治二年十一月十四日），《李文忠公函稿》卷四。

距离。李鸿章在杀降当日拜发的捷报中，奏请褒奖四个人，头功是程学启，次功就是戈登，李朝斌、黄翼升尚在其后。〔一〕保持距离，则是不再召同常胜军会剿，独立完成军事任务，例如收复苏州后，几天内淮军就攻克了无锡、金匮。此招正好挠着戈登的痒处；军人的使命毕竟是赢得战争、赢得荣誉，纠缠于道德准则，实在不是戈登这个“大名鼎鼎的异邦人”登陆中国的目的。两个月后，李鸿章稍示和好，戈登便尽捐前嫌，再度和淮军并肩作战。不过，作为一个有原则的人，作为一个脱离了低级趣味的人，他拒绝收受朝廷赏给的一万两银子〔二〕，以此表示个人对于杀降事件持有保留意见。他在褒奖令背面写下一段类似萨特拒绝诺贝尔文学奖宣言的文字：“由于攻占苏州后所发生的情况，我不能接受任何标志皇帝陛下赏识的东西。”〔三〕

李鸿章运用他在文学（叙事）、公关方面的技巧和手腕，平息了苏州杀降引起的风波。当其时也，值其势也，能如此大胆妄为、肆行其志，而又能收发自如、圆满收场，其任事之勇、干事之才，不得不令人佩服。但是，背信弃义，食言卖友，李鸿章“好用小智小术”，“于是而有惭德”，〔四〕不得不令人鄙弃。

〔一〕《克服苏州折》（同治二年十月二十六日）：“英国兵官会带常胜军权授江苏总兵戈登，奋勇勤苦，洞悉机谋，火攻利器，尤多赞助。拟请旨酌加赏赉，俾事竣回国，借示荣宠。”见《李文忠公奏稿》卷五。

〔二〕《戈登辞赏片》，《李文忠公奏稿》卷五。按照当时汇率，一万两银子约合3333英镑，或16667美元；较之今日人民币对英镑、美元汇率，以中国货币为参照，恰可反映今昔英、美两国经济乃至综合实力的消长之势。

〔三〕R.J.史密斯《十九世纪中国的常胜军》，第199页。

〔四〕梁启超《李鸿章传》第四章。

补记：

此书出版后数年，读周馥《负暄闲语》，知李鸿章晚年与幕僚谈及苏州杀降，乃有悔意。周氏笔记云："同治二年，李文忠抚苏。攻苏州城外贼垒殆尽，贼惧欲降。提督郑一峰国魁侦知之，单骑入城喻贼。贼酋曰：'非不降也，疑惧，未敢发耳。'郑邀酋至城外山上，指天誓以不死，酋允诺。时程方忠学启总统前敌各军，闻之，复自率数骑入城喻之。各酋留宴，酒半酣，适有贼卒来言：'程大人随兵有取我矛者。'方忠闻之，鞭其随兵谢焉。降期已定，酋先约献半城，自某街以北归官军，某街以南暂归降卒，并求立十营，以降酋为营官。程皆许之。程归，出城，马上细思：'一矛得失极细事，乃靳不予，此贼降后安可制耶？'密禀李文忠曰：'贼降后，必尽杀之，遣散其众。'文忠曰：'杀降，大罪也。'方忠曰：'非如此办。我行矣。'文忠不得已，许之。降之日，文忠驻方忠营中，大酋九人来谒，赏顶帽酒食。方忠密遣人持衔版禀曰：'戈登请帅往议事。'戈登者，英国人，时练华兵助文忠剿贼者也。文忠行，甫出营门，方忠鸣炮一声，兵弁将九酋及从者数十全戮之。时郑一峰在他棚酣饮，闻声出而阻之，已不及矣。一峰欲责备方忠，而方忠已他往，嗣是一峰与方忠不睦。逾年，方忠攻嘉兴，战殁，谥忠烈，勇敢善战，多智略，为平吴战将第一。后三十余年，余侍李文忠济南旅馆，夜坐偶谈，及前事，文忠尚以为歉。余曰：'方忠勇决，诚不可及，然投降者许以不死，而复杀之，似伤天理，失大信。降酋何致复叛？当时似欠处置之方耳。'文忠颇是余言。"按，周馥（1837—1921），字玉山，安徽建德人，诸生，同治元年入李鸿章幕，是李鸿章最重要的助手。仕至两广总督。

曾九的禁脔

同治元年五月，曾国荃进扎雨花台。这次军事行动，算不上名实相符的围城，只能视作形式大于内容的标志性事件。二年五月，水师攻克九洑洲，长江肃清，相当于围住南京的西面。八月，陆军攻克南京东、南面十处坚垒。三年正月，攻克太平军在钟山之巅修筑的“天保城”，并分守洪山、北固山等处，宣告合围成功。这是章首所谓的内圈之围。“距城百里之外，如镇江、东坝、溧水、金柱关均有重兵驻守，宜兴、溧阳二县又新经苏军（即淮军）克复，外援将绝，粮米无多。”〔一〕这是篇首所谓的外围之势。内外相合，瓮中捉鳖，才算真正拉开战天京的序幕。

〔一〕《攻克钟山石垒金陵合围折》（同治三年二月十二日），《曾集·奏稿》（七）。

东南全局方面，二年十月末，李鸿章收复苏州；三年二月，左宗棠克复杭州。对曾国荃来说，这无疑是天大喜讯，从此之后，围师再不用担心自江、浙东来的“大股援贼”，可以一心一意地围城、攻城。但是，这也是无声而有力的催促。所谓肃清东南，其成功的标志就是攻克南京、苏州、杭州这三座城市，如今，苏、杭已复，南京就成为万众瞩目之地。虽不敢打包票说克期奏功，但是，继续按照九江、安庆的攻法，严围缓攻，候敌自溃，已经不合时宜。且看曾国藩奏报完成南京合围以后收到的批谕：

金陵城大而坚，围攻不易，诚恐各营将士号令不一，心志难齐，曾国藩能否亲往督办？俾各营将士有所秉承，以期迅速奏功。〔一〕

〔一〕同治三年三月初六日上谕。

九江、安庆自合围至攻克，费时都在一年以上。南京之险固，更甚于二城，比照前事，似不应过于催促。但是，李鸿章复苏州，只需三月；左宗棠克杭州，不过半年；然则今时不同往日，又未可拖延过久。曾国荃率兵从安庆打到南京，其部下始终跟随，并不存在“号令不一，心志难齐”的问题，朝廷未尝不知道，但偏要以此为借口，让曾国藩亲临督战，用意即在于此。曾国荃是前敌指挥，曾国藩为全局统帅，朝廷不直接催促曾国荃，而向曾国藩委婉示意，就是在不破坏行政指挥架构的情况下，暗示曾国荃应该力图进取、不事苟安，要以李、左为榜样，而不要援照九、安的成例，尽早克复南京。

但是，湘军和李、左二军相较，在攻城的

装备方面，有一个巨大的缺陷，那就是没有大型炸炮。李鸿章有常胜军，左宗棠有常捷军，这两支部队的猛烈火力能在攻城时发挥巨大的作用。戈登在常胜军解散后，曾赴南京参观湘军围师，便说湘军之“营垒坚固、号令严肃”，令人佩服，美中不足的则是“少好炮”。〔一〕曾国藩看了李、左等人汇报克城的折稿后，也一改“在人不在器”的成见，慨叹：“炸炮轰倒之城，实可骑马而登，胜于地洞十倍。”〔二〕由此可见，在没有洋炮助阵的情况下，用李、左的战绩来敦促曾国荃加快进度，确实有点不公平。

〔一〕《致沅弟》（同治三年五月十九日），《曾集·家书》（二）。

〔二〕《致沅弟》（同治三年五月十四日），《曾集·家书》（二）。

语曰：有条件，要上；没条件，创造条件也要上。没有大炮，那就只好挖地道了。二年八月间，曾国荃就已择地开挖，进行前期准备，三年正月合围后，更是全面开挖，路路并进。但是，地道攻城，实在不是上策。首先，炸药用量太大，难以为继，后勤部长曾国藩就屡屡抱怨：

地洞一事，前十一月初五日已浪费药数万斤，近日闻又有一洞将发，又将浪费数万。此等百战之寇，其力岂不能堵一缺口？余实苦无药可解。特此飞告：一请弟莫再轰地洞，二请弟函商少荃，酌借火药，勿谓兄言之不早也。〔三〕

〔三〕《致沅弟》（同治二年十二月十五日），《曾集·家书》（二）。

其次，在挖地道的过程中，艰险万状，往往损兵折将，徒劳无功。前述李秀成围攻曾国荃，用地道攻营，屡被湘军破坏，便是明证。这次攻守易位，李秀成便以其人之道还治其人之身：

自朝阳门至钟阜门，开地道三十三处。篝火而入地，崖崩而窟塞，则纵横聚葬于其中。贼或穿隧以迎我，熏以毒烟，灌以沸汤，则趫者幸脱而悫者就歼。盖每穿一穴，为贼所觉，而将士须臾殒命者，率常数十百人。一日，穴地已过城根，贼尚未觉。会贼有以枪插地者，穴内军士见枪首入地，疑贼已觉而刺之也，急以手引枪入地数尺，贼始知官军在地下，复迎击之，官军或退或死。复开他道，或为山石所隔，或将近城根。贼酋李秀成登陴遥望，见其上草色，辄知下有地道。〔一〕

〔一〕薛福成《庸盦笔记》卷二。

李秀成用以发现地道的方法，很简单，分辨草色而已。地道是用来装药轰城的，挖得太深，爆破效果必然不好，故不能深挖；然则入地太浅，不免伤损草根，草枯则渐作黄色，必异于周边草色。李秀成登高一望，只见黄绿相间，晰然可辨，于是，地道所在，了然于心。[一]接下来就是“穿隧以迎”，“熏以毒烟，灌以沸汤”，湘军“将士须臾殒命者，率常数十百人”。而不慎火烛，发生误炸事件，工程兵“纵横聚葬于其中”，也在所难免。至于挖错方向，“为山石所隔”，徒劳无功，却不丢性命，反倒要算好事了。文中“穴地已过城根”一节，则类似文学、电影桥段，必为作家、编剧等人所喜闻乐见。

〔一〕罗尔纲《李秀成自述原稿注》：“四月将尾，我在东门城上，见九帅之兵，处处地道近城。”

就这么挖啊挖，一直挖了大半年，炸药费去十数万，工兵死了一两千，南京城还是完好无损。曾国荃愤懑异常，但又无计可施，加之肝病复发，身心俱坏，乃“逢人辄怒，遇事辄忧”[二]。曾国藩也用不上劲，只好日日致函，多方设譬，大谈性命之道，聊为宽慰：

〔二〕《致沅弟》（同治三年四月十三日），《曾集·家书》（二）。

自苏、杭克复，人人皆望金陵之速克。吾独不期其速，而期其稳，故发信数十次，总戒弟之欲速。盖深知洪逆非诸贼可比，金陵非他城可比也。此等处，吾兄弟须有定识定力，望老弟巍然不动，井然不紊。将克未克之际，必有一番大风波。吾弟若破地道，且待大风波经过之后再行动手，实不为晚。吾所虑者，一恐弟求速效而焦灼生病，一恐各营猛攻地道，多损精锐而无以御援贼耳。[三]

〔三〕《致沅弟》（同治三年四月初六日），《曾集·家书》（二）。

这等安慰，聊胜于无而已。至于“将克未克之际，必有一番大风波”，本是抽象用语，类似于“天将降大任于斯人也，必先苦其心志、劳其筋骨”之类务虚的方略，孰料一语成谶，不久还真来了“一番大风波”。

朝廷考察曾国荃的工作进程，不会从三年正月合围算起，而会将元年五月进扎雨花台认作曾国荃经营金陵的开端。然则迄今耗时已近两年，曾、李、左三路军队中，李、左连克名城，捷报频传，南京却毫无成效。中枢诸公不能不形成一种看法，即湘军暮气已深，而苏、浙两军，尤其是苏军如日方升，朝气可用。那么，调派苏军前来会攻，也就成为军机处的议题。苏州收复后，江苏境内的“贼巢”，就只剩常州城。常州离南京甚近，倘若克复常州，李鸿章带领炮队顺势西进，以攻苏、常之法助攻南京，未尝不是迅奏肤功的好办法。

四月五日，淮军攻克常州。中枢旋即下旨，命李鸿章派人接防东坝，并有“会攻（南京）之说”。淮军刚刚经历大战，士卒须稍作休息，未便即刻拔队西向，所以，谕旨仅示咨询之意，没有敦促之情。李鸿章和曾国藩通气，就淮军助剿之事，第一次表明立场：

前廷旨有令敝军会攻之说。鄙意苦战日久，宜略休息，且沅丈劳苦累年，经营此城，一篑未竟，不但洋将常胜军不可分彼功利，即苏军亦须缓议。是以常州奏捷后，不敢轻言越俎，朝命亦未敦促。富将军（明阿）遽欲会攻，诚为有损无益，似宜拒之。湖州之贼尚无去志；左帅（宗棠）屡云逼城，其实距城尚远。昨来咨，属勿会攻，请苏军进长兴以扼其喉。月初当派刘、王、郭、杨四军图长兴，以避协攻湖郡之名，而为进趋广德、泗安之势……届时，如金陵未克，必须炮队往助，只要吾师与沅丈一纸书，七月中旬可派鹤弟（李鹤章）带数将前去。〔一〕

〔一〕《上曾相》（同治三年四月二十四日），《李文忠公朋僚函稿》卷五。

如前所述，情急势迫如催调黄翼升时，李鸿章能写“词意乖忤，气质未平”之信，据理力争，锋芒尽露。而好整以暇之时，他又善体人情，能作此头头是道、义理俱胜之书。寥寥数语，安排一切，我们有必要认真学习一番。

先粗略分析湘、淮、楚（即左军）三军形势。三军中，湘最苦，楚次之，淮则独享悠闲之乐。湘军顿兵南京城下，一筹莫展，固不待言；楚军虽克杭州，但湖州未下，未竟全功；而苏、常克复，全省肃清，淮军业已功成名就，无所追求。当然，中枢决不会让行有余力者就此硁硁自守，独享清福，必定要调淮军援助湘、楚。淮军大部驻扎常州，西可会攻南京，南可助攻湖州。朝廷之意，自欲淮军西进，因为南京在战略上的价值，何啻十个湖州？但是，李鸿章故作懵懂，不去会攻南京，却来援剿湖州。曾国荃不愿他人分功，左宗棠何尝没这个意思？二月间，淮军“捞过界”，攻克浙江嘉兴，就惹得左宗棠大发牢骚：

少荃中丞受苏州之降，智则智矣，而究不免为岛人（谓英国人）所轻。兹仍欲以此越界立功，而于宜（兴）、溧（阳）本辖之剧贼则置之不顾，任其狂窜，而后击之。于用兵机势得矣，然不可谓谋国之忠也。〔一〕

〔一〕《致史士良》（同治三年二月初四日），《左集·书信》（一）。

李鸿章不是傻瓜，自然知道“越界立功”必遭忌恨。往西往南，都是得罪人的事，而大势所趋，又不得不选定一处来得罪，绝做不到两面讨好。于是，权衡利弊、分别亲疏，他决定继续得罪左宗棠，继嘉兴以后，再去分剿湖州。当然，事情不能做得太绝，真将部队开到湖州，楚军非跟淮军打一仗不可，故李鸿章选择进攻湖州北部的长兴，“以避协攻湖郡之名”。协攻湖州，与协攻南京，在“功利”上差别巨大，毋庸赘言。而且，协攻湖州而不是南京，既违背朝意，又触怒“左帅”，可说是利少害多，得不偿失。李鸿章视而不见，毅然自承，其中的深情厚谊，“师门”与“沅丈”必然心领神会，大受感动。

此外，信中所谓“富将军遽欲会攻”，乃指驻守扬州的富明阿于四月间主动请缨助剿南京一事。富明阿一介莽夫，不明白南京未克并非缺少兵将，乃无西洋大炮之故，而性情浮躁，时抱贪鄙之念，遂贸然请旨助剿。军机处诸人比他明白得多，知道他此去纯属帮倒忙，于是“谕旨令其以江北为重”〔一〕，毋庸南渡。李鸿章拈出此事，适足反衬自己乐于成人之美，毫无贪念。

〔一〕《致沅弟》(同治三年四月二十八日)，《曾集·家书》(二)。

世间之人，每当事态萌发之时，昧于查察之明，不能当机立断，以至绵延迁就，小眚酿成大错。淮军助剿这个说法甫露端倪，李鸿章便态度鲜明地表明立场：“不但洋将常胜军不可分彼功利，即苏军亦须缓议。”并立即安排淮军助剿浙江，全面杜绝朝廷遣调的可能性。此举固然如左宗棠所说“不可谓谋国之忠”，但舍此之外，还有更好的办法兼顾人情、国事吗？

当然，淮军助剿之议绝不会因此中止。淮军炮火强劲，确为攻城利器；湘军久攻不下，正当借助其力。常州克复后，中枢便稍露会攻之意，但“亦未敦促”，其所以如此之故，乃是借机刺激一下曾国荃，希望他在荣誉感的激励下，“出奇制胜，迅拔坚城”。但是，除了挖地道，曾国荃哪还有“出奇制胜”之策？于是，一个月过去，南京军情依然如故。朝廷只问成效，而不必问名自孰出、功自孰成，因此，同治三年五月八日，降下一道谕旨：

李鸿章所部兵勇攻城夺隘，所向有功，炮队尤为得力。现在金陵功在垂成，发、捻蓄意东趋，迟恐掣动全局，李鸿章岂能坐视？着即迅调劲旅数千及得力炮队前赴金陵，会合曾国荃围师，相机进取，速奏肤公。李鸿章如能亲督各军，与曾国荃会商机宜，剿办更易得手。着该抚酌度情形，一面奏闻，一面迅速办理。曾国藩身为统帅，全局在胸，尤当督同李鸿章、曾国荃、彭玉麟和衷共济，速竟全功，扫穴擒渠，同膺懋赏。总以大局为重，不可稍存畛域之见。

一月之间，口风大变。四月初尚“未敦促”，五月初则不由分说，代为主张。所谓“一面奏闻，一面迅速办理”，则是说李鸿章无须复奏，奉命后即当派“劲旅数千及得力炮队前赴金陵”，至于能否亲临前线督阵，待派兵以后再“酌度情形”。这种命令，就如小说家所津津乐道的“金牌”，只能遵从，毫无商量余地。这种命令，又像围棋中力大无比的“强手”，虽有无理之嫌，倘非谋勇双全的弈者，也无法应对。当此之时，不管军务如何繁迫，仍然坚持每日一局围棋的曾国藩如何落子？当此之时，老师坚城，计无所出，病肝吐血的曾国荃作何感想？当此之时，左右为难的李鸿章如何“办理”？

淮军助剿南京，较之李泰国舰队助剿南京，不可同日而语。运动战是否需要助战，主要看时机。两军野战，能在适当的时候多出一支奇兵、活兵，或抄敌后，或断敌运，其必能建功，显而易见。攻坚战是否需要助攻，则看需求。攻城无善策，全凭炸炮轰，曾国荃军中正缺巨炮。李泰国舰队的作用只在于封锁江面，于实际攻城帮不上忙，而湘军水师早已控制长江。因此，曾国荃回复总署密函，说："江边仅金陵一城未复，长江水师帆樯如林，与陆军通力合作，定可克期扫荡，实不借轮船战攻之力。"可是，"克期扫荡"的话说了一年半（复函在二年十月间），南京犹未攻下，"克期"渐成无期，"扫荡"未免荒唐，再要拒绝援助，就不能如拒绝洋舰那样理直气壮了。淮军"炮队尤为得力"，正能为"少好炮"的湘军助上一臂之力，正能满足攻坚战的需求。因此，曾氏兄弟已经没有拒绝援剿的借口，唯一可指望的，就看李鸿章是否言行合一，实践他前此表明的立场。

在李鸿章再次表态前，曾国藩和曾国荃先商量了一番：

少荃会剿金陵，好处甚多，其不好处不过分占美名而已。后之论者曰：润（胡林翼）克鄂省，迪（李续宾）克九江，沅克安庆，少荃克苏州，季高（左宗棠）克杭州，金陵一城，沅与荃各克其半而已。此亦非甚坏之名也，何必全克而后为美名哉？人又何必占天下之第一美名哉？如弟必不求助于人，迁延日久，肝愈燥，脾愈弱，必成内伤，兄弟二人皆将后悔，不如及今决计，不着痕迹。〔一〕

〔一〕《致沅弟》（同治三年五月十六日），《曾集·家书》。

所谓“名”，就是：“大上有立德，其次有立功，其次有立言，虽久不废，此之谓不朽。”[一]德、功、言三者，对曾国荃来说，德、言俱不可问，唯立功以致不朽，可望达到。株守城下，苦心经营，两年多来，日思夜想的就是打进南京城，其他种种，匪所思存。肃清江苏之功，让与李鸿章；安徽剿苗之功，让与唐训方；江西防守之功，让与席宝田。如果攻克南京之功，也要让出一半，那前此的心血，尽成虚费，身后的名声，全成泡影。情何以堪？生亦何欢？大哥来信，讲什么“此亦非甚坏之名也，何必全克而后为美名哉？人又何必占天下之第一美名哉？”曾国荃当然听不进去。但是，不爱听又如何呢？湘军确无攻城善策，淮军恰有攻坚利器，总是这么占着茅坑不拉屎，以一己私念妨碍全局公事，也不是个事吧？暂且放下曾国荃的尴尬，看看李鸿章的“办理”。

〔一〕《春秋左传·襄公二十四年》。

四月下旬，李鸿章致函曾国藩，他已经表过态了；五月初，他又给曾国荃吃了一颗定心丸：

屡奉寄谕，饬派敝军协剿金陵。鄙意以我公两载辛劳，一篑未竟，不敢近禁脔而窥卧榻。况入沪以来，幸得肃清吴境，冒犯越疆，怨忌丛生，何可轻言远略？常州克复，附片借病回苏，及奏报丹阳克复，折尾声明金陵不日可克，弦外之音当入清听。富将军之浅躁，左制军之倾挤，鸿章不乐为也。〔一〕

〔一〕《复曾沅帅》（同治三年五月初八日），《李文忠公朋僚函稿》卷五。

南京就是曾国荃的“禁脔”“卧榻”，孰敢“近”“窥”？但这话出自曾九之口，未免有失风度；李二胸脯一拍，直言无讳，摆出一副铁哥们儿姿态，请“我公”宽心，切莫猜疑。尤有甚者，拈出两份奏折，以示于公于私都在尽量维护“我公”的脸面。克复常州后，李鸿章奏称“感冒风湿，眠食顿减”，即行回苏“就医”〔二〕，离南京越远越好。克复丹阳折内则有“金陵……不日当可得手”〔三〕之语，暗示无须会剿之意。两份奏折俱作于四月间，更能显示李鸿章的见机之早，用心之苦。末云富明阿“浅躁”，即前述富欲渡江助剿事；左宗棠“倾挤”，则指淮军“冒犯越（浙江）疆”，攻克嘉兴，引发左宗棠满腹牢骚。一味表白自己不够，还要树两个反面典型，以示划清界限，迹近于小人市恩，无足深论。李鸿章一而再、再而三地表白撇清，固然体现出他无意争功的善意，但也从侧面反映出曾国荃忌讳他人助剿到

〔二〕《进规丹阳援应溧坝片》（同治三年四月初七日），《李文忠公奏稿》卷六。

〔三〕《丹阳克复派兵接守句容东坝折》（同治三年四月十一日），《李文忠公奏稿》卷六。

了如何敏感的程度。何况，当时还有一种说法，即李鸿章虽然无意争功，但淮军将领颇有直捣黄龙之意：

方诏之日促也，铭、盛诸将咸跃跃欲试。或曰："湘军百战之绩，垂成之功，岂甘为人夺？若往，鲍（超）军遇于东坝，必战。"刘壮肃曰："湘军之中，疾疫大作，鲍军十病六七，岂能当我巨炮？"文忠（李鸿章）存心忠厚，终不许。将卒皆知其事。〔一〕

〔一〕刘体智《异辞录》卷一。

"铭"及"刘壮肃"，指刘铭传；"盛"，周盛波，都是淮军名将。淮军将领攘功争利，不惜与湘军内战，似乎不可思议。但是，分析一下淮军诸将当时的军功簿，却又觉得合乎情理。克复苏州是淮军当日第一大功，但排在奏保前列的乃是程学启、戈登、李朝斌、黄翼升四人，刘、潘诸人无与焉。嗣后克复常州，刘铭传虽记头功，但终不可与苏州之功相提并论。军人搏命疆场，无不希图克名城、歼首酋、膺懋赏，眼前再无比攻克南京、歼灭洪李更大的目标，而湘军久攻不下，朝旨适令助剿，正是百年不遇的机缘。众将士"跃跃欲试"，至曰"当我巨炮"，实在情理之中，不得尽谓流言。"将卒皆知其事"，曾国荃自然也有所闻，嘴上不说，心中能不猜疑？因此，李鸿章屡屡致意，喋喋不休，固然为了表明本心，也不无辟谣避谤的意思。

然则，李鸿章终究要回复这道谕旨，如何措辞呢？单说“不日当可得手”、毋庸协剿当然行不通，能说的，就只有列举客观困难了：

于攻克常州后，未敢遽议协剿金陵，一以臣部兵将苦战经年，伤病疲乏，未得休养，若遽令远出，诚恐再衰三竭，无裨大局；一以曾国荃全军两年围攻，一篑未竟，屡接来书，谓金陵所少者不在兵而在饷，现开地道十余处，约有数处，五六月间可成，如能及早轰开，自必无须协助。又，叠准曾国藩咨缄，属令派兵接防句容、东坝、溧水、高淳各处。又，准左宗棠咨商，拨兵进规长兴，以掣湖州贼势。臣因湖郡贼氛尚炽，实为苏省切近之忧，应先派劲旅进规长兴，协取湖郡。俟湖州克复，门户稳固，然后分兵会图金陵，方无后顾之虑。是以拣派郭松林、刘士奇、王永胜、杨鼎勋等军会攻长兴，现已进逼城根，势难遽行撤动。而苏、常新复，各郡县内防湖州窜匪，外堵金陵窜路，节节设守，未可一处空虚。常胜军裁遣后，英酋巴夏礼等方以松、沪腹地无备，日与饶舌，臣固未可远离，臣之兵力亦仅勉支堵剿。〔一〕

〔一〕《请俟湖州克复再协攻金陵片》（同治三年五月十七日），《李文忠公奏稿》卷六。

种种理由，不过两个字“没人”。其时，太平天国侍王李世贤用围魏救赵之计，猛攻江西，曾国藩派鲍超往援，空出来的防地由李鸿章派兵接守；淮军“进规长兴”，“协取湖郡”，如前所述，乃是不惜得罪左宗棠，将兵力调至浙江，扎定后，“势难遽行撤动”；常胜军解散后，松江、上海也需要派兵驻守；因此之故，江苏兵力只够在省内“堵剿”，不能出省“协剿”。而画龙点睛的一句话则是：“屡接（曾国荃）来书，谓金陵所少者不在兵而在饷，现开地道十余处，约有数处，五六月间可成，如能及早轰开，自必无须协助。”隐然在给曾国荃递条陈，申请展期。俗云：上有政策，下有对策。所谓对策，其精髓无非是个“拖”字。公然抗命，那是莽夫蠢材；智者黠者从不说不能遵命的废话，只会“沥陈下情”，告以不可遽行的苦衷。攻城歼敌，固有别于妇人生产，不可能推算出大致不错的准期，故中枢诸公并不能明确设定克复的限期，只能根据前敌报告日加催促而已。当然，同治七年间，庙算如神的慈禧太后下达终极追杀令，限令左宗棠、李鸿章等在一个月内消灭“捻逆”，否则“严加议处”〔一〕，算是“女中尧舜”别出心裁的特例，

〔一〕同治七年四月二十日、闰四月二十四日上谕。

难以奉为实事求是的常规。

如此一来，谕旨所谓“一面奏闻，一面迅速办理”，李鸿章仅做到“奏闻”，而根本没有“迅速办理”。这是奉命援剿一方的托词，那么，奉命接待援剿部队的曾国藩做了怎样的复奏呢？我对照曾、李的复奏，发现他们联手制造了一个非常巧妙的局面，其中妙处，难以言表。但我尽量尝试解说一二，不致完全埋没这呕心沥血的绝妙好文，先看曾国藩的复奏。按，其文甚长，不便全录，乃择要逐段分析：

自苏、常攻克之后，臣本拟咨请李鸿章亲来金陵会剿，特以该抚系封疆将帅之臣，又值苦战积劳之际，非臣所敢奏调，是以未及具疏上陈。函询臣弟曾国荃，亦以师久无功，愧悚无地，不敢更求助于人，近于畏难卸责、始勤终怠者之所为。〔一〕

〔一〕《遵旨统筹会剿金陵折》（同治三年五月二十二日），《曾集·奏稿》（七）。

说话也好，做事也好，最重要的是先占地步。或者说，要掂架，先得扎定马步。这两句话，就好似一个稳稳当当的马步。第一句，是所谓“礼”，即尊重行政体制之意。曾国藩固然是“钦差大臣太子少保协办大学士兵部尚书（衔）两江总督（此二十一字即其官衔）”，但是，江苏巡抚李鸿章也是“封疆将帅之臣”，非比一般属吏，可以呼来唤去。各省之长，全都唯朝命是从，方能体现中央集权的制度威严。甚言之，一市一县一居委会，也都唯朝命是从，则更符合令行禁止的“政体”。行政架构确实有层级等差，但是，其所以有层级等差，立法本意及最终目的，不就是为了政令畅通吗？总督归朝廷直管，巡抚又何尝不是；总督固可调遣巡抚，终竟不直接调遣，而将此调遣之权拱让朝廷，不就是尊重中央集权之意吗？所以，这一句“本拟咨请……（又）非臣所敢奏调”，既说明小臣荩谋与大王宸断不谋而合于前，又表示圣谟广远能知缓急、微臣固陋不敢自专于后，在助剿问题上高度体现了对中央的尊重。第二句，是所谓“情”，即尊重前敌将士之意。曾国藩论事应务，不违礼制，不悖人情，且常能以堂堂正正之言，表曲折微妙之情。例如，李泰国兵船之议，他体谅总署谈判的难处，赞成继续购进，同时，明示华裔之别、缓急之辨，建议分赠各国，破财求安，即是佳例。“不敢更求助于人”云云，表面是说“师久无功，愧悚无地”，实则是在代替三军将士表述不“畏难”、不“卸责”、“始勤”且不“终怠”的决心。世间情事，每每有不宜正说、只宜反说，甚而非反语不能表达的时候。湘军经营南京已久，不愿他人分功，天下尽知，中央未尝不知。这固然只是患得患失的人之常情，不足与语公忠体国的大义。可是，这种人情却又建立在征战十年、伤亡数万的基础上，代表了全部湘军乃至全体湘人的士气民心，孰又能轻言公义重于私情，而完全置之不顾？于是，私情与公义在此胶着缠绕，不论是中枢还是前敌指挥部，单就任何一方立言，都不免失之偏颇。那么，只有正话反说，方能做到句单而意复、言此而意彼。自陈“师久无功，愧悚无地”，却反衬出浴血坚城的艰苦卓绝，自责“畏难卸责，始勤终怠”，却谴责了遣援助剿的不近人情。曾国藩就此在道德制高点立定一个马步，预先消解掉所有针对曾国荃贪功的批评。

接下来，则是更高明的以守为攻、以退为进：

前接李鸿章来函，言苏军将士太劳，宜少休息，待会克长兴、湖州，再行选将拔兵助攻金陵等语。然使仅请派将前来，其知者以为怜该抚之过劳，信苏将之可恃；不知者以为臣弟贪独得之美名，忌同列之分功，尤非臣兄弟平日报国区区之意。合无吁恳天恩，饬催李鸿章速赴金陵，不必待七月暑退以后，亦不必待攻克湖州之时。〔一〕

〔一〕《遵旨统筹会剿金陵折》（同治三年五月二十二日），《曾集·奏稿》（七）。

毫无疑问，李鸿章的奏稿，曾国藩已经先看过一遍。李折详述人少不敷调派、先克湖州再助金陵等情，是临时退避，绝无可疑。曾国藩若据此进言，请缓其援，未免落入俗套，太露痕迹。然则所以应对之法，无过于反客为主。不是都在猜疑曾国荃“贪独得之美名，忌同列之分功”吗？那好，只要能洗清嫌疑，还我兄弟清白，请朝廷千万不要体谅淮军“将士太劳”，也千万别管江苏“门户”是否“稳固”，立即下令李鸿章亲自率领淮军赴援。李鸿章列举不能遽行赴援的三条理由，都能言之有据，是实实在在的客观困难。如果一味诛心，不讲道理，认定李鸿章推诿避让、曾国藩包揽把持，遂不顾一切，强令淮军东来，倘若劳师远征，不慎受挫，兼且扰乱南京围局，谁负得起这个责任？军事最忌遥制，从古至今，莫不如此。曾国藩笔锋所至，就是要凭虚发力，点中军机诸公此处要穴。单论文字，每句话都揭示了军机诸人心中所想而不便昌言的隐衷，可是出自曾国藩之口，并辅以李鸿章的军情通报，军机诸公又不得不三复斯言，再度评估派兵助剿的可行性。譬如欠债者逢债主上门追讨，先布置一套家徒四壁、久不举炊的窘况，然后不待债主开口，抢先倾泻汲汲还债的一腔诚意，债主倘有天良，观此境况，审其言态，除了自认倒霉，还能更置一词否？曾国藩的一番抢白，颇得赖账之妙。

细读曾、李二折，我们发现：本应肩担大任、顾盼自雄的李鸿章，表现得扭扭捏捏；师久无功且被贪忌之讥的曾氏兄弟却俨然以全局为重，毫无私心。一则谦近于伪，一则直近于矫。分而论之，俱都不符常理；合而观之，又似时势使然，非如此不可。

考察至此，读者未免产生疑问。前引曾国藩五月十六日致曾国荃书，委婉讽喻，说“何必占天下之第一美名哉？”显然表明兄弟二人对助剿一事有不同的看法。然则曾国藩在奏折中又何必弄此狡狯？鄙人是不是深文周纳，厚诬古人？确实，坊间印行的曾氏文献（包括搜集最称齐备的岳麓书社版全集）之家书部分，读者只见兄弟二人在讨论淮军助剿问题时，曾国藩自始至终劝其弟以大局为重，多穷理尽性之谈，无患得患失之态，俨然公而忘私，不可能如上述分析所言，明示公义，暗藏机心。但是，我们又必须知道，历史文献往往有极不可靠的地方。就拿曾氏文献来说，其家藏手稿中某些函牍，页眉有曾国藩亲笔“不钞”字样，意即不许编进全集。〔一〕湘潭人袁树勋曾入曾幕，亦云：

> 昔岁从文正金陵督署，常见其将家书底稿躬自删改发钞，已有必传之意。〔二〕

可知公开发布的家书已经被曾国藩亲自“删改”，不再是事实原貌，而是发生了“选择性失忆”。但是，胡适博士告诫我们：“有一分证据，说一分话。”在没有扎实证据的情况下，纯靠诛心之学，臆断曾国藩在助剿问题上的立场偏于否定，并因此在奏折中大玩花样，实在是不负责任的态度。然则，必须拿出证据来，否则，前此分析都不过是以小人之心度君子之腹，纯为造谣诽谤。幸好，民国间，长沙方表从曾国荃后裔手中购得曾国藩手书数通，其中三封，作于同治三年四五月间，专门讨论淮军援剿问题。此三信，其二收入曾氏全集，但已经“删改”，〔三〕其一，则迄今未曾收入。而这

〔一〕岳麓书社版《曾集》的奏稿、书信（包括家书）部分，主要以湖南图书馆藏湘乡曾氏八本堂抄本为底本。其中，不少文稿就批了“不钞”二字。全集一概录入，颇能保留全貌。有兴趣的读者宜参观之。

〔二〕黄濬《花随人圣庵摭忆》。

〔三〕此二封，即《致沅弟》（同治三年五月十六、十七日），《曾集·家书》（二）。

封未曾收入的，最能表现曾国藩对援剿问题持何种态度，可作为前此立论的依据。此信甚为关键，故全文抄录：

沅弟左右：廿夜接十七夜来信，不忍卒读。心血亏损如此，愈持久，则病愈久愈深（原注：幸每信字迹到底不懈，每次占六壬〔一〕皆好）。余意欲奏请李少荃前来金陵会剿，而可者两端，不可者两端。可者，一则渠处炸炮最多而熟，可望速克；一则渠占一半汛地，弟省一半心血。不可者，少荃近日气焰颇大〔二〕，恐言语意态以无礼加之于弟，愈增肝气，一也；淮勇骚扰骄傲，平日恐欺侮湘勇，克城时恐抢夺不堪，二也。有此二者，故余不愿请来与弟共事。然弟心、肝两处之病已深，能早息肩一日，乃可早痊一日，非得一强有力之人前来相助，则此后军事恐有变症，病情亦虑变症也。特此飞商，弟愿请少荃来共事否？少荃之季弟幼荃〔三〕，气宇极好，拟请之日内至弟营一叙。弟若情愿一人苦挣苦支，不愿外人来搅乱局面，则飞速复函。余不得弟复信，断不轻奏先报。余俟详复，即问近好。国藩手草。四月廿夜。〔四〕

信中有两句话，可视作曾国藩对助剿一事

〔一〕六壬与遁甲、太乙，合称“三式”，都是占卜算命之术。《四库全书·子部》（七）《术数类》（四）收有明人郭载騋校《六壬大全》十二卷，详细介绍了六壬占法。

〔二〕曾国藩同治三年四月十八日记：“接少荃信，辞旨逼侮，为之一戚。”

〔三〕李鸿章弟昭庆。

〔四〕曾国藩同治三年四月廿日记：“二更三点接沅弟十七日信，知其心病已深，为之惶然，因写一密信复之。二更五点发。”此信由方表从曾国荃家购得，见黄濬《花随人圣庵摭忆》及瞿兑之《人物风俗制度从谈》。方表，字叔章，长沙人。以秀才入岳麓书院肄业。光绪二十八年赴日本早稻田大学攻习警政。在日结识孙中山、黄兴、杨昌济、程潜、李肖聃、杨度等。归国后，入山东巡抚袁树勋幕府，继任广东警政学堂堂长。袁世凯称帝，参加筹安会。民国十七年任南京国民政府农矿部秘书长。民国三十七年回湘，后参与策动程潜、陈明仁起义。新中国成立后，任湖南省人民委员会委员、省文史馆副馆长。1952 年去世。

的处理原则。一是“余不愿请来与弟共事”，二是“余不得弟复信，断不轻奏先报”。前者，是曾国藩的建议，后者，则表示此事之决定权终由曾国荃掌握，他不同意，曾国藩绝不会主动申请乃至同意助剿。曾国藩不愿意淮军助剿的两个原因，简言之即“兵将不和”四个字。曾国荃、陈士杰相继拒绝赴援江苏，李鸿章才得到一展身手的机会，虽说两年间建功立业，声名鹊起，但无疑有一股不能释怀的怨气，黄翼升事件，也让他觉得曾国藩并不谅解他的苦衷。曾国藩自能明白这层心意，因此，担心李鸿章会借机洗刷过往在曾门受到的屈辱，对曾国荃有倨傲“无礼”之举。淮军此行，不但带来攻城利器，也将带来肃清江苏的“骄傲”，相对于困敝惫乏、一筹莫展的湘军，他们是“强有力”的外援，不敢保证不发生恶客欺主的事情。加之已有刘铭传“岂能当我巨炮”的传闻，对于届时能否调和、弹压客军，曾国藩更是缺乏信心。曾国荃也说：不畏少荃占弟之名，而颇畏季泉（李鸿章弟鹤章）之勇不受约束。〔一〕由此可见，不愿淮军助剿，最根本的原因固然是湘军不愿分功（不便出之于口），实际的困难则是湘、淮两军共事易酿内讧（适可引为借口）。

〔一〕《致沅弟》（同治三年五月十四日），《曾集·家书》（二）。

通过此信，我们可以了解到曾国荃的态度，即不论好说歹说，“情愿一人苦挣苦支，不愿外人来搅乱局面”。信首所谓来书“不忍卒读”，无非就是曾国荃在病重战苦的情况下，犹欲独力“苦支”，不愿外人搅局。兵事固然苦不堪言，然观乎大势，终必有成功之日；淮军来援，兵事稍得缓解，而功名利禄俱须分去大半，其苦又更甚于前矣。譬如公司创业，理念、技术、产品俱佳，独于流动资金稍感缺乏，然自忖只需咬紧牙关、勒紧裤带，似亦能渡此难关，此后必是苦尽甘来，前程似锦。忽有人焉，愿意投资入股，而条件苛刻，要占权利之大半，创业者稍有骨气、志气，必不肯苟且答应。曾国荃之志，即此创业者之志，其表现固为贪恋功名，其本质却是艰苦卓绝，较之全无实际、沽名钓誉者，不啻霄壤。正因为这份理解，曾国藩才不得不尊重曾国荃的意见。此时此地，尊重曾国荃的意见，就是尊重五万湘军将士的意愿，更是尊重那一种虽九死而未悔、历百折而不挠的精神。所以，我们要正确理解“不得弟复信，断不轻奏先报”这句话，此绝非仅仅照顾家门之内的兄弟私情。倘若当日战天京者不是曾国荃，而是其他湘军将领，我相信曾国藩也会如此表态，也只能如此表态。最早披露此三通书信的黄濬，无疑也同意我的看法，他说：

清与太平天国之争，至甲子（同治三年）春大势早定，金陵之摧，计时以俟而已。然在当时，局中之焦急，局外之谤讥，正不知如何腾沸。文正欲令李文忠援其弟，而又虑分功生隙，其心事曲折，此三书和盘托出。吾人与其嘲为天人交战，勿宁佩其谋国之至忠。盖其家庭骨肉之间，私书谆复，其权衡利害，褒贬是非，亦不过如此，则亦不失为得性情之正者，宜左文襄有“自愧不如元辅”之叹也。

同治一朝，号为“中兴”，乃由中央、地方合力而成。地方军政固然有曾、李这样的名臣大帅操办一切，主持中枢朝政的慈禧、奕䜣也绝不是泛泛之辈。曾、李固然能一唱一和，造出拖延之局，中央未必就不解风情，听不出弦外之音。然而，中央与地方，“圣主”与“微臣”，地位不同，立场各异。谕旨全是官话，只问迟速而不徇私情，无暇照顾三人间的兄弟之情和师生之谊。因此，五月八日后，连续下达了四道催促助剿的命令。

五月十六日：“前经迭谕李鸿章援兵助攻金陵，能否亲往，并令该抚酌办。现当事机紧要之时，李鸿章务当不分畛域，不避嫌怨，迅速遵办，力图共济，不准稍有推诿。”

五月十九日：“李鸿章恪遵前旨，不分畛域，拨兵助剿，或亲往会攻，毋稍避嫌推诿。”

五月二十九日：“前据李鸿章奏……兵力难分；……着仍遵前旨，于所部各营内挑选精壮便捷善于攻城者二三千人，即交刘铭传等带赴金陵。……该抚或俟长兴得手后，统率诸军助攻金陵，不必定俟湖州克复。”

六月四日：“李鸿章仍遵前旨，俟长兴克复，赴援金陵，并令刘铭传等督带选锋先行，驰往助剿。”

前两道语气严峻，后两道略形松缓，何其前倨后恭如此？不用说，李鸿章的“死扛”产生了效果。上次曾国藩催调黄翼升，他悍然抗命，不惜撕破脸皮，其所得力处，在“将在外，君命有所不受”一语；这次逡巡沪上，缓缓“遵办”，不断“推诿”，也是活用这九字秘诀。五月三十日，淮军克复长兴，似乎再没有借口逗留江苏了，然而，李鸿章还是不动身。那么，不能领受“君命”，他找了什么理由？

首先，明确表示“畛域”“嫌怨”之类的提法是无稽之谈：

金陵关系东南数省大局，如能迅速攻拔，江、鄂贼势可渐瓦解；况在江苏本境，臣义所应为，敢存畛域之见？臣在曾国藩营中从事多年，与曾国荃素相投契，现又谆切商催，更无嫌怨之可避。〔一〕

〔一〕《筹画湖州金陵缓急片》（同治三年五月三十日），《李文忠公奏稿》卷六。

“谆切商催”，指曾国藩已经咨调淮军西去助剿，业已洗清湘军不愿人助的“流言”。然后，再强调湖州之患及调度之难，将淮军未能助剿的责任全都揽在自己身上：

若欲臣会攻金陵，复令臣协剿湖州，臣力实有不给。若令臣弃湖州而赴金陵，事体固分轻重，时势固有缓急，臣敢不仰体朝廷与督臣（谓曾国藩）殷殷责望之意？但使臣统兵远去，而湖贼窥伺入境，孰与主持调度？若仅分兵远

去，少则无济于事，多则各统将资望相等，号令不一，与曾国荃各军错处围城之下，曾国藩与臣皆不放心。〔一〕

〔一〕《筹画湖州金陵缓急片》（同治三年五月三十日），《李文忠公奏稿》卷六。

“踢皮球”从来就是吾国政治生活中一门高超技巧。湖州为当时一大“贼巢”，正处江、浙交界，不予剿除，二省俱不得安宁。更有甚者，湖州太平军一旦冲围西去，对金陵围局也有影响。湖州攻守之战略意义，中枢当然明白，故这条理由堂堂正正。不过，淮军大部分兵力援剿长兴，造成不可“遽撤”的既成事实，如前所述，乃是李鸿章为缓援南京预先准备的借口，并以深深得罪左宗棠为代价。现在，他准备再得罪左宗棠一次，赖在这儿和他一块规复湖州。淮军未到浙西以前，左宗棠尚可措辞毋庸协助，淮军既克长兴以后，左宗棠就不能拒绝协攻湖州了。因为不但事实证明了协剿效果好，而且剿贼也不能半途而废，故李鸿章要赖在浙江，左宗棠一点儿办法也没有。因此，这一脚皮球，助跑、摆腿都很到位，触球部位也恰到好处，才能不偏不倚地踢回中枢，比起今日很多临难苟免、草草一脚的踢法要高明许多。皮球，也不是那么好踢的，读者当三致意焉。

“各统将资望相等，号令不一”，这也是实情。李鸿章不亲赴南京的话，郭松林、刘士奇等各率数营，谁指挥谁？淮军制度，各营官〔一〕俱只听命于李鸿章一人，并未如湘军末期那样设立分统制度〔二〕，故数营外出，孰为其首，确实是个大难题。而这么一支部队到了南京，能否俯首顺心听曾国荃号令，曾国荃是否能指挥如意，也是一个大问题。所以，不仅曾国藩、李鸿章不放心，中枢也不敢放心。〔三〕

最后，还有个更具体的问题：

顷据郭松林等禀称："现在天气炎热，洋枪连放三四次即红，多则炸裂；开花炮放至十数出后，即不能着手。昨攻长兴，各项炮具俱已震损，亟须回苏修整。以后节交三伏，战事颇难。"亦系实在情形。〔四〕

同治元年五六月间，淮军攻克南桥、奉贤、金山卫等处；二年五六月间，攻克吴江、震泽等处，那时候洋枪怎不“红”“裂”？洋炮就能“着手”？全球气候变暖，看来一百多年前就开始了，而且年度温差之大竟能影响钢铁的散热。手头没有历史气候数据，不好断定李鸿章此言之真伪。不管怎么样，在中枢未遣武

〔一〕或统领数营，如程学启、刘铭传，然此数营自招募至解散俱只听命于一人，视为一营可也。若于中途更换指挥官，绝不可行。见本书《每闻春风之怒号则寸心欲碎》一章。

〔二〕最先提出“分统”概念的是胡林翼，见胡林翼《致官使相言立小统领》，葛士濬编《皇朝经世文续编》卷七十，初行于李续宜军中。后来被曾国藩借鉴，咸丰十年已经实行，写入营制，见《致沅弟》（同治元年四月十二日），《曾集·家书》（二）；《批鲍提督禀》（同治元年十月），《曾集·批札》。

〔三〕湘军六七年在江西时，王鑫、曾国荃、周凤山等部都避免同处驻扎，否则必生衅端。后来剿捻时，陈国瑞与刘铭传同驻一处，乃至发生陈营挑衅、淮军全歼之的恶性事件，就是无视此种“客观”规律的恶果。见本书《白云可杀不可留》一章。

〔四〕《筹画湖州金陵缓急片》（同治三年五月三十日），《李文忠公奏稿》卷六。

器调查小组下来之前，“亦系实在情形”吧。

接到李鸿章这一折，中枢极为难办。就目前形势看，曾国藩不断咨催，李鸿章则大有“实在情形”，二人确系“不分畛域，不避嫌怨”，谁也没有“推诿”。而洋枪、洋炮需过三伏之后才能正常施放，情况属实的话（中枢诸公物理成绩差一点，自然搞不清虚实），则援军势必秋天（七月后）才能过去。所以，后两道谕旨口气松缓很多，只要求选派小股先行赴援（并未提炮队），而李鸿章待克复长兴后再亲自前去。六月八日的谕旨（即回复李鸿章此折）干脆不提这茬了：

本日览李鸿章所奏，知该督抚等志切同仇，毫无成见，为之欣慰，更需勉益加勉，和衷共济，有厚望焉。

然则，李鸿章复奏两疏，虽未尽息援剿之议，但已为曾国荃争取到两个月时间。帮忙帮成这样，怎么也算仁至义尽了。曾国藩非常感激，并以此开导曾国荃，勿以淮军来援为忧：

观少泉屡次奏咨信函，似始终不欲来攻金陵。若深知弟军之千辛万苦，不欲分此垂成之功者。诚能如此存心，则过人远矣。〔一〕

〔一〕《致沅弟》（同治三年六月初十日），《曾集·家书》（二）。

战天京

但是，曾国荃迟迟不能完事，也不是个办法。李鸿章再拖，也就能拖到六月中旬（此时发兵，七月初恰可至南京城下，以应秋节），届时再不来，先不说朝廷诘责，面子上也很难看。淮军不来，正是给湘军面子；拖得越久，面子越大。而终于攻不破的话，这些面子就得还给人家，自家的面子还得贴上一些，以至于脸面全无，三军失色。曾国藩前曾谓淮军来援，军功各占一半。其实，淮军真来的话，必将收去大半功劳。道理很简单：炮攻既然以淮军为主，那么，配合炮攻的登城冲锋队必然也是淮军战士——湘军想去抢这个功劳，人家炮火误炸都有可能——这两件大功都落入淮军之手的话，湘军还凭什么封爵领赏？所以，拖到现在，军功奖赏，已经不是分不分的问题，而是有没有的问题。顶着这样的压力，曾国荃在同治三年的季夏，于炎风烈日、伤亡枕藉之中，对南京发动了最疯狂的攻击。

城外如此，城内的人们情况如何呢？其实，早在一个多月前，“元凶”洪秀全就死去了。关于他的死况，有必要交代几句。曾国藩抄送北京以及公开刊布的李秀成供状是这么说的：

> 天王斯时焦急，日日烦躁，即以五月廿七日服毒而亡。

李秀成的亲笔手迹却是：

> 此人（洪秀全）之病，不食药方，任病任好，不好亦不服药也，是以四月廿一日而亡。〔一〕

然则，洪秀全是病死，而非自杀。曾国藩做这个手脚有什么用呢？邀功而已。杀敌立功，很有讲究：活捉最上（可以让皇帝享受宣布凌迟处决的快感），手刃次之（要能指明操刀者谁），其次于乱军之中拣得尸身（捻首张宗禹的尸体没找到就一直困扰朝廷〔二〕），最次则逼迫对方自杀（例如湘军将领李续宾）。如果是病死，那叫受了"冥诛"，军功无与焉。当然，"贼酋"自杀也不能录为己功。但是，自杀都是承受不了压力所致，"贼酋"自杀，自然就表示我方施加的压力够大，我方攻势极为猛烈、极有成效，没功劳也有苦劳。故曾国藩不但更改李秀成供词，事后的报告也要说：

> 洪秀全生前，经年不见臣僚，四月二十七日因官军攻急，服毒身死。〔三〕

为体现官军攻城卓有成效，曾国藩强迫洪秀全"服下毒药"。当然，洪秀全死前专服"甘露"，未必不算慢性中毒，曾国藩捏谎也不是全无道理。什么是"甘露"呢？李秀成介绍说：

〔一〕罗尔纲《李秀成自述原稿注》。

〔二〕同治七年七月初二日、初十日上谕。

〔三〕《洪秀全逆尸验明焚化洪福瑱下落尚待查明李秀成等已凌迟处死抄送供词汇送并粗筹善后事宜折》（同治三年七月初七日），《曾集·奏稿》（七）。上述三段记载，洪秀全死日各不相同。曾氏刊刻李秀成供状云五月二十七日，李秀成自述云四月二十一日，曾氏奏折则云四月二十七日。曾刊李状之五月误，不赘。李云二十一日，乃用太平天国的"天历"，相当于农历二十八日。而据洪天贵福及洪仁玕供状，洪秀全实死于"天历"四月十九日，亦即曾国藩奏折所说的农历四月二十七日。故三个日期里面，曾奏日期最准确。康熙朝清军攻噶尔丹，为配合圣祖御驾亲征的行程，遂将噶尔丹死日修改为三十六年闰三月十三日（实为三月十三日）。（见庄吉发《故宫档案的整理开放与清史研究》，载《史学与文献》，台湾学生书局，1998年，第66页。）

惟富豪及兵有食，穷家男妇俱向我求（食）。我亦无法。主又不问此事，奏主云："合城无食，男妇死者甚众，恳求降旨，应何筹谋，以安众心。"我主降诏云："合城俱食甜露，可以养生。"甜露何能养世间之人乎？甜露即地生各物，任人食之，此物天王叫做"甘露"也。〔一〕我等朝臣奏云："此物不能食。"天王云："做好，朕先食之。"……天王在宫中润地，自将百草之类制作一团，送出宫来，要合京依行毋违，降诏饬众遵行，各家备食。……先二三年之间，早经出令：各多备甜露，每家要呈缴十担，收入仓中。亦有遵旨送缴者，亦有不从者。天王久在宫中，俱食此物。〔二〕

〔一〕甘露殆即《圣经》所说的"Manna"。《出埃及记》16：14—15："露水上升之后，不料，野地面上有如白霜的小圆物，以色列人看见，不知道是什么，就彼此对问说，这是什么。摩西对他们说，这就是耶和华给你们吃的食物。"《民数记》并谓以色列人在旷野四十年间即以此果腹。现代学者或以为甘露就是植物的树脂，或昆虫排泄物在特定气候条件下形成的糖类物质。

〔二〕罗尔纲《李秀成自述原稿注》。

原来，"甘露"就是"地生各物"。看洪秀全的做法"在宫中润地，自将百草之类制作一团"，似乎还不是一般植物，而是苔藓一类。然则，"甘露"之为物，"露"则有之，"甘"则未必。当此之时，洪天王只说"甜露可以养生"，并以身作则，"宫中俱食此物"，而没说"何不食肉糜"之类的妙语，实在令人于百年之后深深惋惜。

然而，天王既吃"甘露"，总要讲几句更

妙于“肉糜”云云的“天话”。围城期间，李秀成见外援、粮道已绝，建议“让城别走”，出外打游击。其时，西北回军、河南捻军、贵州教军等起义此起彼伏，南京太平军倘能冲破包围，登高一呼，未尝不是应者云集的局面。即在此时，天王说了一段脍炙人口的“天话”：

朕奉上帝圣旨、天兄耶苏圣旨下凡，作天下万国独一真主，何惧之有？不用尔奏！政事不由尔理。尔欲出外去、欲在京，任由于尔。朕铁桶江山，尔不扶，有人扶！尔说无兵，朕之天兵，多过于水，何惧曾妖者乎？尔怕死，便是会死！〔一〕

〔一〕罗尔纲《李秀成自述原稿注》。

言简意赅，酣畅淋漓，无须我再解释。唯“铁桶”二字，尚有讲究。盖天王登天后，太平军将士不慎将此二字移赠曾国荃，称之为“曾铁桶”〔二〕，于是，“江山”不能“铁桶”，终于破碎。可见，“天话”不能乱说，稍不小心就一语成谶，凛之戒之。

〔二〕同治三年五月十九日“曾铁桶”自注：“贼中呼弟之名。”见《曾集·家书》（二）。

闲话少说。天王言行既已如此，再去讲天京内防守如何严密、士气如何弥坚就没什么意思了，我们还是来看看天京的沦陷吧。钟山之巅的天保城被湘军攻下后，便被架上三组巨炮，自六月一日起，日夜对城轰击。

前面说了，湘军的炮是轰不塌城墙的，这么连续不断地轰击，不是浪费弹药么？非也。这是李臣典想出的“明轰城墙、暗挖地道”的决胜之策。炮子不能破城，但伤人是没问题的，如此日夜不息地轰击，城头便无立足之处，李秀成再要登城，玩那看草色、猜地道的游戏便不可能。此外，兵法讲究“多方以误之”，炮兵工作的同时，步兵也不闲着：“各持柴草一束，掷之城下，高与城齐，示将由此登城者。”太平军果然中计，“并力严备，不暇他顾”。于是，在炮攻、草攻的掩护下，湘军选了一条“前数月所开，为贼所觉而中废”的地道，连挖十五天，终于挖到城根，并于六月十五日四更，装填炸药完毕。不过，这一夜差点出了大事。

当时，曾国荃正与李臣典在洞口筹商。李秀成率数百名敢死队员，由太平门出城；同时，几百名穿着湘军军服的突击队员从朝阳门东角出城，一声令下，“持火蛋延烧各炮垒及附近湿芦蒿草”。湘军“久劳之后”，“几为所乘”，几万斤炸药埋在地下，真要被太平军点着了，曾国荃、李秀成这对冤家必然一起毙命于此，此后两军都是群龙无首，真不知事态将如何发展。可惜的是，几百颗“火蛋”徒然化作夏夜里一阵耀眼的烟花，而未能酿成改变历史的轰天巨爆。

命中注定，这个大爆竹得让曾国荃来放。这是个什么样的爆竹？地道顶部填装火药三万斤，用大石堵住。其间留一小洞，安放引线。引线以数丈粗竹制成，竹内塞入包裹火药的数匹大布。同治三年六月十六日午后，这个大爆竹被点燃：

火始入时，但闻地中隐隐若雷声，约一点钟之久，俄而寂然，众又以为不发矣。忽闻霹雳砰訇，如天崩地圻之声。城垣二十余丈，随烟直上，万众瞩目，咸见是城耸入云霄也。大石压下，击人于一二里外，死者数百人。〔一〕

吾观好莱坞大片多矣，似此“城垣二十余丈，随烟直上”的镜头，倒还未曾见过。这简直就是活生生将城墙炸得脱离城基，不亲临其境，确实难以想象。

随后，李臣典等八人率队“直冲倒口而入”，天京宣告沦陷。第二日，李臣典伤重死。

黄昏，李秀成护卫幼天王洪天贵福〔二〕冲出，旋即分散。十九日，李秀成被捕，七月六日，凌迟处死。洪天贵福逃往广德，三月后被捕，凌迟处死。

湘军大队入城，搜杀焚掠三日。颇为意外的是，风传天京城内“金银如海，百货充盈”，而除了缴获洪秀全在长沙南门外所刻玉玺、金印〔三〕外，湘军竟一无所获。曾国藩惊叹为“从来罕闻之事”〔四〕，奏闻，中枢本着“逆掳金银，朝廷本不必利其所有”的高姿态，不再询问。而群言喧哗，说“江宁资货尽入（曾国荃）军中”；洪天贵福下落及逃出太平军的实际数目，又引发沈葆桢、左宗棠“镌讥江南

〔一〕破城情形，见《奏报攻克金陵尽歼全股悍贼并生俘逆酋李秀成洪仁达折》（同治三年六月二十三日），《曾集·奏稿》（七）、王定安《湘军记》、薛福成《庸盦笔记》、王闿运《湘军志》。

〔二〕幼天王之姓名，当日谕旨、奏折皆称“洪福瑱”。王闿运《湘军志》：“洪福刻印，姓名下列‘真王’二文。军吏误合二文为‘瑱’，奏、诏言‘洪福瑱’者以此。”但是，“洪福”也不准确。幼天王初名洪天贵，后加福字，因此，他的全称应该是“洪天贵福”。见《洪天贵福供》，载于《中国近代史资料丛刊·太平天国》第二册。

〔三〕见罗尔纲《李秀成自述原稿注》。

〔四〕《洪秀全逆尸验明焚化洪福瑱下落尚待查明李秀成等已凌迟处死抄送供词汇送并粗筹善后事宜折》（同治三年七月初七日），《曾集·奏稿》（七）。

军”；彭玉麟、鲍超等纷纷告去，“人辄疑与国荃不和”。故王闿运说：“大功虽成，然军气愤郁惨沮矣。”〔一〕

六月二十九日上谕：曾国藩锡封一等侯爵；曾国荃锡封一等伯爵；李臣典锡封一等子爵；萧孚泗锡封一等男爵。咸丰皇帝遗命克复南京者封王的传言终于未能落实。据说，当时中枢讨论封典，认为：“文臣封王，似嫌太骤，且旧制所无；因析而为四，封侯、伯、子、男各一。”〔二〕

〔一〕王闿运《湘军志》。

〔二〕薛福成《庸盦笔记》。

白云可杀不可留

黄鹤楼曾经有这么一副对联："黄鹤飞来复飞去；白云可杀不可留。"上联就地取材，不难理解，下联造语新奇，境界诡异，非作者自述创作体会，读者恐怕难以理解。作者怎么说的呢？他说："李白诗'总为浮云能蔽日，长安不见使人愁'，喻小人蔽君也。白云是小人，如何不可杀？"对联的作者是陈国瑞。对联中的"白云"就是曾国藩。

夺 枪

陈国瑞，湖北应城人，少年时被太平军虏获，当了童子军，后投奔湘军将领黄开榜，做了他的干儿子。陈国瑞“秀美若处子”，出战常着红装、充先锋，号称“红孩儿”，屡战屡胜，名动一时。同治元年，入僧格林沁部，极得宠信，情同父子。三年，以破苗沛霖有功，授浙江处州镇总兵。时年二十九岁。

太平天国都城被攻破后，清廷战略重点转为剿捻。捻军驰骋于山东、河南、安徽等地，行迹无定，擅长裹胁，虽然只是“癣疥之疾”，但清军一直找不到对症之药。僧格林沁有勇无谋，只会“疲师尾追”，“与贼俱流”，以致人劳马乏，成效不彰。同治四年春，僧格林沁率领马队，连追一个多月，从河南追到山东，“日行百里，往返三千余里”。陈国瑞认为蛮干不合兵法，应该调整战术，僧格林沁却说功成在即，应当一鼓作气，继续追剿。意见不合，僧格林沁传令继续追击，陈国瑞扯住僧格林沁坐骑，说：“要去你去，老子不去。”僧怒，说：“不去就不去，老子自己去。”于是，挥师出发。此老子见彼老子倔强，没办法，说了句“国瑞卒不忍王独败”，还是带兵出队，担任前锋。果不其然，捻军数万余人会合之后，不再逃跑，而在汶上、郓城间设好埋伏，陈国瑞一至即被包围。僧格林沁调发亲兵前去助战，也被击溃。捻军随即包围了僧格林沁，并在曹州吴家店将僧军全部歼灭。陈国瑞浴血奋战，所部大多阵亡，自己身受重伤，侥幸逃脱。闻僧被杀，又舍生忘死，乔装潜入敌中，找到僧格林沁的尸体，昼伏夜行，七天后回到军营。〔一〕朝廷认为僧格林沁之死，河南、山东的地方大员以及僧军部将都负有不可推卸的责任，纷纷予以降职、记过等处分，唯有陈国瑞因为身负重伤仍苦战到底，免予处罚。

〔一〕惟据其时帮办军务的宗室国瑞奏折（《寻获僧格林沁尸体并招集溃散分守运河折》，同治四年四月二十九日，载《近代史资料》总41号，第56—58页），寻获并安置僧尸之人并非陈国瑞，而是翼长成保。

僧格林沁死，曾国藩继任为督师大臣。此前，南京收复，湘军旋被裁撤，曾国藩北上剿捻，所带部下多是李鸿章派遣的淮军，刘铭传即在其中。程学启殁后，刘铭传勇略为诸将冠，号称淮军第一名将，其部称为“铭军”。四年五月，铭军驻扎在山东济宁北部的长沟，陈国瑞率领残部“游击”至此，看到淮军装备精良，多为西洋武器，“心独艳之”，于是“思夺其利器”。咸、同间，诸军因为争地盘、争军饷或者争闲气，往往发生“友军”火拼之事。抢夺“友军”武器，这倒要算头一遭。但是，空手固然能入白刃，长矛能否夺火枪呢？陈国瑞率领亲兵五百人突入铭军阵地，趁其不备，先杀了数十人。刘铭传立即布置迎战。不要说铭军这种百战之师，就是一般军队，只要人手一支火枪，以之迎战配备各类长短冷兵器的敌军，孰胜孰负，可想而知。所以，小半天工夫，陈国瑞带来的五百人就被铭军全部歼灭（估计是不准投降），陈国瑞跳登民房逃命，也被“梯而执之”。刘铭传并不杀他（毕竟是朝廷命将），只是将他关起来，每天一碗瘦肉粥，不让吃饱，也保证饿不死。就这么过了几天，才“请”他过来相见。陈国瑞一见刘铭传，既不怒骂，也不求饶，只是哭诉：“此五百人皆数年来所纠合四方之精锐，一旦为君所歼，吾军从此衰矣。”既然陈国瑞认了栽，刘铭传也就不为难他，闻言，“怜而释之”。〔一〕

但是，稀里糊涂死了五百人，总不能就此罢休，于是双方都往上打报告，要求仲裁。足球比赛出现争执，足协可以通过重播录像以定曲直。友军火拼，未经录像，判断事实只能靠分析双方的状书。但是，不管是皇太后的军机处，还是曾统帅的营务处，都不好判断谁是谁非。为什么呢？铭军若说对方专为抢火枪而来，事虽有之，却不合情理；陈国瑞若谎称小事造衅，而全营被歼，也不合逻辑。所以，双方投诉，必都不能秉笔直书，而要捏造兵勇械斗、局面失控的平实文字。手持长矛抢火枪，这是浪漫主义；写禀上诉，规定文体为现实主义风格。文体和事实之间产生不可调和的矛

〔一〕国瑞《报告刘铭传陈国瑞互斗折》，同治四年五月二十三日，载《近代史资料》总41号，第87—89页，谓二人“所称情节迥乎不同，各执一词，俱不相下”，“奴才望轻才浅”，“实有不足镇服之势”，只能“恳请皇太后钦派大员来营查办”。

盾，没有马尔克斯或者残雪的叙事才能，估计谁也写不清这件匪夷所思、耸人听闻的事件。所以，双方文告只能尽量符合日常经验，而细节方面也就不可避免地趋于含混模糊。军机处、营务处诸公据此判案，也就只能各打五十大板，难得糊涂了。加之当时剿捻形势甚为吃紧，任何严厉处罚都会损害士气；陈国瑞的后台是以僧格林沁家为代表的忠亲王一派，刘铭传的上级为曾国藩、李鸿章，一有偏倚，必生怨望，所以朝廷干脆不加处罚：

刘铭传、陈国瑞勇丁互相械斗，杀伤多人，实属不成事体。该员等均系提、镇大员，不思乘贼势新挫之后奋斗追击，而于勇丁互相斗杀，不能禁止，且各执一词，殊失大员体度。本当从重治罪，姑念该员等均曾立功，免其深究。〔一〕

〔一〕同治四年五月二十六日军机大臣奉上谕，见《曾集·奏稿》（八）。

尽管未受处罚，但是部下成建制被消灭，陈国瑞还是咽不下这口气；而刘铭传不得不防备他重来报复，所以接奉谕旨后，谁都不敢轻举妄动，剿捻的任务也暂时搁置，双方继续在长沟相持。山东巡抚阎敬铭既劝不开，又耗不起，只好再次上报。谕旨下来，又是各打五十板："何以尚在长沟相持不下？岂谓朝廷不能执法从事耶！"[一] 并命二军赶快分道扬镳，不要伺机启衅。

〔一〕同治四年闰五月初五日军机大臣奉上谕，见《曾集·奏稿》（八）。

此事告一段落，就得说说曾国藩是如何成为陈国瑞要"杀"的"白云"了。

病 退

僧格林沁死前，曾国藩就接到数次谕旨，命令他派兵援剿[二]。他一直拖延，固然有湘军刚刚解散、淮军需要肃清安徽，暂时腾不出兵力的原因，但最主要的原因则是不愿背上"抢功"的恶名。僧格林沁自咸丰十年九月奉命剿捻，迄今已历四年，能否成功不可知，但不愿他人分功却在情理之中。曾国荃听说李鸿章要来助攻南京，气急吐血，即是同样的心理。曾国藩何等样人，岂能不明白其中奥妙？所以，他拖了大半年，都没有实际行动。朝廷也明白这个道理，故只能任其拖延[三]。同治四年五月，僧格林沁战死，朝命立即改"助剿"为"督剿"，并授权节制直隶、山东、河南三省军务，所有"旗、绿各营及地方文武员弁，均着归曾国藩节制调遣"[四]。陈国瑞原是僧格林沁部下，根据最新指示，现在也要听

〔二〕从同治三年十月十一日起，朝廷就开始催促曾国藩"督兵会剿"。

〔三〕主帅不愿分功，将领则害怕调归僧氏指挥。李鸿章曾在给吴棠的信中说明这层意思："僧邸劳苦功高，众所钦仰，惟位望过崇，下情难达，南军闻归节制，莫不气沮。刘省三虽叠奉谕派，乃至被谴责而不辞，岂弟等所能强迫？"《复吴仲仙漕帅》（同治四年四月十四日），《李文忠公朋僚函稿》卷六。僧邸，指僧格林沁；南军，即淮军；刘省三，即刘铭传。

〔四〕同治四年五月初四日明发谕旨。

命于曾国藩。军队更换统帅，历来就存在人事、资源诸方面等“整合”难题，而陈国瑞刚刚划归曾国藩指挥，就被其嫡系部队铭军灭掉一个营，其不能谨遵命令，甚至负气为难，种种情形，不难揣测。曾国藩要统领各军与捻军作战，则必不能容忍属下有违抗军令、仇视同侪的将领。倘若出现这种将领，要不凿枘不合，弃之不用，如初起兵时的王鑫；要不恩威兼施，引为己用，如自胡林翼处接管的鲍超。陈国瑞能战的名声，早已“简在圣心”，没有合适的理由，遽尔弃置，必会引起猜疑，认为曾、李嫉贤妒能，其道不广。而长远之患，则会坐实湘、淮两军都是私人部队、于国有害的传言。所以，如何妥善处置陈国瑞，乃是曾国藩接手剿捻事务的首要人事难题。

刘、陈对杀之时，曾国藩正从扬州赶赴淮安，闻信稍迟，朝廷已经批示“免其深究”，他也就不能通过对此事件的处理，暗蕴驾驭之术。失去“危机公关”的机会，就只有在例行公事中，抱着治病救人的态度，开展思想政治工作了。六月六日，在陈国瑞请示“饷项军火如何筹措”的禀文上，他洋洋洒洒批复了两千多字〔一〕。“饷项军火”的正题，着墨不多，而“玉成该镇”的跑题文字倒用了一千六百多字。

〔一〕《批浙江处州陈镇国瑞具禀暂驻归德并饷项军火如何筹措等情》（同治四年六月初六日），《曾集·批牍》。

善于做思想工作的领导干部，批评下属时，从不直接表达自己的好恶，而惯于通过“群众意见”暗喻褒贬。曾国藩也不例外，说留心察访，搜集民意，发现“毁该镇者十之七，誉该镇者十之三”。群众对“该镇”不满，可以称为“劣迹”者，主要是以下数端：一是忘恩负义。黄开榜是陈国瑞义父，陈却“不以为德，反以为仇”(据黄开榜亲口所言)。二是性好私斗。在袁甲三部，与其他部将“屡开明仗”；在寿州与李世忠斗，杀死二提督；在正阳关与盐商斗，在汜水与米商斗。三是扰民虐官。辱骂殴打泗州知州，布政使“躲避床下，旋即告病”；在高邮抢掠官府，“合署眷属，跳墙逃避”。四是吸食鸦片。极嗨之时，喜怒无常，有“因一麻油饼杀厨子”之事。五是藐视各路将帅，不听调度，动不动就以“我将造反”进行威胁。从公德到私德，贬斥无疑，群众口中的陈国瑞，简直就是个禽兽。

当然，批评也要适可而止，于是，曾国藩笔锋一转，开始说“该镇”的好处：一是骁勇绝伦，战略出众。二是至性过人，喜欢听人讲忠臣孝子的故事，喜欢读《孟子》〔一〕。三是不好色，不贪财。〔二〕打仗出色是公论，也是陈国瑞如此嚣张的根本原因，否则，他早就被废

〔一〕左宗棠说：“陈国瑞举动离奇，当由多看《三国演义》之故。”见《答官秀峰伯相》(同治七年)，《左集·书信》(二)。看来陈国瑞一身“学问”，得力于《三国》和《孟子》。此外，陈国瑞甚喜佛法，见本文附录。

〔二〕齐学裘《见闻随笔》(文物出版社，2022年)卷十六《黄开榜陈国瑞合纪》：“余于同治二年避地通州石港场北庄，收一难民王焘为抄书佣。王曾伺候陈将军，为营中书办，道陈督兵严而好杀，罚罪不顾亲朋，不好妇女，喜与僧人交，尝言功成名立之余，退隐名山古寺，为方外游，终其天年，于愿足矣。”

掉了，何必如此苦口。喜欢听忠孝故事，不好色贪财，则是本质不坏，尚可救药。这段材料，先骂后赞，又打又摸，乃是“政委”工作的标准文体。所以如此铺陈，就是为以下的“警告”乃至“处罚”制造气氛。

所谓“警告”，是三条原则。第一，不扰民。第二，不私斗。第三，不梗令。不扰民、不梗令之说，都是大道理，不过泛泛而谈，湘军、淮军将领也不能杜绝此二事，姑妄言之，姑妄听之，当不得真。不私斗，则联系前不久刘、陈对杀之事，予以针砭。经刘铭传、李鸿章汇报，曾国藩已经知道起因在于抢洋枪，所以说“其初则该镇理曲，其后则铭营太甚”，不再一味批评，而尽量持平。但是，“该镇若再图私斗以泄此忿，则祸在一身而患在大局”。韩信忍受胯下之辱，事后“召辱己者而官之”，是豪杰风范；郭子仪祖坟被挖，不予追究，反而引咎自责，是名臣度量。“该镇”虽被刘铭传“软禁”，但所受侮辱远不及此，务必以韩、郭为榜样，“不特不报复铭营，并且约束部下，以后永远不与他营私斗”。初出兵时，曾国藩所部与绿营“私斗”，他忍耻包羞，南下衡阳，固然是修养高，但也跟当时形势有关〔一〕。陈国瑞号称“名将”，一日之间，精锐部队丧失

〔一〕参看《每闻春风之怒号则寸心欲碎》一章。

殆尽，纵使“理曲”在先，也不能不责怪刘铭传下手太狠。没有任何补偿，光让他息事宁人，实在不能心口俱服。在陈国瑞看来，刘铭传是曾国藩嫡系，自己是新到客军，即使罪责相当，揆之严于律己之义，也应稍稍重责刘而抚慰陈。但是，对于淮军将领，曾国藩并不像指挥湘军那样如臂使指，一切如意。刘铭传名义上归曾国藩节制，其实并不能令行禁止，真正控制权还掌握在李鸿章手里。刘、陈争斗后，恐怕曾国藩因此责怪刘铭传，李鸿章立即去信，申明不可责怪之意：

省三血性奋往，历练少浅，不免粗率之处。鸿章因其战守可靠，向不扰民梗令，往往曲予含容。此次入东偶迟，致受薄惩，又与陈镇争气，未分曲直，倘函丈再以此事劾责，则朝廷必疑其骄纵难制。渠必不自安，且无以策励将来。除鸿章谆函劝饬外，师亦必怜其劳苦逐战，勿加苛求。〔一〕

〔一〕《上曾相》（同治四年闰五月二十九日），《李文忠公朋僚函稿》卷六。

省三，刘铭传字。“入东偶迟，致受薄惩”，指此前刘铭传奉旨随曾国藩往山东剿捻，因不愿受僧格林沁节制，故意拖延时间，受到朝旨谴责〔二〕。此信用词委婉，意见却很坚定。刘

〔二〕《复吴仲仙漕帅》（同治四年四月十四日），《李文忠公朋僚函稿》卷六。

铭传出自李鸿章帐下，李对他也只能以情相感，“往往曲予含容”。曾国藩若依法办事，则是对他的“苛求”，他必然会闹情绪（“必不自安”），以后的合作也不会愉快（“无以策励将来”）。必须批评的话，也只能由李出面，而不能由曾发难（“除鸿章谆函劝饬外，师亦必……勿加苛求”）。形势、人事都迥异于统带湘军，所以曾国藩回信，也只能说：

省三之事，亦尝再三思虑……阁下多方培植，苦心琢磨，而成此令器，鄙人断无不知爱惜之理。……国藩于季荃细商两次，始定为二批：一宣示，一密告。……旋又转念省三最爱体面，恐因此而名望大坏，遂将前拟宣示之批，一并秘之，全未咨行各处。[一]

〔一〕《致李鸿章》（同治四年六月初八日），《曾集·书信》（七）。

季荃，李鹤章字，鸿章弟。他当时总理营务处，是曾国藩和淮军将领之间的润滑油。由此信可知，只因为刘铭传“最爱体面”，所以硬生生把拟定的处理意见（“宣示”和“密告”的批文）压下（“一并秘之”），以示“爱惜”“令器”。身为统帅，碰到“骄纵难制”的下属，竟不能直率批评，这样的军队怎么管理得好呢？自己的部将管不好，又怎么让陈国瑞这个客军将领服气呢？

曾国藩自知理亏，陈国瑞绝不会服气，所以苦口婆心讲了一番“歪”道理，还是要采取高压政策，讲几条“硬”道理：“若该镇不能细心领会，亦有数事当勒令遵从者。”第一，将八千人裁撤为三千人。第二，一年之内不许与淮军同扎一处。第三，去掉官衔中“钦差”字样，不许自河南粮台以外领取军饷。裁军，是削弱其力量；不许与淮军靠近，是限制其活动范围；明确规定饷源，则从经济上加以制约。以上三条，陈国瑞“梗令”的话，则是对抗统帅，必将招致严厉处罚（调任甚至降级）；遵令的话，则实力减弱，掣肘更多，再想嚣张也没了资本。此份批示，看似谆谆善诱，“于该镇有厚望焉”，实则老辣强横，令其左右为难，进退失据。而外人（包括三地督抚、军机大臣及皇太后）看来，却觉得入情入理，仁至义尽，陈总兵倘若不思悔改，辜负曾统帅一片苦心，因此遭受处罚，必是咎由自取，不值得同情。

陈国瑞有苦说不出，却不甘心受制，于是禀复各款，虽“词气极为谦谨”，但“故作游移”，并“无矢志遵行之语”。只看《三国演义》的陈国瑞，在文本解构上当然斗不过古文大师曾国藩，所以一待回禀，曾国藩就据此密奏，参劾陈国瑞。而参劾的理由却非不遵命令，乃是僧格林沁阵亡时他“不顾主将”、草间偷活的旧账。既然山东巡抚、布政使及僧军各部将都因此受到不同程度的处罚，那就不能容许陈国瑞一个人“饰词巧脱，逍遥法外”。即使身受重伤，情有可原，也“只可略从末减，未便概置不问”。不据复禀治罪，而选择“补参”的理由，则还在于“稍留陈国瑞体面，冀收鹰犬之才，一策桑榆之效”。红脸白脸，公义私情，都由老曾一人说尽，陈国瑞所有辩解全被预先噎住，旁人所有辩护全被预先驳倒。[一]什么是刀笔？这就是刀笔。奏上，一周内就奉到谕旨："陈国瑞着撤去帮办军务，褫去黄马褂。"

〔一〕《补参陈国瑞折》《再密陈陈国瑞事状片》（同治四年七月二十四日），《曾集·奏稿》（八）。

心灰意冷，索性帮办的活也不干了，陈国瑞请了个病假，南下江苏，在清江浦疗养。心绪恶劣，不免迁怒于人。某日，养子陈振邦不知何故得罪了他，陈国瑞大怒，扬言要杀逆子，正家法。振邦跑到漕运总督吴棠家求救，吴出来打圆场，陈不听，执意要杀。其时，振邦已经积功升上总兵，赫然朝廷命官，且尝直接听命于吴棠，于公于私，吴棠都得保护他的人身安全，故将其藏在府中。陈国瑞闻信，亲率数百亲兵，连夜赶往督署，勒令交人。吴棠急命关门，陈国瑞即令破门。督署护卫又惊又怕，在内大喝："乃敢反邪？"国瑞颇有辩才："以子叛父，非反而何？"不一会，连破大门、二门，杀奔到宅门前。宅门坚固，门前回旋余地不大，攻兵难以致效，久攻不克。僵持间，门内守卫众口齐骂，从充任"粤寇"童子军的反革命"劣迹"一直骂到前不久被刘铭传全歼精锐的"糗事"，其间可能还夹杂各类人身攻击用语。门不破，骂愈急，陈国瑞不胜羞怒，"以头触门"，"痰涌气厥"，诱发某种类似癫痫的病态，乃“颓然仆地”。吴棠这才开门，命人将其抬到某庙，严加看管。同时，据实上奏，“劾其病癫”。估计军机处看了这份参稿，哭笑不得，才会有以下四条处理意见：首先，根据精神病人不得担任公职的原则，“褫职”；其次，根据精神病人不承担刑事责任的原则，不予治罪，“押送回籍”；再次，根据社会保障法中切实照顾好精神病人日常生活的原则，“收其盐本、田产充公。存银二万五千两，储湖北官库，分年付资生计，毋令失所”；最后，根据国家干部（离休）管理制度，嘱咐地方官“俟其病痊，奏闻”。

经医护人员精心护理，在各级官员悉心关怀下，陈国瑞将军逐渐恢复了健康，并时常登高览胜，感时抒怀。于是，黄鹤楼上，故将军“着道士冠服”，慨然提笔，“作掌大书”，写下了“白云可杀不可留”的名句。

入 京

解题说过，“白云”意指“蔽日”的小人。军界最大最厚的一片“白云”，自非曾国藩莫属；其他刘铭传、吴棠之流，则是奇形怪状的各色“白云”。“白云”蔽日，不见长安。昔日的百战名将、青年“大帅”〔一〕，今日破产夺官，落魄

〔一〕陈国瑞在军中，属下皆以“大帅”呼之。

如此。细说从前，展望未来，怎不恨杀“白云”？此生若再见“白云”，怎不仗剑而起，揪而杀之？所以，据此逻辑，才会有一段陈国瑞追杀曾国藩的故事。故事是这样的：

曾国藩晚入都，湖南、北同乡京官公宴诸会馆。酒酣，国瑞触念往事，曾奏痛屈抑己，拔剑砍之。曾绕柱而走。阁学陈廷经于曾为同年，而国瑞宗人，以身翼蔽曾，夺其剑而罢。

真有这回事吗？我们先看看这个故事是谁讲的。故事出自吴光耀的《庚戌文钞》。吴光耀是陈国瑞的湖北老乡，掌故专家汪康年说他“于湘人中兴名将帅深致不满，而于鄂人及他省人有功被抑者则力为表扬……惟此书于所闻见辄为载笔，未尝详细考察，至于诸人履历，亦多舛错”。然则此书不单像大部分笔记著作一样，博闻而不阙疑，广识而不核实，其作者还隐持“省籍歧视”，记人叙事，未免掺入主见，不够客观。那么，我们有必要仔细考证一番，看这个故事是否有失实之嫌。

首先，故事情节就比较可疑。陈国瑞亲历行阵，手刃强敌无数，有心杀人的话，便是十个曾国藩也给他打发了。三十多岁的陈国瑞追杀年近六旬的曾国藩，曾还能“绕柱而走”，莫非《挺经》之效更胜《易筋经》？陈廷经一介书生，竟能于千钧一发时“以身翼蔽”，“夺其剑而罢”，身法如此高妙，手法如此敏捷，莫非是化装成内阁学士的大内高手？

当然，“戏说”是笔记著作的特点，读者不必太多拘泥。考察历史，大节为要，我们可从“亦多舛错”的“诸人履历”入手，检验作者对笔下人物的熟稔程度。他说“陈廷经于曾为同年”，同年，盖指同年考取乡试、会试之人。曾国藩是道光十八年进士，陈廷经却在道光二十四年中进士[一]，明显不是同年。履历舛错的毛病，又犯了一次。但是，记忆传闻有误，尚不足妨碍故事整体的可信度，只有从时间、地点及其他旁证入手，或真或假，才能查个水落石出。

〔一〕陈于何年中乡试，待考。

吴光耀说事发地点在湖广会馆，我们可以根据《曾国藩日记》的记载，逐次核对他在湖广会馆的形迹，看能否发现“刺杀事件”的蛛丝马迹。

曾国藩自咸丰二年离京以后，直到同治七年才再度入京。这次是调任直隶总督，并奉旨觐见二后和皇帝，他于十二月十三日至京，第二年正月二十日离京。一个多月内，他去了两次湖广会馆。十二月二十一日，湖南同乡在湖广会馆设宴招待他，听戏、饮酒，从下午到晚上，十二点多才走，看不出受惊的痕迹。八年正月十日，到湖广会馆团拜，饮酒、听戏，从四点多待到九点多，回家后，“甚得佳眠”，也没受到惊吓。同治九年九月，调任两江总督，临行进京请训。九月二十五日至京，十月十五日出京，其间去了一次湖广会馆。十月十一日，恰逢他六十大寿，同乡京官及其他僚友隆重设宴于湖广会馆。下午三点至馆，七点多回家，回家后还清理文件，并未遭遇突发事件。〔一〕此次离京后，直到死在江督任上，他再也没到过北京。由此可见，曾国藩在湖广会馆遇刺，不符事实。

〔一〕《曾集·日记》(三)。

吴光耀是不是记错了地点呢？遍查同治七、八、九年在京日记，都没有此类突发事件的记载。曾氏日记于待人、会宴诸事，记录甚详，此种事件虽不愉快，但是也没必要隐讳。据此可以认为，曾国藩在京期间遇刺，不符事实。

还不甘心的话，我们再看看在京期间乃至直督任内，他与“当事者”二陈的交往。据日记记载，在京及直督任内，唯一一次三人共同见面，乃在九年七月二十三日：“陈小蕃来久谈，陈镇来一谈。”小蕃，陈廷经字。陈镇，即陈国瑞。此时曾国藩正处理天津教案，陈国瑞被法国公使罗淑亚点名抓捕〔二〕，他力辩其不在事中，无须治罪。与二陈的会谈，应该与此有关，陈国瑞这会也绝不可能“酒酣”“拔剑”。

〔二〕罗淑亚《天津滋事记》说陈国瑞虽未亲自参与烧掠教堂，但是“以言语勉之，曰：‘烧罢烧罢，予必偕汝。闻知天津有好孩子，灭外国人，毁坏他们的房屋！’……且以大员遇此事强辩，欲置身局外，自谓焚杀之时，在船上与童子作乐，更当作何等人品呢？”见《译出罗淑亚送到天津滋事记抄件》（同治九年八月初二日）密谕附录，《曾集·奏稿》（十二）。人品不好也要正法，法国人确实有点不讲道理，所以曾国藩坚决不同意拿陈国瑞“议抵”。此外，奕譞、崇厚等人为之做证担保，对陈国瑞撇清干系也有帮助。

根据对曾国藩言行踪迹的调查，我们找不到遇刺的痕迹。从陈国瑞在同治八、九年内的行踪，也看不出他曾有此豪举。刺杀武英殿大学士直隶总督未遂，若要论罪，必是死刑；倘若审官徇情、奥援出力，也是死罪可免，活罪难逃，发配新疆、东北等地，乃是题中应有之义。可是，考察事实，此期间的陈国瑞春风得意，直上青云，怎么也不像受过刑责的样子。所以，“白云可杀”，而终于未杀。人物、时间、地点，没有任何证据支持此一事件的真实性，吴光耀捏造故事、意淫老乡，可以结案定拟。九泉之下，他恐怕也因造谣诽谤而处身拔舌地狱了。

庆云（国瑞字）虽未追杀“白云”，但是，人在长安，浮云已散，陈国瑞将度过一段事机最顺、意气最盛的岁月，足以令其淡忘过往的屈辱，消泯曾经的恩怨。同治七年春，捻军张宗禹突犯直隶、山东，经醇王密荐，陈国瑞赴京，进入神机营，以头等侍卫身份训练旗兵。当时捻势大盛，恭亲王节制左宗棠、李鸿章、曾国荃诸军，合围会剿，成效不著。陈国瑞以剿捻起家，一时间很多人都想重新起用他。因剿捻不力而退居后勤保障一线的曾国藩也不例外。五年底，他给李鸿章幼弟李昭庆传授机宜，就说：“据擒贼供……所以怯陈国瑞者，以其夜间极善劫营，又打仗耐久，不肯收队。湘、淮各军枪炮远胜于陈，但不肯恋战，收队太快。”〔一〕淮军初始，得

〔一〕《复李昭庆》（同治五年十一月初五日），《曾集·书信》（八）。

苏、沪饷源之利，过于倚靠洋枪大炮，养成骄娇之气。与捻军相遇，对攻近战，稍逊一筹，并不仅仅是不习骑战的原因（陈国瑞在僧军，并不统领马队，而是指挥步兵）。来自对手的赞扬最可宝贵，所以曾国藩不得不惹发相思，唱起“人不如故”的老调。六年初，他就写信给李鸿章：“拟调……陈国瑞三人前来金陵察酌，练成一军，备贤昆仲及舍沅弟调遣。”（曾国藩时任两江总督，故称调其来金陵；“舍沅弟”，曾国荃字沅浦，时任湖北巡抚。）但是，古琴虽好，奈何调不准弦？陈国瑞桀骜难驯，他“反复筹思”，权衡利弊，觉得并无把握用好这个“将才”，终于只能“决计不用”。[一] 曾国藩不敢调，醇王却敢，原因不在他比曾国藩更能“将将”，而是因为：一、湘、淮军势太盛，始终不令满人放心。如果陈国瑞练成新军，则可以收到制衡的效果；二、陈和僧格林沁情同父子，恭、醇和僧交情亦深，较之调派其他汉人将领共事当更愉快，情感愈易融洽。

“陈大帅”之名久在人口，一旦来京，故将军重作干城，王公贵戚“望门而求纳交”，朝野称颂，中外倾动。更令他心情愉快的是，听到他重出江湖的消息，死敌刘铭传立即告病还乡，逃之夭夭。[二] 老“白云”退居二线，小“白云”

〔一〕《复李鸿章》（同治六年二月二十九日、三月初四日），《曾集·书信》（九）。

〔二〕《上曾相》（同治七年正月十九日），《李文忠公朋僚函稿》：“省三因陈国瑞为六、七王所倚爱，恐为中伤，浩然回里。”六、七王，即恭王、醇王。

惊慌逃窜，坐观浮云窘态，恐怕比手刃浮云更令人快活。

排除干扰，轻装上阵，陈国瑞入京的第一项任务就是训练神机营的旗兵。神机营创设于咸丰末年，抽调在京八旗精锐组成，僧格林沁曾任指挥官，现在由醇王奕譞领衔。神机营固为“八旗精锐”，但依然保留了养鸟、斗蝈蝈、酗酒、私斗等“日操”项目，所以比较湘、淮各军以及陈国瑞原来统领的部队，差距有如天壤。奕譞带陈国瑞去各营视察，熟悉工作环境，几天后，问他：“是可用耶？”他直话直说：“以国瑞言，无一用。”随后，就是整风改造。陈国瑞的方法很简单，旗兵懒散已久，改造之法，无非“习劳”。“习劳”之法，就是每天带领旗兵“荷戈环寻外城”，按今天的说法就是“拉练”，就是“跑圈”。体能训练天天搞，“旗人疲欲死”，怨声载道，从将领到士兵，“人人恐惧国瑞即真统旗兵”。奕譞一看，兵帅不和，汰练旧军是行不通了，只有募练新军。于是让他在神机营士兵以外招募数千人，陈国瑞正有此意，两人一拍即合。但是，直隶地方，士民疲玩，几乎没有合格的兵源，就地取材行不通；回乡招募，加以训练，再带到北京，时间上来不及。怎么办？今日商业社会，新公司要在短期内获取业绩，在人事政策上最快捷有效的办法就是高薪挖人。陈国瑞虽不做生意，生意经还是门清，他也搞了一套优饷挖兵的办法。当日华北平原，左宗棠部队最多，陈国瑞便宜行事，先对老左开挖。

左宗棠的楚军沿袭湘军的薪酬制度，普通士兵每月工资四两多银子；陈国瑞则开出七两五钱的“天价”，派出“猎头”，跑到楚军各营“勾引勇丁”，甚至连左宗棠的亲兵营也有“猎头”们的踪迹。除了工资高，陈国瑞的“募章”还规定：“赌博、洋烟不禁，抢夺不禁。”不论湘军、淮军，其基层士兵，诚如王闿运所说：“以利为义。”两军待遇优劣悬殊如此，士兵用脚投票也就是很正常的事情。于是，短短几天，陈国瑞就从楚军挖了三百多人。不但挖人，“逃勇”们顺手牵羊，还带走军械装备以及骡马米粮，陈军接兵人员并有趁机抢夺之事。左宗棠闻之大惊，这不是赤裸裸破坏就业市场秩序吗？任之不管，非战斗减员必将愈演愈烈，楚军崩溃堪虞，于是，赶紧上奏告状，请责成奕譞“妥为驾驭”〔一〕。

〔一〕《陈国瑞诱致勇丁截夺军装请敕神机营妥为驾驭折》（同治七年三月十三日），《左集·奏稿》（三）。

当日，军机处领班大臣是恭亲王，大概觉得因陈国瑞之事，得罪奕譞或左宗棠任何一方都不明智，还是居中做老好人比较恰当。于是，有了这么两条处理意见：首先，不追究陈国瑞的过错。虽然“该侍卫谬妄至此”，本应惩处，但是“剿贼吃紧”，还是“姑示包容”。其次，给左宗棠一个面子。将陈国瑞及其军队调离神机营，交由左宗棠节制。表面上作了处理，实际上什么也没处理。不予处罚，固然是没有处理；将他调到左宗棠麾下，好像是将处理之权交给了左宗棠，其实，是堵他的口。“嗣后该侍卫营中军饷军械，即由左宗棠随时拨给。此中轻重机宜，谅该大臣自能斟酌办理也。”〔二〕

〔二〕同治七年三月十七日上谕。

统帅之所以为统帅，就是要做到两句话，所谓“运筹帷幄之中，决胜千里之外”。其实，“决胜”之事，多有赖于前线将领的现场指挥，主帅身处“千里之外”，是不能“遥制”的。主帅在“帷幄之中”，除了制定整体战略，真正要竭尽心力“运筹”的乃是饷需问题。湘淮诸帅，自起兵到裁兵，从东南到西北，大部分时间、精力都用在筹饷上。甚至可以说，主帅威信之所以能够建立，领导能力、人格魅力固然重要，筹饷的本事才是实实在在的功夫。否则，书生带兵，仅靠道德文章，没有银钱粮草，武将们是万万不会服气的。“筹饷难于筹兵”，是曾、胡、李、左的共识；无饷不可添兵，则是具体操作的常识。〔一〕明白了这一点，就不难想象，左宗棠必对突然增加的三千陈军（谕旨限额之数），深感棘手。但是，陈国瑞既然开得出七两五钱的高价，不言而喻，他的饷源早有着落，并不需要左宗棠“随时拨给”（至少短期内如此）。不需要经济支持的话，名义上归不归左宗棠节制，对陈国瑞来说，有什么本质区别？陈军的早期投资，必然来自奕譞的拨款，花了神机营的钱，不听神机营的令，怎么可能？所以，实际上的控制权，左宗棠并没有得到；当然，他也不稀罕得到。多一事不

〔一〕湘淮诸军，上下所以和衷，将士所以用命，根本在于战时的后勤保障以及战后的财产分配。只是此章并不以此为重点，故详细分析从略。作者将在讨论营制的专章论述此一问题。

如少一事，名义上场面上大家得过且过，私底下实践中大家该干吗干吗。所以，“此中轻重机宜”，“该大臣”心中有数，必定能“斟酌办理”。“该侍卫”心中也很亮堂，高薪挖兵、抢夺装备的“既得利益”不被剥夺，以后收敛一点，还是能做一支自由自在驰骋在华北大地的“游击之师”。

当日剿捻，大部队有三支，分别由左宗棠、李鸿章、都兴阿统率，重大战役，也由此三路大军应付。陈国瑞游玩其中，打仗的机会不多，闲得发慌，甚为无聊。不为无益之事，何以遣无聊之日？要文斗，不要武斗（吸取与刘铭传争斗大败的教训），那就只好骂人。他写信给左宗棠，“历数其短”，如排挤曾国藩，是为“背恩”；压制鲍超、蒋益澧等人，是为“攘功”。〔一〕陈国瑞并非言官，所言之事，跟他本人没有一点关系，而且都是诛心之论，辩无可辩。左宗棠收信后只有摇头苦笑，他不能也不屑于回信对骂，所以只有憋下这口怨气。陈国瑞还不罢休，将信稿交给奕譞，嘱为代奏，俨然把自己当作维持风纪的御史。〔二〕下级如此猖狂，但又不能“节制”，再被他骂上几回，笑话必然越闹越大。因此，左宗棠借口所部与陈军相隔遥远，不利指挥，请求将陈

〔一〕薛福成《庸盦笔记》卷二。

〔二〕赵烈文同治七年七月二十四日记：“见陈国瑞骂左季高书，甚畅达。盖陈往见，不为所礼，而陈故狡悍，新得援于恭、醇诸邸，又刺左不满人口事，故大放厥辞。夫人必自侮而后人侮之，岂不信哉。”（《能静居日记》，第1197页，岳麓书社，2013年）

国瑞交由山西巡抚节制〔一〕。但是，军机处既然把皮球踢过来了，再要踢回去是不对的，所以谕旨云："仍着左宗棠随时调度，不必有所顾忌……该大臣身为统帅，不得诿诸他人为自全之计。"〔二〕左宗棠都管不了，别人怎么管得了？而且调离神机营本就是你左宗棠的建议，好事要做到底，这时候想卸肩，恭亲王自然不答应了。

但是，没过多久，陈国瑞"游击"到山东境内，左宗棠奉命专防直隶运河两岸，调度实有不及。恰逢李鸿章督师北上，进入山东境内。于是，朝旨俞允前请，将陈国瑞调归李鸿章指挥。李鸿章是刘铭传的上级，按照陈国瑞的做派，不和他为难是万万不能的，但是，不过两月，清军就取得了剿捻的全面胜利，陈、李之间也就来不及发生不得不说的故事。事后封官晋爵，陈国瑞战功虽不卓著，但也开复以前处分，并赏给云骑尉世职。诸军旋即裁撤。左宗棠楚军入西北，李鸿章淮军变成防军，陈国瑞两不相与，无所事事，遂往来江苏、直隶间，终日游玩。九年，发生天津教案，他并未参与动乱，前已说及，略去不表。综观同治七、八、九年间，陈国瑞优游疆场，交结王公，无功而受禄，有事则开骂，一帆风顺，万

〔一〕《请将陈国瑞交山西抚臣节制片》（同治七年三月二十八日），《左集·奏稿》（三）。

〔二〕同治七年四月初三日上谕。

事如意，如前所谓，正是一段“事机最顺、意气最盛”的黄金岁月。但是，祸福相依，动静相生，陈国瑞这种人注定不能过上平淡无奇的生活，不是他自己无事生非，就有别人要借题发挥。在扬州邂逅李世忠，就打破了陈国瑞的幸福生活。

绑 架

李世忠，原名昭寿，河南人。咸丰中前期，他在淮南起兵，周旋于捻军、太平军、清军之间，忽降忽叛，忽叛忽降。那时天下大乱，谁也腾不出手来惩治这个反复小人。咸丰八年，胜保亲赴清流招降，他才定下性来。此后奋勇杀“贼”，咸丰特为褒奖，赐名“世忠”。同治元年八月，胜保被逮捕，李世忠上书朝廷，“请黜己官为之赎罪”（彼时李官提督）[一]。次年，胜保赐死，李世忠失去倚靠，夹在僧军、淮军之间，不免屡受排挤。但是强弱之势非同往日，再要造反，必定是自寻死路，因此，他只能低声下气，苟活其间。其中，欺负他最厉害的当属陈国瑞。不但抢他的盐，杀他的部将，连他自用的马鞍、皮大衣也强行索要。种种不堪之事，每一想起，李世忠

〔一〕《代李世忠奏请褫职立功代赎胜保之罪折》（同治二年正月二十七日），《曾集·奏稿》（六）。

不由得咬牙切齿，怒火中烧。但是，陈大帅是僧军第一大将，打仗奋勇，声名日起，而李历史污点太多，此时又没有了靠山，于是人人切齿，声名极坏。他要敢说个“不”字，陈国瑞必定把他当作“反贼”予以剿灭。太平天国灭亡后，他的军队被遣散，自己也开缺回籍；而陈国瑞混迹剿捻大军，且有京中醇王等人撑腰，两人实力对比太过悬殊，他就更不可能报复到陈国瑞。这口气看来要一直憋到咽气为止。

陈国瑞离开军队后，不乐北居，遂骑鹤下扬州，当起了寓公。李世忠虽已回到河南，但曾在扬州置办房产，今拟变卖为养老之资，于是前往扬州处理产权交易。就这样，同治十年，二人邂逅于烟花三月的扬州。李世忠憋气已久，一直找不到报复的机会，老天有眼，让他在扬州遇到一个赋闲的陈国瑞，此时不报仇雪耻，岂不遗憾终身？于是，办妥交易，他便登门造访。

美人迟暮，名将白头，俱是难以为情的景况。其所以难为情，则因害怕寂寞。欲消除寂寞，最好的办法是昨日重来，再创辉煌。但是天下太平，英雄无用武之地，除非起兵造反，否则欲求一战而不可得。这个设想过于荒诞，不足为法。其次，则沉醉于辉煌的往事中，逃避现实。其具体做法，或者写回忆录，或者找来阿猫阿狗，发泄一下倾诉欲。陈国瑞粗通文墨，写书不能成章，只好通过侃大山解决此一问题。侃大山的对象，最好是曾经共事之人，因为有共同语言，易于交流；这个共事者的功绩若不如己，则是上上之选，否则不能保证足够的话语权。尤有甚者：倘若屡败于己的对手，能够把酒对坐，重温当日战事，我说我怎么胜，他说他不该败，然后我告诉他事实胜于雄辩、历史不能假设。他登时语塞，满面通红，只好不发一语，埋头喝酒。斯人可遇而不可求，简直就是上帝赠予白头名将的礼物。所以，于寂寞难耐中得见斯人，陈国瑞十分激动，十分愉快。加之二人功成名就，有房有车，讲究持盈保泰，以礼相待；不能如从前做无产阶级时动辄靠武力解决问题，所以他不担心李世忠心怀不轨，真能搞出什么花样。李世忠虽有所谋，但不能过早暴露，乃强颜欢笑，虚与委蛇。于是，招妓命仆，饮酒听戏，连日宴谈，宾主尽欢。

席次，陈国瑞纵谈往事近事，“一种恃强喜事光景”，谈到兴起，故态复萌，又找李世忠要东西。小到金鱼，大到假山，乃至李世忠带来扬州作公关之用的花鼓戏班，陈国瑞也要他赠送报效。李世忠一一答应，只待陈国瑞完全失去警惕，他便有机可乘。陈国瑞果然中计，交往多天后，不复有防范之心，家中保卫大为松懈。于是，四月十四日，李世忠领着一帮打手，“军营穿着，携带刀枪”，闯入陈宅，强行劫持了陈国瑞。据陈国瑞事后禀称：“扭拖之时，揪落头发一绺。”看来，李世忠是扯着辫子将他拖出家门的。此前，为运送家资，李世忠备好了船只，出门后，陈就被绑到船上。旋即开船南下。途中，李世忠强迫陈国瑞手写家信，称当于某月某日送若干银子至某处。按之国法，李世忠的行为已经由故意伤害他人身体罪升格为绑架勒索罪。

陈国瑞被绑走，其侄陈泽培赶紧带人追赶。李船已经开行，陈泽培只能在岸上呼救，并扬言救出陈国瑞者，立赏万两，抓获李世忠者，亦赏万两。当日河中船只水手多为湖北人，闻听老乡陈大帅被绑架，早已萌发救人之意，待听得还有高额悬赏，更是拼命追赶，个个争先。一时间，河中岸上，“呼声震天”，并在瓜洲四里铺围住李船。李世忠可没料到这种情况，慌乱之下，将陈国瑞转移到小船上，自己也换船逃跑。喊打喊杀声中，李世忠“仓皇落水”，泅渡逃跑。水手们登上大船，没找到陈大帅，却发现了李世忠运往家乡的银两辎重，于是一哄而上，抢个精光。陈泽培随后赶到，陈、李俱不见踪迹，乃揪获在船婢妾四人，带回扬州，以备交换“战俘”。途中，一人跳水自尽。第二日，其他三人被押到扬州，游街示众。

李世忠人财两空，不敢再回扬州，只好带着被绑架的陈国瑞，开具失单，去南京“报案”。十七日，李世忠到了督署，请见总督。曾国藩在绑架案发生之次日就已得到消息，对李世忠的“无赖行径”深感愤怒，于是不予接见，但令速将陈国瑞释放，再作处理。李世忠赶紧将陈国瑞带来，于是分头审讯，整理案情。

两份口供，各执一词。李世忠列举陈国瑞强抢盐船、马鞍、皮衣事实，强调此次不是绑架勒索，乃是讨还旧债。陈国瑞则说盐船变卖，用于发放奖金（职务犯罪），马鞍、皮衣不是抢夺，而是李世忠自愿赠送，他根本就没有债务。对这段糊涂账，曾国藩批示：“当时未经呈报有案，此次又未先行申诉，从前军营无理之事，只好概置不论。”对于李世忠引此为绑架陈国瑞的借口，希图逃责，曾国藩反唇相讥：“试问李世忠：咸丰间，掳财杀人之事，不知凡几，若令被害之家一一全来诉冤，又将何以处之？”然后，“平情而论……陈国瑞所供规劝李世忠各语，即系生平甘言欺人之伎俩，李世忠之事事允其所请……即系生平蓄谋害人之伎俩。两人之心术相近，而李世忠尤为凶狠”。二人都不是善男信女，“心术相近”，只需辨别过多过少的问题，无所谓有罪无罪的区别。陈国瑞“生平甘言欺人之伎俩”，言外之意，则是六年前陈国瑞回复曾国藩两千字“长批”时，“词气极为谦谨”，却“无矢志遵行之语”。李世忠“生平蓄谋害人之伎俩”，则指斥其屡降屡叛的劣迹。最后判决，原告被告都要受处罚：李世忠“软禁陈镇”，“掳人勒赎”，本应严惩。而此前朝廷受降，“业已保全于前”，所以从宽处理，免其治罪，只是革去提督，勒令回籍，交地方官严加看管；陈国瑞是受害者，但是“好作大言，以致家属效尤生事（指陈泽培劫持李妾并逼死一人），且先与李世忠交接往来，挟妓演戏，亦属有玷官箴”，故降级为都司，也勒令回籍。其他为首滋事水手及陈泽培则另案处理，酌加惩办。〔一〕

〔一〕《批瓜洲吴镇等禀前江南李提督与陈镇国瑞互相滋事缘由》（同治十年四月），《曾集·批牍》。

此判就像上次的长批，陈国瑞又受到不公平乃至粗暴的待遇。他固非良善，但就事论事，不能不说他是案中绝对无辜的受害者。至于“家属效尤”，聚众闹事，并酿成命案，他当时被关在船舱，想管也管不了，实不应为此负责。唯一算得上的错误，只有“挟妓演戏”一条，可是仅凭这条，降职也就罢了，勒令回籍，不太过分了吗？上次长批不能公平的原因，如前所述，在于曾国藩无法对淮军将领一视同仁，情不得已，让陈做了牺牲品。此判过分，原因又在哪里呢？

曾国藩素来看不惯陈国瑞，伺机泄愤？然则去年天津教案，曾国藩就可应法国公使之请，将陈国瑞论罪“议抵”，何必等到今年？显见，原因不在曾国藩的一己观感。不过，真正原因却和洋人有关，并可上溯到去年的教案。陈国瑞没有亲身参与天津爱国市民的砸抢烧杀，但是他袖手旁观，并出语鼓励，已经法国公使罗淑亚记录在案。他平日言论，也有“志在驱夷”之类的大言。他的职务，相当于今日警备区司令；而名闻中外，又类似今日的公众人物，所谓名人。扬州等口岸城市，则是教士、洋商麇聚之地，陈国瑞稍有排外举动或者类似言行，必定引起西人注意。十年四月初，总理各国事务衙门就接到英国人投诉，说陈国瑞“分散银钱，煽动百姓”，刊刻排外出版物《辟邪实录》〔一〕（按，此书当日已是禁书），并“怂恿匪徒窥探进攻”。于是总署致函曾国藩，“引（天）津事为戒”，要他“传饬陈镇勿再逗留扬郡”。而曾国藩派人调查，则发现投诉之事都是子虚乌有。“分散银钱，煽动百姓”云云，乃是陈国瑞于年终大做善事，给贫民发放钱米；刊刻禁书，查无实据；“怂恿匪徒”云云，纯乎想当然耳的诛心之论。他这

〔一〕此书作者，署名“饶州第一伤心人”，实为湖南人周汉化名。是四卷本《辟邪纪实》的节选本，主要内容为指斥天主教为邪教，呼吁政府、人民加以禁绝。

个总督刚刚在直隶任上处理教案，不尽妥当，被群众骂为“汉奸”，倘再“因彼族无稽之谣，遽下逐客之令”，适足成全陈国瑞的令名，而尽毁自己的晚节。所以，曾国藩夹在总署指示和民间舆论之间，左右为难。恰在这个尴尬时刻，陈、李事发，送来一个撵走陈国瑞的机会，所以他的判决要故作严厉，过分其词，将陈国瑞也“勒令回籍”。既处理了目前的突发事件，又消除了日后的外交危机，“斯一举两得之道也”[一]。

〔一〕此段引文参见《曾集·书信》(十)，同治十年四月间致沈秉成、丁日昌、李鸿章、陈兰彬等人函札。

曾国藩“一举两得”，倒霉的陈国瑞却“祸不单行”，绑架受辱不算，还莫名其妙地“勒令回籍”。曾国藩简直是他命中注定的对头：上次被参奏，诱发他的精神病；这次被驱逐，断送他的养老梦。呜呼！“白云可杀不可留”，否则，就只能“黄鹤飞来复飞去”了。

第二年，曾国藩死于南京。光绪元年，陈国瑞偷偷潜回扬州。不久，牵涉一桩命案，于光绪二年发配到黑龙江齐齐哈尔。他名其住处为“卧虎轩”，改称西泡子为“虎溪”，自号“虎溪钓客”。光绪八年，病殁，享年四十七岁。[二]

〔二〕陈国瑞在齐齐哈尔的事迹，参见谭彦翘《虎溪钓客陈国瑞》一文，载《退食说故三编》，2008年。又据李详《药裹慵谈》卷四《陈总兵庆云之女》条，知国瑞有一女，适雷以诚孙。

附 录

陈国瑞与谭廷襄书〔一〕

部民有发僧天元道人顿首再拜，谨奉书于竹崖督帅大公祖阁下：

杜老云："炎风朔雪天王地，只在忠良翊圣朝。"〔二〕其君之来督吾楚，以救民水火之谓欤？武侯曰："鞠躬尽瘁，死而后已。"其仆昔日之愚忠，可以质诸天地鬼神而不能剖以示人之苦心欤？五祖〔三〕曰："心心相印。"非仆与君未谋面之神交欤？语曰："飞鸟尽，良弓藏。"其千古将帅之谕定〔四〕欤？嗟嗟。"栈石星饭，结荷水宿"〔五〕，是仆罢兵后间道取归景况。"近乡情更怯，不敢问来人"〔六〕，是仆初入里门景况。"世乱遭飘荡，生还偶然遂"〔七〕，是仆与家人老弱终夜共话、刺刺不休景况。"伤心不忍问耆旧，复恐初从乱离说"〔八〕，是仆与邻人酬酢景况。"在山泉水清，出山泉水浊"〔九〕，是仆思渴多饮，以清肺肝景况。"磨刀呜咽水，水赤刃伤手"〔十〕，是回思辛苦贼中来景况。"积尸草木腥，流血川原丹"〔十一〕，是今日之《无家别》《垂老别》景况。呜呼！"手无斧柯，奈

〔一〕此书录自罗惇曧《宾退随笔》。

〔二〕杜甫《诸将》之四，"良"应作"臣"。

〔三〕即弘忍，慧能的师傅。

〔四〕"谕定"不可解，疑为"论定"。此书所据版本为山西古籍出版社民国笔记小说大观丛书之《罗瘿公笔记选》，此套丛书在标点排印方面的错误触目皆是，出现"谕定""论定"这种鲁鱼豕亥的情况，并非罕见。鄙人手头别无佳本，暂用滥竽，实在是不得已的尴尬事。

〔五〕鲍照《登大雷岸与妹书》。此处，山西古籍本标点为"嗟嗟栈石星，饭结荷水宿"，不知所谓，为上注的批评提供了很好的佐证。

〔六〕宋之问《渡汉江》。

〔七〕杜甫《羌村》之一。

〔八〕杜甫《忆昔》之二。

〔九〕杜甫《佳人》。

〔十〕杜甫《横吹曲辞》之三。

〔十一〕杜甫《垂老别》。

〔一〕蔡邕《琴操·龟山操》。

〔二〕杜甫《奉寄章十侍御》。

龟山何?"〔一〕惟有日夜焚香默祷，以祝吾帅"指挥能事回天地，训练强兵动鬼神"〔二〕，使死者尽雪耻，生者皆衔恩而已。仆买山以来，旧部士卒生还者，惟千总段得胜一人。昨来相见，仆久居深山，闻足音则欣然以喜，仆怜其转徙无成，今幸得归隶麾下，伏惟鞭策，使尽其犬马之劳，不胜大幸。

按，陈国瑞诗文见诸记载者极少，只言片语，皆足宝贵，故特抄录此书。

谭廷襄，字竹崖，浙江绍兴人，道光十三年进士，曾任直隶总督、署理湖广总督、刑部尚书。

此书当作于同治五六年间。据《清史稿》，同治五年，湖北巡抚曾国荃参劾湖广总督官文"贪庸骄蹇"、滥用公款，清廷派刑部尚书绵森、侍郎谭廷襄赴鄂调查。确查得实，官文革职，谭廷襄留署总督。其时，陈国瑞因被漕督吴棠奏劾，革职，并勒令回籍。故陈在信中自称是署督谭廷襄的"部民"。

此信内容，一则发牢骚，一则为部将段得胜的工作问题向总督打招呼，请求照顾。信中列引蔡邕、诸葛亮、鲍照、杜甫诗文及禅宗语录，以抒发情感，可知陈国瑞不是不通文墨的莽夫。而用杜诗尤夥，则其于《三国演义》以外，必曾用力于杜集。陈国瑞好佛，相关记载颇多，此书自号“有发僧”，印证了这种传言。只是，他又自号“天元道人”，僧、道并称，俨然有打通佛、道二教的气魄，则似尚未为人道者。

七百余字的短函，引用诗文却有十二处之多，颇有“无一字无来历”的学究气味，不仅在武人文字中不多见，在文人书牍中恐怕也算另类。但是，自“栈石星饭”至“流血川原丹”，全用成句，描述自己从江苏贬斥回乡的道路见闻，以及退伍闲居后的郁闷心境，允称妥帖，并非为引用而引用的无聊做派。至于“呜呼！‘手无斧柯，奈龟山何’”，则与“白云可杀不可留”同一机杼，暗指自己受到湘、淮诸人的排挤。

亲见此书的罗惇曧说此书“书法浑劲腾踔，大似颜鲁公（真卿）《祭侄文》”，适与吴光耀《庚戌文钞》说陈国瑞书法“得颜鲁公气魄”相符。

相期无负平生（上）

据说，同治三年某日，湘阴文庙生出一株灵芝。郭崑焘写信给他哥哥嵩焘，开玩笑说："文庙产芝，殆吾家之祥。"去年，郭嵩焘署理广东巡抚，崑焘此语，恰说此事。但是，另外一个湘阴人不乐意了，这年十月，他因肃清全浙之功锡封一等伯爵。较之五等封爵，区区署抚算个什么事？哪里配得上灵芝瑞应？所以，他说："湘阴果有祥瑞，亦为吾封爵故。何预郭家事乎！"遂致书郭嵩焘，争此吉兆归属。二人互不相下，"以兹小故，寖成大郄"。这个湘阴人，便是郭嵩焘的亲家大人左宗棠。〔一〕

左、郭因此构衅。不出二年，便发生了令郭嵩焘抱恨终身的"大郄"：受命节制闽、赣、粤三省军务的左宗棠参奏粤抚筹饷不力，郭嵩焘因此去职。在详述这件因灵芝引发的"倾轧"事件之前，我们有必要了解此前发生在左宗棠身上的一件大厄事，以便更深切地体会郭嵩焘抱屈怀辱的辛酸。〔二〕

〔一〕这个故事由长沙人方表提供，见黄濬《花随人圣庵摭忆》。本书《战天京》一章，引用曾国藩同治三年四月二十日致曾国荃书，即方表从曾国荃后人手中购得者。郭嵩焘与左宗棠兄宗植为儿女亲家，故左宗棠也是他的姻亲。惟据左宗棠《红蝠山房记》，方氏所记殆误。《记》云："余近寓东华门外北池子西偏，对禁城，中隔荷池，户牖皆拱宸垣，于隙地构屋，拓新旧石鼓文张之壁，名曰石鼓阁。一夕，门楣茁玉芝五，屋中四。周荇农阁学见之，为图而缀以颂。余自念无以致之，然不谓无其事。兹于休沐之际，乃奉命以大学士督两江，休乎咎乎？其应在我与异时居此者乎？又安得而知之。"按，光绪七年，左任江督。

〔二〕当然，鄙人并不认为方表"以兹小故，寖成大郄"的"灵芝"说能够说明左、郭交谊的真相。请读者根据后述广东事件自行判断。

忘八蛋，滚出去

咸丰八年十二月初三日，养心殿西暖阁，文宗和郭嵩焘谈毕公事，话锋一转，问起了左宗棠：“汝寄左宗棠书，可以吾意谕知，当出为我办事。左宗棠所以不肯出，系何原故？想系功名心淡？”郭嵩焘说：“左宗棠自度赋性刚直，不能与世相合。在湖南办事，与抚臣骆秉章性情契合，彼此亦不肯相离。”问：“左宗棠才干是怎样？”答：“左宗棠才极大，料事明白，无不了之事，人品尤极端正。”问：“闻渠意想会试？”答：“有此语。”问：“左宗棠何必以进士为荣？文章报国与建功立业，所得孰多？他有如许才，也须一出办事方好。”〔一〕

二十年前，亦即道光十八年，左宗棠在第三次名落孙山后，黯然神伤，给老婆写信：“从此款段出都，不复再踏软红与群儿争道旁苦李矣。”〔二〕（按，此所谓苦李，盖即酸葡萄也。）二十年后，他已经是湖南巡抚骆秉章幕中鼎鼎有名的左师爷，不但名闻湘、鄂，甚且“简在帝心”，但是，未中进士的遗憾，并不曾因此稍减。郭嵩焘据实回答，文宗“何必以进士为荣”之语，似乎对左宗棠这个“进士情结”很不以为然。然而，此次君臣对话，并非专门讨论左宗棠的“进士情结”，其背景乃是

〔一〕《与诸子》附郭嵩焘与左书（同治丁卯），《左集·书信》。

〔二〕《与周夫人》（道光十八年），《左集·附册》。

一桩参案：湖南巡抚参劾永州总兵樊燮案。

湖北恩施人樊燮能留名史册，一是因为此件参案，一是因为他儿子樊增祥是清末民初的大诗人。先说此件参案。樊燮在永州总兵任上，官声极坏，其主要劣迹，一在贪，一在纵。贪者，贪污也。永州地区防兵共两千余人，常驻城内约三百人；日常在总兵官署当差的，却有一百六十人。樊家的厨夫、水夫、花匠、点心匠、剃头匠等额，都由兵丁充任，薪水则从军费中支取。不仅此也，举凡日用绸缎、房屋装修，也都挪用军费。因此，樊总兵排场虽大，用费却极俭省，全拜贪污所赐。纵者，纵肆也。樊总兵治军甚严，有违犯军令者，一概军棍从事；而部下多在其家当差，不免偶触家法，也是军棍从事。樊家演戏，某千总迟到，违反了参加音乐会不应中途进场的社交礼仪，棍责数十；管理厨房的某外委千总烧煤过多，不能厉行节约，棍责数十；管理轿务的兵丁，因轿房灯具失修，棍责数十；樊总兵下基层视察，负责沿途招待的某把总因故迟到，即在船边扒了裤子打屁股。这些情况都被反映到省里，“总管”一省军务吏事的左师爷闻之大怒，立即建议骆秉章参劾樊燮。自咸丰四年入幕以来，骆秉章对左宗棠是言听计从，按左宗棠自己的话说：“所计画无不立从。一切公文，画诺而已，绝不检校。”〔一〕因此，骆秉章迅即上奏参劾樊燮〔二〕。

〔一〕《与周夫人》（咸丰四年），《左集·附册》。

〔二〕《清史稿·本纪》卷二十，咸丰八年十二月，“永州镇总兵樊燮以乘肩舆劾免”。

但是，樊燮是个有背景的人，他和时任湖广总督的官文关系非同一般。骆秉章参他之前，官文却已上折保奏他为湖南提督。看到两份内容完全相反的奏折，文宗不免有些困惑，因此见到来自湖南、湖北的官员就要问一声左宗棠何许人也。这就是郭嵩焘召对的背景。

总督要保，巡抚要参，官文心里自是极不舒服。更令他不舒服的，乃是明知樊燮是“官”人以后，左宗棠不但不化刚为柔，反而变本加厉地侮辱了樊燮一次。咸丰九年四月，樊燮到省，接受“双规”，赴抚署请训，骆秉章让他径去左公馆听候发落。樊燮至左公馆，作揖行礼，而未下跪请安，左宗棠厉声喝曰：“武官见我，无论大小皆要请安，汝何不然？快请安！”樊燮答曰：“朝廷体制，未定武官见师爷请安之例。武官虽轻，我亦朝廷二三品官也。”左被依礼驳斥，不由得恼羞成怒，大骂一句：“忘八蛋，滚出去！”随即再次奏劾樊燮。

“著名劣幕”

实话实说，左师爷这次做得确实有点过。樊燮堂堂正二品，怎么能向无品无级的师爷下跪呢？武官“无论大小皆要请安”，则是大言欺人，纯属吓唬参案在身的樊燮而已。最后那句“忘八蛋”，更是仗势欺人，毫无风度可言。当然，左文襄公一生善骂，这次不过是初试啼声，此是后话，先且搁下。樊燮当然咽不下这口气，兼且再次被参，不进行反击，势必摘去顶戴，于是，立即向官文诉冤、求救。官文一听，那还了得：区区一个师爷，一再不给我面子，不灭他一道，以后还怎么在湖南、湖北混？旋即兵分两路：樊燮向武汉督署、北京都察院递禀诉冤，反控“左某以图陷害”；官文亲自具折，参劾“著名劣幕”。

“劣幕”这两个字，很犯忌讳。在政府架构中，幕客是没有位置的，但是，在实际政治生活中，幕客又是一个不可回避的现象。清朝以前，幕客就已出现，不过，历朝历代的幕制都没有像清朝这样发达：

> 清代幕制至为发达，其原因是圣祖、世祖〔宗〕[一]责备臣下，异常酷苛，屡兴大狱，稍一不慎，即有陨越。所以，臣下奏章文字都是兢兢业业，不敢作一越分语，而自蹈不测之祸。……（仁宗）[二]犹深名、法之言，明察刑狱，穷极豪芒，条例滋多，处分益密，而督、抚、司、道、州、县，大都以制义（即八股文）起家，法令章程，非所素习，不能不另请明习律令的人员辅佐为治。[三]

〔一〕圣祖，即康熙帝；世祖，为顺治帝；世宗，为雍正帝。能当得起“酷苛”二字的，当是康熙、雍正爷俩。且按排序，顺治应该排在康熙之前。故此处疑原文误将“世宗”写作“世祖”。

〔二〕仁宗，嘉庆帝。

〔三〕张纯明《清代的幕制》，见《岭南学报》第九卷第二期。

在上者“明察刑狱，穷极豪芒”，在下者俱非法律、经济专科毕业，而“大都以制义起家”，故不得不聘请幕客，帮助处理“非所素习”的刑名、钱谷等诸般公务。政府为控制公务员规模，节省办公经费，故不愿为各级行政长官设立帮办、顾问的职位；而各级长官为了应付职差，不辱使命，不得不“自费”养一批幕客。表面上看，国家确实节约了开支，可是，这个“自费”既然打了引号，其实非自费，又不待赘言。我们听到的名目繁多的“陋规”“虚冒”“苛捐”“杂税”等“灰色收入”，其大部分就用来负担幕客的开支。然则，国库虽不因此而虚减，人民实因此而加重负担。当然，民生问题历来不是吾国政治的重点；“肉食者”虽然明知幕客制度乃是一种畸形制度，但在国家开支得以节约的前提下，也就掩耳盗铃，并不严命废除。甚而有才高能显的著名幕客，可以上达天听。例如，被雍正称为“巡抚中第一人”的田文镜，其幕友邬先生就获此殊荣。田上请安折，雍正批曰：“朕安。邬先生安否？”〔一〕

〔一〕李孟符《春冰室野乘》。

但是，凡事皆有利弊。幕客固然是朝廷命官的好帮手，但为善为恶，存乎其心而已。倘若把持官府，枉刑纳贿，有官之权而无官之责，那也令人头疼。故同样是雍正皇帝，就曾下过一道这样的谕旨：

各省督抚衙门事繁，非一手一足所能办，

势必延请幕宾相助，其来久矣。但幕宾贤否不等，每有不肖之徒，勾通内外，肆行作弊。黜陟属员，则清浊混淆。申理狱讼，则曲直倒置。败督抚之清节，误督抚之功名。彼则置身事外，饱橐而去。殊属可恨！夫今之幕客，即古之参谋、记室。凡节度、观察等使赴任之时，皆征辟幕僚，功绩果著，即拜表荐引。彼爱惜功名，自不敢任意苟且。嗣后督抚所延幕客，须择历练老成、深信不疑之人，将姓名具题，如效力有年，果称厥职，行文咨部议叙，授之职位，以示砥砺。〔一〕

〔一〕《雍正朝东华录》卷二，雍正元年。

这可算是清朝关于幕客使用的基本大法。幕客如果一心求财，则不免在办理人事（“黜陟属员”）、刑事（“申理狱讼”）这些重要公务时上下其手，一味贪索。倘若悬以功令，在科举以外，给这些编外知识分子（很多幕客出身秀才乃至举人，并非一般“愚氓”）指明一条升迁之途，或许能减少乃至杜绝幕客们“任意苟且”的现象。因此，“效力有年，果称厥职”的幕客，可以绕过科举这道坎，经吏部“议叙”后，“授之职位”。然则，学而优则仕以外，还有一道幕而优则官的后门，幕客们名心一动，官瘾一发，未尝不会检讨自己的行为，以便博取功名。反之，也可见朝廷早已认识“勾通内外，肆行作弊”的“劣幕”的危害性，一旦发现，绝不会姑息。因此，左宗棠被官文、樊燮这两位一、二品大员以“著名劣幕”“以图陷害”的罪名告上朝廷，文宗势必要严肃处理。

左宗棠在湖南一地，固然极为威风，但是，京城、湖南相隔千里，而与之为敌的又是总督、总兵，下情不能上达，命官亲于幕客，这是自然的道理。因此，此案一开始被钦命严查，左宗棠就注定处于极为不利的地位。骆秉章倒是讲义气，立即复奏为其辨冤，但是，骆、左二人是雇佣关系，不能逃脱包庇的嫌疑，故批谕有“劣幕把持”一语，严加申饬。骆秉章只能噤口不言，再不敢放半个屁。最搞笑的是，“劣幕把持”四字传开以后，左公馆大门左侧就被好事者刷了一道标语：“钦加劣幕衔帮办湖南巡抚左公馆。”〔一〕搞笑归搞笑，左宗棠还真不敢抹去这道标语。为什么？我先讲段杭世骏的逸事：

〔一〕朱克敬《瞑庵杂识》。

乙酉岁（乾隆三十年），纯皇帝南巡。大宗（世骏字）迎驾。召见，问：“汝何以为活？”对曰：“臣世骏开旧货摊。”上曰：“何谓

开旧货摊?”对曰:“买破铜烂铁,陈于地,卖之。”上大笑,手书“买卖破铜烂铁”六大字赐之。[一]

〔一〕《龚自珍全集》第二辑《杭大宗逸事状》。许指严《南巡秘纪》“破铜烂铁”条记载此事更详,云乾隆所书非六字,乃“买卖碎瓷故纸收贩破铜烂铁”十二字。龚较许更近于乾隆时,故不采用许纪。然论详细精彩,许又大胜于龚矣。有兴趣的读者不妨取阅。

这六个大字,立即被裱起来,悬挂于杭世骏的破铜烂铁店(按,其实则古董店也,在西湖边)。除了“本朝”典故,还有一个更著名的前朝案例,即所谓“奉旨填词柳三变(永)”,都能体现出天音御笔的可贵。因此,左公馆门侧的标语,在案情水落石出以前,是不能随便抹去的。

有忍乃有济

不过,当日的左宗棠,是绝对笑不出来的。罪名查实,判他“陷害”樊燮的话,他就免不了逐出幕府、充军新疆的处罚[二]。那么,如何化解这道灾厄呢?如前所述,官司已经到了御前,要斡旋的话,不去北京是不成的。去北京,也有讲究。一则三人对六面,去刑部辩论一番;一则委托能通天的主,在御前美言一番。左宗棠不是曾国藩,他没在京城各部混过,更没有穆彰阿、倭仁那样的奥援,加之天性倔强,不肯钻营,故致书胡林翼,说得甚为

〔二〕《复胡润之》(咸丰九年九月十四日):“革职逐出幕府,再议以罪名,重至新疆而止,亦无损于我,我自有我在也。”后面一句是强作大言,一望而知。见《左集·书信》(一)。

悲壮：

“萧育、杜陵男子，何云诣簿”，乃汉人尚气语，农人不愿学。国人陈天一先人〔生〕[一]潢佐靳文襄治河，曾蒙特恩赏国子监祭酒，后以蜚语上闻，愿就刑部对质，一夕暴死，乃吾师也。不负特达之知，不与党人之祸，不挫丈夫之气，其自处较有道理。[二]

萧育事，见《汉书》卷七十八《萧望之传》，原话是：“萧育、杜陵男子，何诣曹也。”诣簿、诣曹，皆是前往纪委接受调查的意思。萧育此语，若谓：大不了不当官，洒家哪有闲心跟部吏调情？制度、法律，与时俱密。清朝不是汉代，不把问题交代清楚，一走了之是不行的。左宗棠身为名幕，岂不知其中道理？故云：这是汉代人的气话，我不学他的坏样。“农人”，其时左自称“湘上农人”[三]。陈潢，康熙时著名水利专家，是河道总督靳辅的高参，“凡辅所建白，多自潢发之”。后来，靳辅因水利问题与于成龙[四]辩难，学术争端渐渐演变为政治斗争。旋即靳辅失势，陈潢跟着倒霉，“逮京师，未入狱，以病卒”[五]，即左宗棠所谓“一夕暴死”。陈潢敢于“对质”，却又勇于

〔一〕陈潢，字天一。此处云“陈天一先人潢”，“先人”当为“先生”之误。据岳麓版《左集》，此信录自《中国历史文献研究集刊》第五集《左宗棠书信二十一封》，则未知此处为左宗棠笔误，抑或为校对印刷之误。

〔二〕《复胡润之》（咸丰九年八月二十五日），《左集·书信》（一）。

〔三〕左宗棠一生，以诸葛亮自期，自号“今亮”“老亮”。这个“湘上农人”的雅号，似乎就借鉴了诸葛亮“臣本布衣，躬耕于南阳”（《出师表》）这句话。

〔四〕康熙年间，有两个于成龙。一则山西永宁人，号称“清官第一”。一则汉军镶黄旗人，与靳辅辩论治河者。

〔五〕《清史稿·列传》卷六十六。

“暴死”的精神，才是左宗棠所欲效法的榜样。敢于对质，表示问心无愧；勇于暴死，则是士大夫不愿受狱吏摧折的传统风骨。所以，他最后说，只有这样，才对得起皇帝（“特达之知”）、朋友（不会因审讯引发“党人之祸”，牵连胡、曾等人）〔一〕和自己（“丈夫之气”）。

〔一〕《复胡润之》（咸丰九年九月十九日）：“朋党之嫌不可不避。上询澹公，左某系何人荐之骆某？意疑公与涤耳。”见《左集·书信》（一）。按，“澹公”，罗遵殿，字澹村，时由湖北布政使升任浙江巡抚，赴京请训，文宗即以此语询之。他和胡、曾、左等人都有交情，故将此语传达回湘。“涤”，曾国藩，号涤生。

胡林翼是左宗棠最好的朋友，也是他的姻亲〔二〕。道光十七年，二人在北京订交，迄今已有二十多年的交情。二十几年中，胡林翼自进士（道光十六年）而知府（道光二十七年）而巡抚（咸丰五年），不能说一帆风顺，但比起三试不第、由塾师（道光二十九年）而幕客（咸丰二年入张亮基幕）的左宗棠，自是顺利得多。二人的才识学术，固在伯仲之间，然基于个人家世、经历、交际的不同，在眼界、气质上允有差别，对官场政治，尤其是与地方政治明显不同的京城政治，胡林翼的认识比左宗棠要深刻成熟得多。因此，胡林翼应付处理此事，自有另外一种套路。八九月间，左宗棠连着给胡林翼写了五封信，字数越来越多，语气越来越激烈，情绪越来越激动。胡林翼则寥寥数语，轻描淡写：

〔二〕胡林翼是道光间名臣两江总督陶澍的女婿；左宗棠则是陶澍子陶桄的岳父。

奉书皆愤懑之词，不能以口舌与公争论，

惟觉公因此等人事而自损太过，则尚非爱身之道也。刘庆到长沙，当知大概。惟有忍乃能有济，公其念之哉〔一〕！

〔一〕《致左宗棠》（咸丰九年九月十九日），《胡林翼集·书牍》。

自左宗棠视之，眼前再无比这更严迫、危险的事；出诸胡林翼之口，却不过“口舌”“争论”而已。固可视为安慰之辞，但所以因应之策俱付阙如，是否太不近人情？不过，末云“刘庆到长沙，当知大概”，则透露出其中机栝。刘庆，是胡林翼的亲兵，刘赴长沙，必经胡林翼指示一过，然后将机宜、方略向左宗棠转达。然则，胡林翼早已计划好对策，只是害怕文书不慎遗失，泄露天机，因此在信中不提一字，故作迂远淡然之辞。如此慎重，反能见出此事之非同小可，绝不是“有忍乃能有济”那么简单。然则，胡林翼是怎么通过勾通京城僚友，斡旋化解此事的呢？要讲清楚这桩“保左”事件，不能不略为介绍肃顺以及他的幕府。

湖南不可一日无左宗棠

此时主持朝政者，是户部尚书宗室肃顺。肃顺幕府，则有所谓“五君子”者，为其中翘

〔一〕参见本书《祺祥故事》一章。

楚。“五君子”中，又以高心夔最受赏识〔一〕。高心夔自始至终参与了此次“保左”事件，多年以后，乃将内情告知薛福成，薛福成则记录在《庸盦笔记》。其文略谓：樊燮控状、官文参折抵京后，文宗批谕令官文密查，“如左宗棠果有不法情事，可即就地正法”。然则，左宗棠自忖最重不过充军新疆，尚未能认识到事情的严重性。肃顺听闻此语，转告高心夔，高则转告王闿运，王则转告郭嵩焘。为什么形成这么一个传达次序呢？肃顺一贯推服曾、胡、左等“楚贤”，而“楚贤”们则常通过“五君子”以及“肃党”杜翰等人，与肃顺交流中外信息。左宗棠有难，肃顺必思有以救之，但是，此事已谕令官文专办，他不好直接插手，故告知心腹幕客，商量对策。对策需要里应外合，上下通气，而高是江西人，在地域上与湖南帮稍有隔阂，故告知湖南人王闿运。王闿运此时与胡、左并不熟悉，便找到左宗棠的亲家、时任翰林院编修的郭嵩焘。郭嵩焘闻讯大惊，遂又通过王、高这条信息通道，向肃顺求救。肃顺这才指示应对之法：

必俟内外臣工有疏保荐，余方能启齿。〔二〕

〔二〕薛福成《庸盦笔记》。

左宗棠，同治十三年。Adolf-Nikolay Erazmovich Boiarskii 摄

一往一复，如此麻烦，后世读者不得不批评这种拖泥带水的作风。但是，如此麻烦，实在又是一种必然。中央集权制度中，位于权力金字塔顶尖的皇帝，最希望朝廷内外形成一种扁平化的政治局面，四方听命于一人，万民皆知有皇上。最深恶痛绝的，则是中外勾结，形成政治集团，虽说这种集团不一定就是篡权夺位的反革命团体，但是或多或少都会削弱中央集权。因此，臣子最害怕被目为“朋党”；反之，攻击政敌，最狠的招数就是将其罗织为“朋党”。

历朝历代都不乏党锢之祸，就是这种政治警惕性的现实反映。当然，历朝历代，又都不乏朋党。政治本就是一项人与人斗、其乐无穷的益智体操，单枪匹马必定斗不过人多势众，不参与由师生、籍贯乃至学问、性情等元素组成的各类“朋党”，在政治生活中必然无所施展，甚至会受到排挤倾轧。朋党实在是先求自保、缓图发展的政治学入门功课。故我们可从史书中看到：不分清流浊流，不论忠臣奸佞，人各有朋，朋必成党；孰是孰非，固然要就事论事，但是朋党之不可避免，则无疑义。然则，理想主义者追求的不群不党，根本就违反了政治生活的基本原则，乃是一种彻头彻尾的政治幼稚病。孤家寡人的皇帝极不愿看到朋比成奸的党团，身单势孤的臣下却不得不投靠组织，这种矛盾，实在是时势使然，无法解决。但是，正如厚黑学理论家李宗吾所谓：世间固多做得说不得之事，朋党也是只可意会，不便言传，尤其不敢让皇帝看出丝毫破绽。“保左”固然是为国家惜取人才，但由肃顺首倡的话，文宗必定要怀疑一品大员和区区幕客之间的关系，必定要追究这种关系背后是否存在一个更为庞大的人际网络，稍一不慎，涉事者就会落个结党营私的罪名。因此，肃顺极为小心，“必俟内外臣工有疏保荐”，“方能启齿”。

这句话，就是“保左”运动的指导性方针。“内外臣工”，包括京官和疆吏，只有这两类人中出来几个代表先行发言，肃顺才好顺水推舟，进行总结性陈词。郭嵩焘于去年召对时为左宗棠美言，那是举贤不避亲，问题不大；这次却是参劾要案，故应避嫌回避。胡林翼境况与此相同。那么，此事势必要假手于人，找一个传声筒。郭嵩焘和胡林翼，一内一外，不约而同，都找到了潘祖荫。

潘祖荫，江苏吴县人，咸丰二年的“探花”，此时的南书房侍读学士。他毕生有两个爱好，一则书画古玩，一则才人名士。其癖与翁同龢同，故后人合称“翁潘”。有一个故事，颇能说明他对人才、玩物的品评和取舍：

文勤（祖荫谥号）偶在朝房与众闲谈，提及某日陛见之某提督，谓此人真是忠肝义胆。李文田问曰：“其战绩如何？”文勤曰：“不甚清楚。”李曰：“然则状貌如何？”文勤曰：“没有会过。”李曰：“然则中堂何所见而云然？”文勤曰：“他送我的鼻烟很好，我就知道此人不错。”〔一〕

〔一〕李伯元《南亭笔记》卷六。

当日，郭、潘俱在南书房上班，有同事之谊。但是，贸然请潘祖荫奏保素不相识的左宗棠，也非全无顾虑。郭嵩焘思来想去，定下一条“计赚”之策。

郭嵩焘先将保折写好，再带上三百两银票，径去潘家。见面就说：“伯寅（祖荫字），何久不宴我于莲芬家也？”（莲芬姓朱，当时名旦，为潘所眷。）潘祖荫说：“近者所入甚窘，何暇及此。”郭嵩焘一听，正中下怀，赶紧表示做东请客。于是，二人同赴莲芬家喝酒。席间，郭云：“今者具奏保举人，肯为之乎？”潘问保何人。郭曰：“姑勿问。折已代撰且缮就，第能具奏者，当以三百金为寿。”言毕，即掏出银票，连问：“如何？如何？”潘、郭固为素交，多金恰又应急，故“不能无动”，乃纳金入怀。但是，不告知所保者谁，毕竟心里不踏实，因此，潘云：“事已至此，必无悔理。惟所保何人，折中所言云何，必先令我知，否则万一叫起（即召见），将何词以对？”此自实在情形，郭乃出折与观。潘祖荫一看，被保者左宗棠虽不认识，但在湖南巡抚幕中赞画军事，早已名动京华，且平日与郭嵩焘闲谈，也略能知道左宗棠的才学品质。依他爱惜人才的一贯作风，固应进言；目下拿人手软，则更应进言，遂将此折递了上去。[一]

〔一〕徐珂《清稗类钞》第三册。

郭、胡不能出面保左，否则有庇护同乡、戚友的嫌疑。潘祖荫出面保左，则是大公无私，“有不得不为国家惜者”。此折略云：

楚军之得力，由于骆秉章之调度有方，实由于左宗棠之运筹决胜。宗棠之为人，负性刚直，嫉恶如仇；官文惑于浮言，未免有引绳批根之处，致其洁身而退。夫以一在籍举人，去留似无足轻重；而于楚军事势关系甚大，有不得不为国家惜者。请饬下曾国藩等，酌量任用，尽其所长，襄理军务，毋为群议所挠。

其中有一警句，甚为后世称颂：

国家不可一日无湖南，而湖南不可一日无左宗棠。

出幕

一个师爷被抬举到如此高的战略高度，确不多见。但是，早在咸丰五年，御史宗稷辰荐举人才，首列左宗棠，就说：“若使独当一面，必不下于（胡）林翼、（罗）泽南。”〔一〕同时，曾国藩奏叙左宗棠“保卫两湖，大有裨益”〔二〕，奉

〔一〕《清史稿·列传》卷二百十。

〔二〕《遵旨汇保克复义宁州城攻破湖口县城出力员弁兵勇请奖折》（咸丰五年十二月十九日），《曾集·奏稿》（一）。

〔一〕咸丰六年正月十一日上谕。

〔二〕《附陈左郎中韩知府才略疏》（咸丰六年七月十七日），《胡林翼集·奏疏》。

旨“以郎中分发兵部行走，并赏戴花翎”〔一〕。六年七月，胡林翼专折陈明左郎中才略，说他“才学过人”，除帮办湖南军务外，还“能兼及江西、湖北之军”〔二〕。八年末，郭嵩焘召对时称赞左宗棠：“才极大，料事明白，无不了之事，人品尤极端正。”这些赞誉，无疑都被文宗记在心里，因此，潘祖荫的警句不但不显得突兀夸张，反而有画龙点睛的作用。

于是，与肃顺讨论此案，文宗便说：“方今天下多事，左宗棠果长军旅，自当弃瑕录用。”言语间，已不再愤愤于“劣幕”。这一切都出于肃顺的安排，他正等着这句话，遂对曰：“闻左宗棠在湖南巡抚骆秉章幕中，赞画军谋，迭著成效；骆秉章之功，皆其功也。人才难得，自当爱惜。请再密寄官文，录中外保荐各疏，令其察酌情形办理。”旨允。官文收到最新指示，发现附件里面有一叠保荐材料，自然明白了朝廷的用意，于是偃旗息鼓，草草结案。

由此可知，保左一案，主持其事者为肃顺及其幕客高、王等人；在京奔走者为郭嵩焘；临门一脚，则发自潘祖荫。那么，胡林翼起了什么作用呢？遍查全集，除了上引数语外，找不到他参与谋划的直接证据。而揆情度理，他又不可能置身事外，然则，所有暗箱操作的证据竟未收入全集？胡林翼死后，门生汪士铎为其编订全集，向曾国藩请教编辑规范，曾复书云：

胡宫保著述闳富，现在编集，闻专取其奏议、批答、尺牍诸种，自应急为刊刻，以餍海内景庆云先睹之情。……然吾辈爱人以德，要贵精选，不贵多取。尝一勺而江水可知，睹片毛而凤德已具，似无庸求益而取盈也。〔一〕

〔一〕《复汪士铎》（咸丰十一年十一月初二日），《曾集·书信》（三）。

原来，今日看到的《胡林翼全集》，并非全集，乃是选集，所谓“贵精选，不贵多取”也。而曾国藩的用心，在“爱人以德”四字，则可见当日胡林翼遗稿中不乏弄权用术的内容，不免悖“德”。运用权术，贿赂、笼络官文，令其不掣肘，是胡林翼得以建功立业的前提，此事天下皆知，《清史稿》及诸家笔记从不讳言〔二〕，而全集中找不着一丝谄媚官文的痕迹。由此推知，当日为左宗棠呼吁、援救的私函密件，必也根据“爱人以德”的编辑原则，全行“为贤者讳”了。幸好，在“反民复清”的清朝遗老胡思敬的笔记中，找到这么一句话：

〔二〕胡林翼运用权术之妙，远迈曾、左，李鸿章差能继承衣钵。

胡林翼

林翼辇三千金结交朝贵，得潘祖荫一疏，事遂解。〔一〕

〔一〕胡思敬《国闻备乘》卷一“胡文忠权变”条。王闿运提供的数据则是“七千金”，见《湘绮楼诗文集》卷九《独行谣》“吾生信多忧”章。

胡思敬为清末御史，以弹劾端方得名，自谓此书“见而知之者十之七八”，而学界也颇为称举其书的史料价值。他固未亲眼见到这张三千两的银票，但此事在同治、光绪年间腾播于京城士大夫之口，则无疑问。郭嵩焘给潘祖荫的三百两，似即取诸其中。当然，要将这笔资金往来账考证得清清楚楚，毫厘不爽，鄙人自揣学识俱陋，万不可能。读者能以意逆志，知道保左一案中，肃、高、郭、潘诸人出力以外，还有胡林翼提供经济支持，也就不枉这番征引了。出版审查官曾国藩只准后世读者“尝一勺”“睹片毛”，奈何奈何！

此案从咸丰九年八月发动，经过一番运作，至第二年二三月间才渐息烦嚣。而在此期间，左宗棠并不乐观，他自承：

昔年旁览世局，知官场为倾轧争夺之所，拘牵挂碍，不足有为。而鄙人气质粗驳，不能随俗俯印，尤难入格。退处于幕，庶可息机行素，进退自由。不意仍为世所指目，卒与祸会也。〔二〕

〔二〕《与胡润之》（咸丰十年），《左集·书信》（一）。

并于九年腊月间决计辞去幕职，北上诣曹：

赴都后有两策：一不候引见，即告病；一引见后，如遇一召见，则问一句，据实答一句，使上知野人之不足与言，放还乡里，于愿足矣。至所谓公卿大夫之前，则不敢稍有论说，恐其一入荐剡，则断送头皮，气破肚皮，终无益也。〔一〕

〔一〕《致胡润之》（咸丰九年十二月初七日），《左集·书信》（一）。

咸丰七年五月上谕："该员（左宗棠）有志观光，俟湖南军务告竣，遇会试之年，再行给咨送部引见。"咸丰十年正是"会试之年"，故左宗棠以此借口进京。当然，此行的目的，还是希望有机会独对天颜，一抒冤懑。可是，这个念头未免太幼稚了点。今日的信访办，昔日的登闻鼓，才是鸣冤诉屈的好去处，什么案子都直接递到最高层，那整个行政、司法体制岂不乱了套？有鉴于此，胡林翼亟加劝阻，可他一意孤行，终于还是浩然上路。〔二〕但是，走到襄阳，事情起了变化：

〔二〕《致罗忠祜》（咸丰十年正月二十九日）："正月初间，（左）即拟挈陶少云入都；吁门挽留十日，近不知作何行止。"见《胡林翼集·书牍》。陶少云，即陶桄，左宗棠女婿。

抵襄阳后，毛寄耘（鸿宾字）观察出示润

公（胡林翼）密函，言含沙者意犹未慊，网罗四布，足为寒心，盖二百年来所仅见者。杞人之忧，曷其有极？侧身天地，四顾苍茫，不独蜀道险巇、马首靡托已也。帝乡既不可到，而悠悠我里，仍畏寻踪，不得已，由大别沿江而下，入涤老（曾国藩）营，暂栖羁羽，求一营官，杀贼自效。幸而克捷，并受其福；否则免胄冲锋，求吾死所。死于盗贼与死于小人，固有间矣。〔一〕

〔一〕《与郭意城》，《左集·书信》（一）。此信当作于咸丰十年三月间。

此为十年三月致郭崑焘之信。到襄阳后，胡林翼托毛鸿宾致信，紧急通知左停止北上，理由是仇家“意犹未慊，网罗四布”，意即已经派出杀手，欲得而甘心。其时“雨霰交作，风雪均大”（信中语），左宗棠闻此危语，愤惧交集，心寒气丧。眼见得御状是告不成了，而“悠悠我里，仍畏寻踪”，家也回不去了，“不得已”，只好东去宿松，至曾国藩大营避难。幕职已辞，家不能归，到营中吃干饭又不合适，于是新生一计，投笔从戎。“死于盗贼与死于小人，固有间矣”，叱咤风云、筹济两湖的左师爷，只因得罪小人，遂落魄至此。不能不说，这是左宗棠一生中最低潮的时刻。

但是，官文、樊燮并未真的派遣杀手，

“网罗”云云，乃是胡林翼阻其北上的权宜之计。闰三月下旬，胡、左在英山会面，胡告知“近状尚未如所闻之甚”〔一〕，并安排他去曾营散散心。左宗棠被“诳骗”一次，白白担惊受怕了许多天。但是，二人面谈之时，胡林翼必已告知京城事态的最新发展，己方胜券在握，静候佳音可也。闰三月二十六日，左宗棠到达湘军宿松大营。自此，每日与曾国藩、李鸿章等“鬯谈”，情绪渐渐平复。四月十日，胡林翼自英山来。同时，北京还发下一封谕旨：

〔一〕《答李希庵》（咸丰十年），《左集·书信》（一）。

> 左宗棠熟悉湖南形势，战胜攻取，调度有方。……应否令左宗棠仍在湖南本地襄办团练等事，抑或调赴该侍郎军营，俾得尽其所长，以收得人之效？〔二〕

〔二〕咸丰十年四月初一日上谕。

肃顺的话起了作用，这封谕旨不啻平反公告。否极泰来，大悲继以大喜，此刻的左宗棠恰似宣布摘帽的右派。他立即否定了前此萌发的各类消极念头：

> 宗棠频年怫郁之隐，竟蒙圣鉴，感激何言！……如有可出之理，亦未敢固执。〔三〕

〔三〕《答李希庵》（咸丰十年），《左集·书信》（一）。根据信中内容，此信当作于四月上旬。

随即，又奉到上谕："左宗棠着以四品京堂候补，随同曾国藩襄办军务。"〔一〕这就好像右派平反以后，落实知识分子待遇的具体政策了。左宗棠遂接统王鑫遗下的"老湘营"，并招募一部分新兵，号称"楚军"，开始了东征。

〔一〕咸丰十年四月二十日上谕。

左宗棠因祸得福，完成了从师爷到元帅的成功转型。樊家虽然输了官司，但是也因祸得福，培养出一位名动天下的大诗人。这边给左宗棠平反，那边就将樊燮革职，并勒令回籍。樊燮回家后，盖了一栋读书楼，楼成之日，遍请乡邻，举酒誓曰：

左宗棠一举人耳，既辱我身，又夺我官，且波及先人，视武人如犬马。我宅已定，敬延名师，教予二子，雪我耻辱。不中举人、进士、点翰林，无以见先人于地下。

所谓"波及先人"，即指"忘八蛋"三个字。樊燮为了让儿子把书读出来，采用了非同一般的激励机制。首先，在祖宗神龛下侧另置一块牌位，上书"忘八蛋滚出去"六个字，每月的初一、十五，亲自带领两个儿子跪拜行礼，祈祷文必有此句："不中举人以上功名，不去此牌。"其次，樊家两位少爷以及重金聘请的教师，终日居于书楼，其他人众一概不许上楼。再次，两位少爷在家不准着男装，“咸服女衣裤”，中秀才入学，脱女外服；中举人，脱女内服。

功夫不负有心人。小儿子樊增祥七年后中举人，十年后中进士，最终做到护理两江总督的高位。而且，樊增祥作得一手好诗，所谓“近代诗人，其隶事之精，致力之久，益以过人之天才，盖无逾于樊山（增祥别号）者”〔一〕。大儿子樊增祹“学问切实，高于樊山”，只可惜天不永年，未臻其至。〔二〕

〔一〕汪国垣《近代诗人小传》。

〔二〕樊家故事，见刘成禺《世载堂杂忆》。

一句“忘八蛋，滚出去”，竟骂出一位统帅、一位诗人，不得不令人感叹：有味乎斯言哉！有味乎斯言哉！

迂琐的郭巡抚

道光二十五年，在北京曾宅作客一年多的郭嵩焘离京回湘，曾国藩作了一篇《送郭筠仙南归序》，末云：

孟子曰：“五谷不熟，不如荑稗。”诚哉斯言也！筠仙勖哉！去其所谓扞格者，以蕲至于纯熟，则几矣。人亦病不为耳。若夫自揣既熟，

而或不达于时轨，是则非余之所敢知也。〔一〕

〔一〕《送郭筠仙南归序》（道光二十五年四月），《曾集·诗文》。

“五谷”句见《孟子·告子上》，意即画虎不成不如狗也。说这话的现实背景是郭嵩焘连考两次会试，皆未中式。思想背景则是，他早看出郭嵩焘的性情才学更适于求道论学，做一个具有“独立之精神、自由之思想”的知识分子，而“去其扞格”“至于纯熟”，由此“达于时轨”，博取世俗功名，则似非其所长。曾、郭二人，交往有年，相知甚深，“于是为道其深”，不作泛泛应酬语。这固然是曾国藩爱人以德的诤言，却也是不幸言中的谶语。二十年后，郭嵩焘“自揣既熟”，适逢朝命优渥，派署广东巡抚；本拟拳打脚踢，建勋立业，孰料甫一伸展即受摧折，恰好证实了曾国藩非所敢知的隐忧。

同治三年七月二十七日，楚军克复湖州；第二日，克吉安，是为全浙肃清。十月，左宗棠奏以蒋益澧护理浙江巡抚，自己率军入闽，正式履行闽浙总督的职任。其时，太平天国将领李世贤、汪海洋所部会同从苏、赣等地“窜出”的余党，多在福建境内盘踞。左宗棠采取自北而南、由东向西的推土机式战法进行“追剿”，太平军且战且退，分别往西、南逃撤。

福建之西为江西，省内有本省防军以及鲍超的霆军，防堵尚无大虞。福建以南为广东，省内只有一支战斗力不强的粤军，广东巡抚郭嵩焘眼看左宗棠以邻为壑、“驱贼入粤”，不免又气又怕。数次向中央反映情况，要求闽军“调派劲旅，严密分布，截其西窜之路，以便方耀等军专顾粤疆，力保完善”〔一〕。

〔一〕《闽省腹地未清未能先顾邻省片》（同治四年五月初一日），《左集·奏稿》（二）。

一般来说，追杀比围歼易于致力，肃清本境又比消灭全敌易于建功；故左宗棠斩钉截铁地拒绝了这个要求：

> 本省堂奥有贼，不能为邻省代固藩篱；本省腹地渐清，自必与邻省共谋夹击。〔二〕

〔二〕同上。

此为同治四年五月间事。章首所述“灵芝”事件，恰发生于去年。左、郭二人，兼有乡人、姻戚、邻官三重关系，即算不能或者不愿帮忙，神色辞气之间，固然应该委婉一点，而“不能为邻省代固藩篱”，则隐然在说“邻省”官吏、将领缺乏设置“藩篱”的能力，混吃等死，全不称职。然则，一株灵芝惹下的麻烦，真真不小。但是，这句话不过不留情面而已，接下来发生的事情，才真正印证了传言所谓的“以兹小故，寖成大郄”。

在福建追剿太平军的，除了左宗棠的楚军以外，还有李鸿章派来助剿的郭松林、杨鼎勋两支军队。郭嵩焘被左宗棠拒绝后，遂将希望寄托在郭、杨二部，希望他们在福建肃清后移师粤东，帮助堵剿。郭、杨未至福建以前，郭嵩焘就已和李鸿章商量好淮军入粤的计划〔一〕；郭、杨既至，他又与营务处的段喆取得联系，并发去借调咨文。这个备用计划若能依约进行，广东军务必不致贻误。谁知左宗棠下手极狠，在肃清福建后，竟然主动上奏，请求将郭、杨二部调派回苏。其折略谓：

〔一〕《复郭筠仙中丞》（同治四年三月初六日）："承属分军由汕头进，以纾粤患，义何可辞？……（若）粤境必须添兵，即请我公一面咨商左帅，一面檄行郭、杨，令其间道入援。……若须调遣之处，可令段小湖商办。弟断不遥制也。"见《李文忠公朋僚函稿》卷六。段小湖，即段喆。

兹查由闽窜粤之贼，实只汪逆海洋伙党数万，纵各股尚有漏出人数，谅必无多。……（闽、赣、粤）三省合力，或可将此股就地歼除，不致久稽天讨。……臣前闻直（隶）、（山）东军务吃紧……捻逆狡猾特甚，时事方殷，似两省兵力宜厚而不宜薄。郭松林、杨鼎勋所部多勇敢之士，所习洋枪炮队必非捻逆所能当，且淮北、皖北之人实居大半，用之北方，服水土而少疾病，得力无疑。臣愚以为：就天下大局而论，直、东为重，闽、粤、江西为轻；就此时贼势而论，闽、粤、江西为缓，而直、东较急。是苏省援闽之军仍应调回苏州，以备曾国藩、李鸿章调度明矣。〔二〕

〔二〕《请调援闽得力之军回苏听候调派折》（同治四年闰五月初五日），《左集·奏稿》（二）。

此时为四年闰五月。北方捻军纵横河北、河南、山东等地，僧格林沁战死，曾国藩受命担任“剿捻”总指挥，李鸿章则担任后勤总调度；此即左宗棠所谓“吃紧”的“直、东军务”。捻军固难对付，但这毕竟是曾、李的任务。近邻广东的“藩篱”，左不能“代固”，数千里之外直隶、山东的军务，他却设身处地，尽心谋划。如此舍近求远，居心何在？我说，这是一石二鸟的高招。首先，表彰闽军的功劳。经闽军剿除以后，“窜粤之贼”，“谅必无多”，可见闽军是一支战斗力强、责任心重的劲旅。其次，表彰自己大公无私的美德。中央批评疆吏、统帅，以及疆吏、统帅互相攻击，有个术语叫作“拥兵自卫”，意即不顾大势，唯重辖区，前引左宗棠“不能为邻省代固藩篱”之语，便有“拥兵自卫”的嫌疑。现在，他说太平军余党应当由福建、广东、江西三省自行了断，请将淮军调离，不要拖了“剿捻”的后腿，则显非“拥兵自卫”的自了汉口吻，而是大公无私的谋国者胸怀。因此，中枢“览奏”，极为欣慰，立即“谕知李鸿章檄调”郭、杨回苏〔一〕。

只是，淮军调回后，怎么对付逃到广东境

〔一〕同治四年闰五月二十六日上谕。

内的“汪逆海洋伙党”呢？说是要“三省合力”，具体施行起来，麻烦可不小。军兴以来，出境征剿的客军统帅，在未奉节制用兵之地军政事务的钦命之前，都有军事、饷事处处掣肘的痛苦经验。例如，咸丰六七年间，曾国藩就以客军身份在江西受尽了煎熬，最终不得不动用权术，借口父丧守制，向皇帝申请总督、巡抚的实任；不幸的是，皇帝刚愎自用，视其为要挟，一句“知道了”，令其退居二线〔一〕。因此，未得节制他省军务的授权，各省长官都不敢轻言越境征剿。然则，“三省合力”云云，暂时只能是各防己境的局面。江西、福建兵力雄厚，防堵有余；广东则将玩兵疲，形势可危，且“贼匪”适在其境，倘因此败战失地，地方官必受严责。由此可知，撤调郭、杨，对郭嵩焘来说，不啻釜底抽薪。但是，左宗棠此举打着照顾天下大局的招牌，郭嵩焘不可能在公务层面与之争辩，只有在私底下大发牢骚：

左帅会江、浙各军入闽剿贼，仍假苏军之力，数千里浮海转战，一收廓清之功。由闽达粤，比邻相接，而迫以浮海北归，竟以朝命督之，若惟恐其一入粤境，使此贼速了者，竟莫测其所以用心！〔二〕而前后具报军情，随时

〔一〕参见本书《每闻春风之怒号则寸心欲碎》一章。

〔二〕参见同治四年六月十二日、七月十一日郭嵩焘致李瀚章书（载《清咸同年间名人函札》），可以了解苏军离粤的详情。

咨报，独此一节，隐秘为之，至今未一咨示折稿，尤使人念之茫然。……左帅此举，辜数省之望，遗累无穷，深所不解。〔一〕

〔一〕郭嵩焘同治四年六月初八日致丁日昌书（此书引自黄濬《花随人圣庵摭忆》）。丁时任苏松太道，郭致书之意，则在探讨有没有调回苏军的可能。然木已成舟，回天无力，此议遂寝。

闽、粤两省长官，于敌情、军务本应“随时咨报”，撤调苏军这种大事，更要提早通告、协商。左宗棠却“独此一节，隐秘为之”，故郭嵩焘不得不怀疑其中必有猫腻，不得不慨叹“莫测其所以用心”。当此时地，他猜测左的用心是“惟恐其一入粤境，使此贼速了”，不无道理。郭、杨如能入粤助剿，揆以前此战绩及目前形势，太平军不能久撑，势将“速了”，然则广东督、抚以此奏捷，必蒙奖赏。郭、杨不入粤，则单以粤军之力，断不能“速了”，势必被朝廷责备。而左宗棠挟肃清浙、闽之余威，朝廷必将授予节制他省之命，令其入粤清剿，然则，所有的功劳都将记到左某的账上。郭嵩焘由此推测，左宗棠奏调淮军回苏的主要原因，乃在于争功。随后的事态发展，似乎证实了他的猜测，同治四年八月二十三日上谕：

左宗棠前已有旨令其驰赴镇平督办军务，广东、福建、江西三省兵勇均归节制。即着懔遵前旨，迅速前进，妥筹一切。如有不遵调遣及迟玩军务者，并着查明参奏，以一事权。

自闰五月迄今，已历三月，而广东军务毫无起色，于是，朝命左宗棠入粤（镇平在粤东嘉应地界），并节制三省。至此，郭嵩焘认定左宗棠“所以用心”，全在争功，但是势穷时迫，自己无力改变局面，唯有忍气吞声，慨叹世风日下、交道不古而已。他万没想到，左宗棠不仅争杀敌之功，竟还要夺其巡抚之位。奉到节制之命后，左宗棠复奏，依例谦让一番以外，竟然还有这么一段文字：

办贼必须得人，用兵必须选将。古云“天下危，注意将”，即今督抚之任也。督抚虽不必亲履行阵，要必精于选将委任而责成功，庶以守则固，以战则克，而贼无不灭矣。瑞麟所奏粤东三大将，以臣所闻，骄怯有余，朴勇不足，宜其不能战也。……慨自金田逆匪作乱以来，天下受其荼毒，而贼首则皆广东人，即杨秀清、萧朝贵虽籍广西，而亦广东流民之占籍者。广东民俗，类多狡猾凶顽，出人意表，此次从贼来归者又多以投诚幸免，恐两广兵事尚无已时。若得治军之才如李鸿章、蒋益澧其人，祸乱庶有豸乎？〔一〕

〔一〕《复陈近日贼情恳收回节制三省各军成命折》（同治四年九月初七日），《左集·奏稿》（二）。

“天下安，注意相；天下危，注意将”[一]，是汉人陆贾的名言。当此之时，总督、巡抚最重要的职责就是“选将委任而责成功”，但是，广州将军兼署两广总督瑞麟推举的郑绍忠、方耀、卓兴“三大将”，“骄怯有余，朴勇不足”，并未做到“注意将”的本分。然后笔锋一转，从“贼首”皆出身粤籍说到广东民俗的“狡猾凶顽，出人意表”，运用“地域歧视”作为理论工具，强调在两广地区用兵的特殊困难，同时暗示广东现任领导人的能力不足以控制局面。“此次从贼来归者又多以投诚幸免”，则指责广东官吏在战术上犯了“以抚代剿”的错误，苟安于目前，遗患于未来。最后一句话，则不但建议广东应该换人，甚至提供了具体的候补人选。这个候补名单，却又主要针对郭嵩焘而言。李鸿章当时以江苏巡抚署理两江总督，配合曾国藩剿捻，事急任重，不可能调任广东；瑞麟则是根正（正蓝旗）苗红（叶赫那拉氏）的三朝老臣，此前抗英、剿捻，苦劳亦夥，不可能仅因用人不当而被夺职。因此，两广总督是不可能换人的。蒋益澧刚刚结束护理浙江巡抚，归任布政使本职[二]，他在浙江期间主要负责左宗棠大军的饷需后勤工作，办事

〔一〕《史记》卷九十七《郦生陆贾列传》。

〔二〕官阶相等官员互相代理职务，称署理。清制：督、抚可以互相署理；曾国藩任钦差剿捻大臣，离署北上，李鸿章便署理其两江总督职务。以低级官员代理高级官员职务，以下级代理上级职务，以小官代大官篆务，谓之护理。同治二年，曾国荃授浙江巡抚，留办江宁（南京）军务，巡抚之职便由闽浙总督左宗棠兼署。三年，克复南京，曾国荃旋即请假开缺，回乡养病，升授安徽布政使马新贻为浙江巡抚，未到任前，由浙江布政使蒋益澧护理。

干练，左宗棠极为欣赏，故要推举他来广东任职。郭嵩焘自同治二年受命署理广东巡抚，迄今未行转正（即实授），地位本不稳固；而广东军事饷政被左宗棠贬斥得一塌糊涂，则更加不妙；现在又出来个候补蒋益澧，他的位置已经岌岌可危，随时都有下台的可能。因此，左宗棠提出督、抚候补名单，表面上要换两个人，实际上的效果却只会换掉郭嵩焘。

此折以恳辞三省节制之命开头，却以建议广东进行高层任免结尾，不问而知：辞钦命是假，报私怨是真。郭嵩焘自能深切领会其中的凶险，而也在这时，他才恍然大悟："不能为邻省代固藩篱"、奏调淮军回苏、"驱贼入粤"、提供候补人选，竟是一套驱逐自己的组合拳，争功云云，根本不是左宗棠的真实意图。咸丰末年，郭嵩焘不仅在皇帝召对时为左宗棠大力揄扬，其后更不惜为陷入冤案的左宗棠向潘祖荫行贿，虽说自己不是市恩望报的小人，但怎么也想不到会有恩将仇报的今日。回忆往事则触绪纷来，感念身世则百感交并，"自揣既熟"，却"不达于时轨"，二十年前曾国藩的赠言终于变成了谶语。除了辞职，还能有别的选择吗？

当然，郭嵩焘决定辞职，除了来自福建的攻讦，同城督、抚不和这个传统痼疾也是重要

〔一〕同治四年八月二十一日郭嵩焘致李瀚章书云："长乐失陷，惠州戒严，始昌斯议（按，谓出省视师），而大为澄帅诟病。乃至令惠州协标都司赖国恩募勇二千，会同文武，办理惠防，吾见之大愕，幸为昆静山（寿）所阻。鄙人自是浩然有归志。适闻澄帅二十六日递有密件，乃遂具疏上之。粤事终无办法，得早退为幸。"按，信中"澄帅"即时任两广总督瑞麟。

原因。〔一〕总督，其实是一个很尴尬的位置。胡思敬说：

然总督名实不称，载之国史，徒滋后世之疑。云贵总督驻云南，未尝问贵州事；两湖（即湖广）总督驻武昌，未尝问湖南事；推之两广、闽浙、陕甘，莫不皆然。江苏幅员不及四川四分之一，总督驻江宁，巡抚驻苏州，提督驻清江浦，兼兵部侍郎，专典制淮南，同于督、抚。江督名节制三省，其实号令不出一城，遑问皖、赣？〔一〕

〔一〕胡思敬《国闻备乘》卷一。

总督名义上管二至三省，实际上只管得了驻在省的事情，而驻在省又有个巡抚，本省大政也是他的分内事。然则，督、抚同城，为了争夺本省控制权，不得不有一番斗争。不论督、抚，其中一人或后台更硬，或才能更强，必能压制另一人；若势均力敌，则整日厮斗，任内俱都不得安宁。同治九年，张文祥刺杀两江总督马新贻，案情扑朔迷离，众说纷纭，其中一种说法，就用督抚不和来解释，说幕后主使是江苏巡抚丁日昌。虽未敢确信，但也见出督、抚不和所引发的争端能够到达多么激烈的程度。就拿郭嵩焘所在的广东来说：嘉庆年间，总督那彦成与巡抚百龄明争暗斗，百龄遂因失察家丁，拟遣戍。孙玉庭继任巡抚，也继承了斗志，终以“滥赏盗魁”的罪名劾罢那彦成；后百龄再来，任总督，以怨报德，用“葸懦”的罪名劾罢孙玉庭。职位之间不解的世仇，自然也传染了瑞麟和郭嵩焘，他在《奏请开缺另简能员接任广东巡抚疏》中披露了督、抚不和的实况，略谓：

李福泰粉饰军情……方耀……闻贼至而先期避去，致令全军溃散；卓兴驻省两月，索饷二十万，由老隆调赴兴宁，径报率勇归家，已而复称各勇均经招回。瑞麟概不查问。长乐失守，惠州戒严，郭嵩焘欲驻扎惠州，瑞麟将会商之司、道面斥，且对众宣言：巡抚欲加整顿，卓兴、方耀将反。〔一〕

方耀、卓兴，名在瑞麟推举的“粤东三大将”中，而疲玩塞责如此；参以左宗棠“骄怯有余，朴勇不足”的考语，应属可信。瑞麟“概不查问”，让尽心王事的郭巡抚在一边干着急。郭嵩焘作为守土之臣，有“城在臣在”〔二〕的勇气，要求率军进驻惠州。瑞麟却加以指斥，并称要“整顿”巡抚，否则会激反武将。

〔一〕此为郭嵩焘奏、片内容的简述，见同治四年八月二十一日上谕。郭嵩焘原折、原片，见《奏请开缺另简能员接任广东巡抚疏》《屡陈粤东大局情形片》及《请饬左宗棠督办此股贼匪片》。

〔二〕因李秀成进攻杭州被逼自杀的浙江巡抚王有龄，城破前复奏有“臣在城在，城在臣在”语。

然则，郭嵩焘徒有谋国之忠，而缺乏胡林翼那种调和督、抚关系的权变之术，碰到事态激化，无力转圜，恼怒之下，遂只能托病求去。但是，中枢竟不批准他的辞呈，说：“览其所奏，语多负气，本日已明降谕旨，将郭嵩焘严行申饬。”并命左宗棠“就近将郭嵩焘所参各节确切访查，该署督抚因何不协，究竟为公为私？据实复奏，请旨遵行”〔一〕。

〔一〕同治四年八月二十一日上谕。

辞职要受“申饬”，藏拙要被“访查”，当官当成这样，真不如回家烤红薯来得自在。而奉命调查之人恰是“假公济私”的左宗棠，公牍私函之间，二人何以为情？

纯刚与至柔

左宗棠和曾国藩对待天子〔二〕赐予“极权”时的态度大相径庭。所谓“极权”，即在非常时期授予地区长官超乎本职事权的权限，一般表现形式为节制数省军务、吏事。咸丰十一年，谕令曾国藩节制赣、皖、苏、浙四省，曾国藩再辞不获。同治四年，又让他节制直、鲁、豫三省，他四次固辞，终于蒙混过去。第三、四次辞命时还有个小故事。他在第三封辞折中说，倘不蒙批准，“更当累疏渎陈，

〔二〕其实，咸丰末、同治初下放大权给曾、左二人，令其可以放手去做，决策人都是慈禧，跟天子没关系。咸丰十一年末，文宗已经死了几个月；同治四年，穆宗犹是十岁幼童，权柄操于二太后之手，重要决策盖都出于慈禧。但是，所有谕旨都以天子名义发下，因此，文中用“天子”二字，虽不近于史实，却更忠实于史料。

〔三〕《仍请收回节制三省成命片》（同治四年闰五月二十八日），《曾集·奏稿》（八）。

虽上干严谴，所不敢辞”[三]，随后，又要了个消极怠工（即久不奏事）的小把戏，惹得“圣慈”哭笑不得，说：

该大臣日久迄无奏报。于近来皖、豫军情及各路如何布置情形，均未陈奏，历次所奉谕旨亦未答复，实属疲玩因循。若欲借此获咎，冀卸节制三省仔肩，何以仰副朝廷倚任之重？谅该大臣公忠体国之心，何忍出此？[一]

慈禧眼明心细，一下就看出曾国藩“借此获咎”、不想承担“朝廷”的“倚任”。五十老翁，作弄狡狯，行迹如薄情男子；谕旨措辞，则逼肖怨妇口吻。两厢对照，令人忍俊不禁。当然，这次辞任，曾国藩实有调度不灵的苦衷：随同“剿捻”者几乎都是淮军人马，更愿接受李鸿章的统率，而不听奉他的号令。不过，与咸丰末那次辞任一样，曾国藩对待权力的态度非常谨慎，秉承“临事而惧，好谋而成”[二]的圣训，追求一种不居其名、能行其实的境界。咸丰七年，他向天子要求事权专一的“实任”，不果，回家反省年余；再度出山后，吸取教训，一心讲求

〔一〕同治四年七月初九日上谕。

〔二〕语出《论语·述而》。

敬慎畏惧之学，终于修到不求名而名至、不希功而功成的善果。左宗棠则一反其道而行之，却也能立德、立功。殊途同归，异曲同工，其中奥妙，不可不参详一番。而且，不将这个道理说分明，继续讲述左、郭情事，才疏笔拙如鄙人者，竟有不知从何着手的困惑。

道不可知，其在迹乎？我们先看一封作于咸丰四年闰七月间的信，看能否辨认出左宗棠纯以至刚之道，做人行事的心路：

来示谓涤公拟以蓝顶花翎尊武侯，大非相处之道。长沙、浏阳、湘潭，兄颇有劳，受之尚可无怍。至此次克复岳州，则相距三百余里，未尝有一日汗马之劳，又未尝偶参帷幄之议，何以处己？何以服人？方望溪与友论出处：“天不欲废吾道，自有堂堂正正登进之阶，何必假史局以起？”此言良是。吾欲做官，则同知直隶州亦官矣，必知府而后为官耶？且鄙人二十年来所尝留心、自信必可称职者，惟知县一官。同知较知县，则贵而无位，高而无民，实非素愿。知府则近民而民不之亲，近官而官不禀畏。官职愈大，责任愈重，而报称为难，不可为也。此上惟督、抚握一省大权，殊可展布，此又非一蹴所能得者。以蓝顶尊武侯而夺其纶巾，以花翎尊武侯而褫其羽扇，既不当武侯之意，而令此武侯为世讪笑，进退均无所可，非积怨深仇，断不至是。涤公质厚，必不解出此，大约必润之从中怂恿，两诸葛又从而媒孽之，遂有此论。润之喜任术，善牢笼，吾向谓其不及我者以此，今竟以此加诸我，尤非所堪；两诸葛懵焉为其颠倒，一何可笑。幸此议中辍，可以不提，否则必乞详为涤公陈之，吾自此不敢即

萌退志，俟大局戡定，再议安置此身之策。若真以蓝顶加于纶巾之上者，吾当披发入山，誓不复出矣。〔一〕

左宗棠于是年三月入湖南巡抚骆秉章幕。四月，来犯之太平军败于湘潭。七月，湘军在岳阳大胜。随后，湘军出湖南援湖北，开始了十年的东征〔二〕。曾国藩汇保两次战役有功人员，准备列上左宗棠的名字。“拟以蓝顶花翎尊武侯”；“武侯”，诸葛亮也，左宗棠素以诸葛亮自我期许，故自称“武侯”。“蓝顶”，四品官帽顶以蓝宝石为饰；“花翎”，有功者蒙恩特赏之孔雀翎，也是官帽饰物。然则，曾国藩原计划保举左宗棠为知府（从四品），并求赏戴花翎。去年五月，左宗棠在湖南巡抚张亮基幕，以“防守湖南”功（即信中所谓长沙防守、浏阳剿匪之功），得旨以同知直隶州（正五品）用。湘军克复岳阳，抚署并未与谋，此时，左宗棠个人也未直接介入湘军的后勤事务，曾国藩却替左宗棠申请晋级，可谓是贿恩市德的不正之风。此前，曾国藩因不通人情、不晓时务兼且不明战事，被他嘲笑为“猪子”〔三〕“书憨”〔四〕（书面语则为“质厚”），怎么一胜以后，立即就学会了这些歪门邪道？

〔一〕《答刘霞仙》（咸丰四年七月），《左集·书信》（一）。

〔二〕参见本书《每闻春风之怒号则寸心欲碎》一章。

〔三〕李详《药裹慵谈》卷四。

〔四〕《答胡润之》（咸丰四年），《左集·书信》（一）。

因此，他猜测这个歪点子必出自“喜任术，善牢笼”的胡林翼，而煽风点火者则为郭家嵩焘、崑焘两兄弟（即信中“两诸葛”）。左宗棠既自称“武侯”，则不仅在经济之学上向诸葛亮看齐，行藏用舍这些人生大关节必也以诸葛亮为榜样。早年，他深受陶澍、林则徐的赏识，皆许之为“绝世奇才”，但科场三次败北，令他官兴阑珊，遂退归家山，以务农、教读为事，俨然“躬耕于南阳”的“卧龙”。张亮基、骆秉章先后抚湘，慕左先生大名，数次“遣使持币入山敦促”，他才出山入幕，又俨然是三顾茅庐以后方出山任事的“臣亮”。然则，半品之加，一翎之赏，本非他此行的目的，何况来路不正，迹近交易，正所谓“以蓝顶尊武侯而夺其纶巾，以花翎尊武侯而褫其羽扇，既不当武侯之意，而令此武侯为世讪笑，进退均无所可”。所以，他一开始就要严词拒绝，说“大非（朋友）相处之道”了。

但是，此信的重点，尚不在此。不苟取、不妄得，不过区区一介之廉，不足以说明他的志向和原则。“鄙人二十年来所尝留心、自信必可称职者，惟知县一官。”这句话，必出于实干家之口，亦只会出于真能办事者之口。知县为亲民之官，即今日所谓基层党（政）组织也，位置卑下，作用巨大。对百姓来说，知县就是可以触知的具体而微的中央政府，“帝力于我何有哉？”即在是也。对中央来说，知县就是可以量化的、对政策效果进行评估的统计样本，黄仁宇所谓“数目字管理”的国家，即建立在这个基础上。然则，政治是否清明，行政是否通畅，知县之为用大矣哉！然则，知县之得人与否，关于国计民生者，岂可忽哉！了解一下清代在举人中“大挑知县”的程序，即知其时政府对知县人

江西泰和县快阁《戒石铭》碑。清代自督署至县衙，皆设戒石碑或戒石坊，南向刻“公生明”三字，北向刻“尔俸尔禄，民膏民脂，下民易虐，上天难欺”十六字。此十六字自宋初颁布，历金、元、明、清四朝，屹立不倒。按，后蜀孟昶撰《令箴》（或作《官箴》）二十四句，宋太宗从中选出十六个字，以为天下守令的规范（参见张希清《官箴与〈戒石铭〉》）。

选的重视：

> 每届大挑，钦派王大臣在内阁举行。每二十人为一班。既序立，先唱三人名，盖用知县者，三人者出，继唱八人名，乃不用者，俗谓之“八仙”，亦皆出。其余九人不唱名，皆以教职用。〔一〕

〔一〕徐珂《清稗类钞》。

举人〔二〕，在科举制国家中，绝对是“精英”人物，而在其中挑选知县，中签率竟只有百分之十五（二十选三）。由此可知，清代知县的平均素质非常高。冒昧一点说，今日吾国公务员，就平均素质而言，不可能比得上当日的举人，然则分别从两个候选团体里挑选出来的亲民官，其素质也就不可同日而语了。但是，清代中后期捐纳之风大开，阿猫阿狗都可以做官，甚至道、府之类职位也能合法购得，遑论知县。由此，清朝政府基层组织的有效性受到极大破坏。像白莲教、太平天国、捻军那种程度严重到动摇国本的起义接连发生，不能不说最主要的原因就是政治结构的基本单元——知县——的选拔制度受到极大破坏的恶果。今日报章不屡云某处买官某处卖官吗？较之清代捐纳，其合法非法则异，其害民误国则

〔二〕如果以为八股出身的举人在个人综合素质上比不过今日大本出身的公务员，实为大谬。但本书不能借此分析古今教育制度优劣及党政与教政的异同，只好请对此感兴趣的读者放下此书，移驾取阅何怀宏《选举社会及其终结——秦汉至晚清历史的一种社会学阐释》相关章节。

同，为政者亟当凛之戒之。当然，这是题外话，点到即止。

正因为认识到知县才能的难得，正因为认识到知县在国家政治中的重要性，左宗棠才会说“二十年来所尝留心、自信必可称职者，惟知县一官”。当然，真能胜任知县者，其能力必不限于一县；若一为知县，终身知县，那整个国家的政治必有其制度性缺陷。

在一个设计合理、运行顺畅的文官制度中，称职的县官必能通过正常渠道逐级晋升，由县府而道司而督抚部院乃至“治大国若烹小鲜”的“调鼎”之臣，故左宗棠要说“此上惟督、抚握一省大权，殊可展布，此又非一蹴所能得者”。意思就是，做知县最见功力，也堪称握有实权，知县做好了，尚须经过州府道司等职位的历练，用来熟悉行政程序，才能为“展布”自己的谋国治民之策。〔一〕所谓“非一蹴所能得”，并非说他只能走极端，不做牛头，就做鸡头；而是说他也承认鄙人前述的升级阶梯具有合法性与合理性。

那么，回到最开始引用这封信的原意。所以引用，目的在于通过人微言轻（其时彼刚入幕，尚未如后来数年能呼风唤雨、权倾

〔一〕曾国藩《王翰城刺史五十寿序》（道光廿三年）说：“近日服官得专政者，内惟枢府，外惟牧令。枢府数人，或意见各歧，则得专者尤莫如牧令也。”难得看到曾、左“同调”，故为拈出。

一时也）时的表现，探求左宗棠行事做人的风格，是否始终偏于刚直一路。他不稀罕苟得的利禄，是为刚。他的政治追求以能具体办事为标的，无所介意于官阶之高卑，是为直。他直言二十年交情的胡林翼心术不正，“不及我者以此”；他直言同乡兼亲家郭氏兄弟“懵焉为其颠倒，一何可笑”，是亦为刚为直。身处半品闲职、几根鸟毛之际，毫不苟且，不惜为微咎小眚破坏友朋间的和衷之道，当彼兵凶饷急、千钧一发之时，他会借此机会私而忘公、修怨报复吗？

查办亲家

给左宗棠画了这么一幅速写后，继续讲左、郭情事。同治四年九月十八日，就朝廷谕令查办广东督、抚不和一事，他递交了调查报告。郭嵩焘举发瑞麟、卓兴、方耀的劣迹，他一一证实，并添加了两条广东军务贻误的新证据。但是，这不是我们要考察的重点，我们要知道的是，他会怎么评价郭嵩焘：

郭嵩焘勤恳笃实，廉谨有余，而应变之略非其所长。臣曾以圣明在上，遇事宜慷慨直陈相勖，而郭嵩焘复函以时艰同值，宜委曲以期共济，颇以臣悻直为非。兹因粤事贻误已深，忧惧交集，始侃侃直陈，而已无及矣。谕旨责其负气，责其不据实陈奏而称疾乞退，是郭嵩焘咎由自取，早在圣明洞鉴之中，臣亦不敢因亲好私情稍涉回护也。……至督臣之于抚臣，虽有节制之义，然分本等夷，彼此当以协恭为尚。……遇有意见不合，则力争之，退则依然朋友之素，此和而不同之君子也。若必以相忍为和，则树党养交，弊从此起，臣下之利，非朝廷之利，臣愚以为臣下意见不妨时有，而是非要不可不明。〔一〕

〔一〕《复陈广东军务贻误情形折》（同治四年九月十八日），《左集·奏稿》（二）。

毛鸿宾、瑞麟相继为两广总督，郭嵩焘和他们都不对付，但是，他抱着“时艰同值”的态度，“委曲以期共济”。其实，这种做法，最容易误人误己乃至误事误国，所谓“臣下之利，非朝廷之利”也。共事之人，其首要目的就是将事情办成，倘有人从中坏事，自当通过规谏、力争乃至上告等办法解决争端，一味隐忍，坐观其败，实际就成了纵容包庇的从犯。局面一旦破裂以至于不可收拾，中枢不会也不可能调查到以前的真相，而只会按照涉事人员的级别逐个追查责任。这时候再来撇清，想独善其身，“已无及矣”。郭嵩焘读圣贤书多年，没读懂“和而不同”四个字，只晓得“相忍为和”，讲客气话，搞假团结，宜其被左宗棠骂为“咎由自取”矣。

这是公事公办。私函往来，左宗棠则评价郭嵩焘在粤抚任内的做法是“好官好人，微近迂琐”。世间有很多人很多官，都是好人、好官，唯一的缺点，就是不做好事。而所以不做好事之故，则大都出于“迂琐”。郭嵩焘是如何“迂琐”的呢？先看看他的“迂”：

督于抚虽有节制之义，然分固等夷。遇有龃龉，应据实直陈，各行其是，惟因争权势相倾轧则不可耳。老兄（谓郭）于毛寄云（鸿宾字），心知其非，而不能自达其是，岂不谓“委曲以期共济”？而其效已可睹。兹复濡忍出之。迨贻误已深，而后侃侃有词，则已晚矣。[一]

〔一〕《答郭筠仙》（同治四年九月），《左集·书信》（一）。

郭嵩焘的“迂”，就是没有理解督、抚相处的精义在“分固等夷”四字。“分”者，本分也。总督、巡抚各有其本分，但是，二人本分应管之事又往往重复，如前引胡思敬语，总督的地位很尴尬，免不了要和同城的巡抚产生“龃龉”。那么，只要不借此“相倾轧”，而是一心为公，就无须避讳，当如孔子所说“盍各言尔志”，其表现形式就是“据实直陈”，不但对同官“直陈”，还要对上司、中枢“直陈”。出以公心，言所欲言，行所当行，至于是非对错，都交给君上乃至时间来判断。郭嵩焘则不然，对毛鸿宾、瑞麟都是“心知其非”，却以“濡忍出之”，若无预其事者，直到事情黄了，上头要追查责任了，才想起已有责焉，赶紧辩白。可是，错已铸成，再说什么都晚了，且有规避的嫌疑。这就是“迂”的害处，一不小心，好人就成了迂人。迂谨自守之人，干不了大事，眼光所到，思虑所及，都在细枝末节上下功夫，自然就流于“琐”：

阁下开府二年，于粤、楚人才未甚留心，已难辞咎；而小处则推求打算如弗至，此其所以近于迂琐也。高果臣，粤东提督也，粤东欲其赴粤，则以提督二字劫之，比过粤，则以饷事尽归之闽。闽不辞也，亦不与吝者言财之说也，今见闽饷至，而欲扣其垫发四万，一何可笑！然则何解于迂琐也？郭子美，福建提督，奉命援闽，弟未尝调之，李少荃以其军八千人之饷自任，而以军米、夫脚谓之琐事，委之闽。闽之供之者，月几四万，未尝见诸章奏，亦未以告李少荃。至郭、杨在闽，战绩不及高果臣之大之久，而弟奏奖，则与高、黄并称，阁下亦有闻乎？否乎？〔一〕

果臣，高连陞字，时授广东陆路提督，为左宗棠麾下大将，左守节制三省之命后，遣其入粤助剿。自咸丰四年湘军出援外省乃至东征以来，军饷补给一直是个大问题，这个

〔一〕《答郭筠仙》（同治四年十一月），《左集·书信》（一）。前揭郭嵩焘致李瀚章书（十二月十六日），云：“左帅诃斥粤人不少假借，即私函往复，无所不用其诋诃。”殆即指这种毫不客气的回信。他最生气的则是，左宗棠将他与腐败无能的广东官吏等类齐观，因此他不能接受左的批评（“尤所不愿受”）。

〔一〕东征局设立于咸丰十年，结束于同治四年。五年之间，为东征的曾、左两部提供了源源不断的经济支持。

大问题主要由中央财政困绌所致。中央不能拨发专款，那么，军饷只能来自派兵之省和征战之省。可是，出于各种原因，被兵之省在供饷方面往往不爽快。于是，湖南一省不但出人出力，还出钱出米，承担了很大一部分军饷，甚至成立一个名为“东征局”的专门机构〔一〕，供应出省湘军（包括楚军）的饷需。不能不说，这是一种突破地域局限、操办大事的气魄，真能称得上谋国之忠。而在外的湘军各部之间，也就养成了互相接济、互相援助的传统。郭嵩焘在高军入粤以后，要求“饷事尽归之闽”，就是对这种传统的体认，无可厚非，所以左宗棠说“闽不辞也”。但是，高军入粤之初，闽饷未能及时供应，先由广东垫发，此后，闽饷继至，郭嵩焘却要求从中提取垫款，这就是“一何可笑”了。为什么呢？因为，不管闽饷粤饷，都算是国家财政用于军事的专款，广东垫发之款，完全可以作账报销，并冲抵依例应缴的“国税”，不致造成地方财务赤字。然则，郭嵩焘提出扣除四万垫款，对上而言，不能膺获善于理财的表扬，于友军而言，反增锱铢必较的嫌恶，不正是“小处则推求打算如弗至，此其所以近于迂琐也”。下举郭松林（字子美）援闽的例子，就是让他向李鸿章学习，不要囿于“吝者言财之说”，而要分得清什么是大事、什么是“琐事”。例如，军队所需粮食、夫力之类“琐事”，由于运输、员限等困难，不便由派出省提供，受援省则应妥为筹办；而弹药、饷银之类大事，义当由派出省发放，毋庸麻烦地方，这才是并肩作战、同心应敌的和衷之道。

左宗棠此信的语气，亢直不恭，甚而有轻侮之意。但是，郭嵩焘如此处理军事饷务，又不无可骂之理。若经此当头棒喝，依然自以为是，不改旧辙，那么，与之共事者是否会认为换人或能稍补于时务呢？若此，与之共事者提出人事更换的建议，是否不能简单目为公报私仇呢？而且，郭嵩焘从闽饷内提取垫款，理由是广东财政困难，不得不撕破脸皮摆出抠门姿态。但是，郭嵩焘“开府两年”，竟不如湖北胡林翼、湖南骆秉章、江西沈葆桢、江苏李鸿章等人，一上手即能革除弊政，生财有道，军事吏事均有起色，然则，换一个“明干开济之才”代替郭嵩焘做广东巡抚，岂不是当务之急？所以，四年十二月十二日，左宗棠再次推荐将浙江饷务办理得卓有成效的蒋益澧，说他“才气无双，识略高臣数等，若蒙天恩，调令赴粤督办军务兼筹军饷，于粤东目前时局必有

〔一〕《陈明广东兵事饷事片》，《左集·奏稿》（二）。

所济”[一]。五年正月八日，上谕：“浙江布政使蒋益澧，已明降谕旨，饬令驰赴广东办理军务兼筹军饷矣。”二月二十六日，郭嵩焘召京，另有任用。

事后，左宗棠致书郭嵩焘，毫不自愧，末云：

阁下力图振作，而才不副其志……徒于事前诿过、事后弥缝，何益之有？生平惟知曾侯、李伯及胡文忠而已，以阿好之故，并欲侪我于曾、李之列，于不佞生平志行，若无所窥，而但以强目之，何其不达之甚也。……因忠而愤，以直而亢，知我罪我，听之而已。[一]

〔一〕《答郭筠仙》（同治五年正月），《左集·书信》（一）。

向亲家诉冤

流行歌曲唱道：“你伤害了我，却一笑而过。”左宗棠之于郭嵩焘，颇相类此，甚而过于此。盖其不仅“一笑而过”，还吐了一口唾沫也。但从表象而言，左宗棠不仅将郭嵩焘从巡抚宝座上赶将下去，还振振有词地说郭不但不能自知（“才不副其志”），而且不能知人（“于不佞生平志行，若无所窥，而但以强目之”），根本就是个不懂事的人（“不达”），落到今日田地，全是咎由自取。毫无疑问，郭嵩焘不能接受这种评价，并不得不绝交以明其怒。于是，直到光绪八年，距此十六年后，两人才再通音问。而在此期间，郭嵩焘每每念及此事，便难以为怀，并屡屡向二人共同的朋友论及此事，希望找到一个稍能自慰的说法。以事功、道德、文章而言，最合格的仲裁人非曾国藩莫属，于是，郭嵩焘给他写了一封饱含血泪的控诉状，略谓：

左君在漳州，初拜督办三省军务之命，合广东督抚而并倾之，其言曰“天下安，注意相，天下危，注意将……必得李某任两广总督、蒋某任广东巡抚，方能望有起色”。其后两保，皆以便言之。都门言朝廷疑子文〔一〕不任疆事，以太冲〔二〕求之甚坚，不得已应之。……最后一折，直谓广东军务专以骗饷为事，毫无筹画……非得蒋某经理，万不能有补益……此折尤为丧心病狂，盖以瑞（麟）君一书相构，肆其淫诬……前后两折稿，所在有之，公岂未及见耶？鄙人致憾左君，又非徒以其相倾也，乃在事前无端之陵藉与事后无穷之推宕。如此两折之排挤，而曰实未尬及鄙人者，犹其羞恶之良所发端，规以自解而

〔一〕蒋子文，东汉人。此以切蒋姓，谓益澧。

〔二〕太冲，晋人左思字。此以切左姓，谓宗棠。

〔三〕藩，即藩司，为布政使之别称。按察使则称臬司。

已。……吾谓左君之服膺蒋君，宜也。所不可解者，左为浙抚，蒋为浙藩[三]也，朝夕与处，又用其力，克复一省城、四府城、十余县，非惟没其功，又摧折之、辱詈之。蒋君屡致鄙人书，深怀怨怼。已而左为闽督，相距二千里，漳州一保，乃遂信之之深如此。蒋君至广东，为鄙人言："生平受左君挫折至多，始则相与争胜，继乃一力周旋之，不论其信否。其赴闽也，定浙饷每月二十万，供给年余之久，皆以每月十二日起解，未尝一日后期，安得而不保我？"即蒋君所言观之，左君之前后矛盾、轻重失伦，居心果何等也……粤中使者至其营十余辈，每见，必呼贱名而诟之，且言："归语而（尔）抚，放贼入粤者，乃渠亲家。贼至闽，我赴闽剿办，今又赴粤剿办，汝抚知之否？"……退庵言在（左）营日两食，与左君同席，未尝一饭忘公（谓曾），动至狂诟。其于鄙人（谓郭），似尚从末减。吾谓："左君豪杰，惟曾公始足当一诟，我岂惟不受其诟，正当反诟之。左君之诟曾公，以怨报德，我则直讨有罪耳！"公与解释旧嫌，以"济公家之急，此盛德事也"，附会左君，以咎鄙人，则过矣。左君曰："吾未尝相倾，彼罪自应逐耳。"公亦曰："左君未尝相倾，汝罪自应逐耳。"是知燕之当伐，而不悟伐燕而取之者，齐也。所谓知其一，而不知其二

〔一〕郭嵩焘同治六年五月十八日致曾国藩书。此书由柳诒徵从陶风楼藏书录出，见黄濬《花随人圣庵摭忆》。

者也。……疑公之断斯狱也，未得其允，谨钞录全案附呈，以备处断。其于左君之凶横，亦可略得其梗概。[一]

郭嵩焘尝自我标榜，说："自南宋以来……七百余年，老朽不才，直欲目空古人，非直当世之不足与议而已。"当然，这说的是"控御狄夷"的洋务之才[一]。郭嵩焘晚年被骂为"汉奸"，被骂为"未能事人，焉能事鬼"，跟这种自负大有关系。不过，以今日眼光视之，不得不谓郭嵩焘是第一流的国际战略专家。但是，以今日眼光视此信，又不得不谓郭嵩焘于选贤与能、唯才是举的先进人力资源理论毫无所解。

我们看看他引用的案例：蒋益澧在浙江，先被左宗棠"摧折""辱詈"(原因不外乎办事不力)，甚至逼得吞鸦片自杀（未遂）[二]，然后"一力周旋"，于此后左宗棠入闽之军的饷需供应，尽心尽力，"未尝一日后期"，遂由左宗棠推荐为广东巡抚。用今日眼光来看，属官不得力，予以批评（未免苛酷）；既得力，予以重任（全力推荐），这有什么问题？领导方式或可商榷，其心术实无可指责，怎么谈得上"前后矛盾、轻重失伦"呢？像潘祖荫那种"他送我的鼻烟很好，我就知道此人不错"，才当得上这

〔一〕《致龙皞臣书》，引自黄濬《花随人圣庵摭忆》。

〔二〕段光清《镜湖自撰年谱》同治三年。

八个字吧？

如前所述，左宗棠做事做人，秉行刚直之道，宜其对蒋益澧有这种前倨后恭的态度，同样，宜其对亲家郭嵩焘有“未尝相倾，彼罪自应逐”的评论[一]。广东军务吏事疲废，历两年之久不能改观，其领导人自应负责，其上司自有荐贤代之的责任，故不能称为“相倾”，而是能力不符的领导者“彼罪自应逐”。然则，郭嵩焘只知道“控御狄夷”，而不知道“狄夷”内部的“控御”之术，恰恰就是左宗棠这种做法。

〔一〕多年以后，左宗棠论及郭嵩焘、蒋益澧此次的交代，说：“郭筠仙与弟凶终隙末，谓其署抚由弟劾罢，死不甘休；此等意见从何说起？蒋乡泉在浙打把式，颇为弟所轻，亦曾言弟待人不厚，然尚不如筠老之甚。是皆无足论矣。”见《答刘克庵》（光绪二年），《左集·书信》（三）。

信中引用了曾国藩当时的表态：“济公家之急，此盛德事也。”曾国藩固然不如郭嵩焘那么深谙洋务，但对“筹饷不力”的危害则知之甚深。他在江西前线期间，多赖左宗棠在湖南后方筹饷，早就佩服左宗棠的经济之才。左批评郭不会办饷，郭自称能办饷，曾国藩必然要以筹饷专家左宗棠的意见为意见，而不会以亲家郭嵩焘[二]的意见为意见了。二十几年前，他送郭嵩焘南归，写了序言，就隐然不以郭的干事之才为然；三年前，李鸿章亟求郭嵩焘赴苏帮忙，曾国藩就警告他：

〔二〕曾女（纪纯）嫁于郭子（依永）。然则曾、左、郭三人都是姻亲，这段公案，在义理以外，不必再问亲疏，判断起来少了几分纠葛。

渠性情笃挚，不患其不任事，患其过于任事，急于求效。若爱其人而善处之，宜令其专任

〔三〕《复李鸿章》（同治元年闰八月初九日），《曾集·书信》（四）。

粮道，不署他缺，并不管军务饷务。使其权轻而不遭疑忌，事简而可精谋虑，至要至要！〔三〕

李鸿章本意是让郭嵩焘任江苏布政使，曾国藩却叮嘱他只能“令其专任粮道”，尤其不能管“军务饷务”。结合左宗棠以“迂琐”二字评价郭嵩焘，不能不慨叹英雄所见略同。因此，曾国藩才会用“济公家之急，此盛德事也”来评判左、郭此次的争执。

至于郭信中搬弄口舌，引用吴士迈（即“退庵”）的话，说左宗棠在营中“未尝一饭忘公”，每日至少骂曾国藩两次，希图以此小报告换取曾国藩的支持，未免露出小人嘴脸。当然，气急败坏，口不择言，我们也应对他的失态报以“理解之同情”，不要苛责。曾国藩回信，就用非常委婉的方式回应了郭嵩焘的“不君子”行为：

左公之朝夕诟詈鄙人，盖亦粗闻一二。然使朝夕以诟詈答之，则素拙于口而钝于辩，终亦处于不胜之势。故以不诟不詈不见不闻不生不灭之法处之，其不胜也终同，而平日则心差闲而口差逸。

年来精力日颓，畏暑特甚，虽公牍最要之

〔一〕《复郭嵩焘》（同治六年六月二十五日），《曾集·书信》（九）。

件，浏览不及什一，辄已弃去，即贺禀谀颂之尤美者，略观数语，一笑置之。故有告以詈我之事者，亦但闻其绪，不令竟其说也。[一]

以暴制暴，鲜能奏效；鉴于史事今事，我们不难得出这个结论。以骂止骂，未为善法，观乎网络论坛，我们自能深有会心。左宗棠为当日第一善詈者，虽有“我是流氓我怕谁”的嫌疑，但也有“知无不言言无不尽”的耿直，故所以对待之法，无如“但闻其绪”，而“不令竟其说”。“但闻其绪”，是要知道他批评的大概，反躬自省，有则改之；“不令竟其说”，则过滤掉各种刺耳的“语词”，免惹烦恼。此种境界，则类似心理素质极好之网虫，从不介意各类用作语气助词的字母缩写，始终保持平心静气的泡网心态，不以物喜，不以己悲，高高兴兴上网来，平平安安关机去。曾国藩就用这种平和态度消解了郭嵩焘的搬弄是非，并温柔敦厚地表达了对此案的立场[一]。

然则，曾国藩和左宗棠在某些大原则上，实在持有相同的态度，曾并不因左的粗鲁而愤然改观。大关节处一丝不苟，细枝末节则一笑置之，以修养、风度而论，自然是柔道高手曾国藩占了上风；事无巨细，俱以直道处之，

〔一〕就此事表态，曾国藩亦曾给郭嵩焘弟崑焘写信，态度更为直接一些，盖欲其转告其兄，其语云：“以石交而化豺虎，诚不能无介介。然此等只可悯默，终古辨说，亦复何益？……令兄每遇褊急之时，有所作为，恒患发之太骤。目下自粤还湘，固无应发之事，然亦须阁下善于将顺导之于宽博纡余之域，乃不致以弦紧致疾。”见《加郭崑焘片》（同治五年五月初四日），《曾集·书信》（八）。

“因忠而愤，以直而亢”，终身保持愤怒青年姿态的左宗棠，又未尝不是可人。然则，曾、左二人在几近二十年共事、同官的过程中，一个是菩萨低眉，一个如金刚怒目，如切如磋如琢如磨，其事必有可观，其心必有可述。且左宗棠尝曰：

> 涤公（曾国藩）谓我勤劳异常，谓我有谋，形之奏牍，其实亦皮相之论。相处最久、相契最深如老弟（郭崑焘）与润公（胡林翼），尚未能知我，何况其他？此不足怪。所患异时形诸纪载，毁我者不足以掩我之真，誉我者转失其实耳。千秋万世名，寂寞身后事，吾亦不理，但于身前自谥曰“忠介先生”，可乎？〔一〕

〔一〕《与郭意城》（咸丰十一年二月），《左集·书信》（一）。

这是左宗棠出幕从军不久后的夫子自道。他说曾、胡、郭诸人都未能知己，深以身后毁誉失真为忧。鄙人忝为“异时形诸纪载”者，不揣固陋，请以曾、左情事结束此篇，庶几能传播“忠介先生”之“真”“实”于万一，则数万言之拙文未必全是扯淡，于知人论世不无少裨云尔。

相期无负平生（下）

挽 联

同治十一年二月四日午后，曾国藩和儿子曾纪泽在两江总督官署花园里散步，突然，两腿一麻，摔倒在地，曾纪泽将他扶起，搀入内室。晚上八点左右，曾国藩端坐而逝。[一]

〔一〕见黎庶昌《曾文正公年谱》、曾纪芬《崇德老人自订年谱》。

人死了，就得准备灵堂。布置灵堂，除了皇帝追封赐谥的诏令，最重要的就是生前友好书赠的挽联。曾国藩一生好写对联，尤其重视挽联[二]，《曾国藩全集》中就收录了七十七副挽联，凡上官下僚，亲朋戚友，不论贵贱寿殇，横死善终，一概挽之。集子中排在最后的挽联，是写给一个妓女的："大抵浮生若梦；姑从此处销魂。"这个妓女的名字就嵌在联中，有兴趣的读者可以猜一猜她的芳名。

〔二〕郭群《湘阴郭氏遗著提要》（载《湖南文献汇编》）："《云卧山庄诗集》八卷，《家训》一卷，《别集》五卷（郭崑焘著）……《别集》为试帖诗及联语。曾文正自负工于挽联，尝谓海内差能比拟者惟公云。"又，杜文澜《憩园词话》卷六："公（谓国藩）尝自笑云，行状中可云有挽联一卷行世，盖素所精意者。"皆能反映曾国藩热爱挽联创作。

挽联固然是小道，但是不刻苦锤炼，也写不出上品。曾国藩当京官的时候，就苦练过这种功夫。不过，挽联是盖棺定论，对象不死，素材就不完整，挽联也就不好落笔，曾国藩哪里找那么多死人来练习呢？他玩了招绝的：生挽。所谓生挽，就是给活人写挽联。[三]活人还得挑熟悉的，不然搞不清平生行事，下笔

〔三〕《挽戴文节公熙》（自注："生挽。"）《曾集·诗文》。

未免落空。可是，活人都忌讳死，谁愿意触这种霉头呢？于是，他得偷偷地写，不敢让人发现。不幸的是，坏事干多了，总会有暴露的一天。某年新春，好朋友汤鹏到曾寓拜年，延入书房聊天，汤看见砚台下压着几张纸，以为是新作的诗文，便要拿来看看。岂料这不是诗文稿，而是挽联稿，曾国藩死死护住，怎么也不给看。汤鹏跟他熟络得很，也不顾礼节，一把抢将过来，只见包括本人在内不下十几位曾氏好友，一一被曾国藩“敬挽”了一番。新正吉日，吉祥话没开场，竟先看见一篇“悼词”，那还不勃然大怒？于是拂衣而去，自此断交。〔一〕

〔一〕李伯元《南亭笔记》卷八。不过，曾国藩在《祭汤海秋文》说两人绝交的原因是他批评汤鹏著《浮邱子》，“一语不能，君乃狂骂，我实无辜，讵敢相下？”跟“生挽”没有关系。

同时，江忠源在北京，笃于友道，有客死京城的朋友，一定亲自或者派人护送其尸骨还乡。时人便撮合两人事迹，造了两句广告词：“江忠源包送灵柩，曾国藩包作挽联。”俨然视二人为殡仪服务公司的东主了。

现在，轮到他人“敬挽”曾国藩了。众多挽联中，最引人注目的，无疑是左宗棠写的那一副。曾、左不和，早就是官场、乡里公开的谈资，左宗棠又是一贯不假颜色的直性子，正在甘肃平乱的他会寄来一副怎样的挽联呢？传言左宗棠听到曾国藩赠谥“文正”，极为不悦，说：“他都谥了‘文正’，我们将来不要谥‘武邪'么?"[一]左伯爵的挽联要是捎带讽刺之意，先不说别的难堪之处，单单是否在灵堂悬挂就够曾家人斟酌几番的了。终于，左宗棠的挽联寄过来了。想看热闹的大失所望，忐忑不安地放下心来，他写的是：

谋国之忠，知人之明，自愧不如元辅；同心若金，攻错若石，相期无负平生。

除了“攻错若石”四个字，其他都是恰如其分的赞扬，而“攻错若石”，也只是实事求是地讲出二人“和而不同”的交往实况，无所寓其褒贬。曾国藩生前，左宗棠和他书信往来，从来就是称兄道弟的平辈称呼，不讲官场前辈、晚生那一套。同治元年，曾国藩奉旨以两江总督协办大学士，算是兼管地方的“国家领导人”，左宗棠当时不过浙江巡抚，写信过去还是自署“愚弟”，并说：“依例应‘晚’。惟念我生只后公一年，似未为‘晚’，请仍从弟呼为是。”[二]这副挽联的落款，却自署“晚生”，更是给足了曾家面子。

斯人已矣，风波不息。直到今日，很多人还是不相信左宗棠这副挽联就是他的心声，而认为这不过是照应场面的客气话。鄙人无意翻

〔一〕李伯元《南亭笔记》卷八。

〔二〕《答曾沅浦宫保》(光绪元年)，《左集·书信》(二)。

案，谨就读书所得，略为爬梳，按照时间顺序，罗列曾、左之间三次最为重要的冲突。孰是孰非，孰枉孰直，读者自能判断。

左宗棠论夺情

咸丰七年二月四日，曾国藩父曾麟书卒。十一日，讣至江西瑞州湘军大营。十六日，曾国藩上报忧折〔一〕，请假守制。旋即不待批准，于二十一日离营回湘。清制：官员父（母）丧，则应离职回籍，居丧三年（丁忧二十七个月后除服）。督、抚、司、道等重要官员，或者军务在身官员，如钦命不准离职居丧而令在职守制，则称为“夺情”。曾国藩时为兵部右侍郎衔，且督办军务，依例不得擅自回籍奔丧，而应请示朝旨再行定夺。他竟置江西军务而不顾，不待准假，遽行回乡，其原因乃如本书《每闻春风之怒号则寸心欲碎》一章所述：曾国藩以客军寄食江西，与地方官龃龉，又得不到朝廷的谅解和支持，军事、饷事俱无起色，遂借口守制，不待命而行。然则，曾国藩此次奔丧是一种任性、冲动、不负责任的负气之举。左宗棠闻知此事，写了一封措辞严厉的信，对他这种“逃兵”行为进行谴责：

〔一〕《报丁父忧折》（咸丰七年二月十六日），《曾集·奏稿》（二）。

《纲目》一书，于夺情题后一事，总以其人所处之时地为断，所以重纲常、维名教而警偷薄之俗也。至“金革之事无避”一语，经义直捷了当，更无可疑。诚以兵礼、丧礼同一凶事，并无所谓希荣忘哀之念；而干戈之际，事机急迫，有万不能无变者。顺乎天理之正，即乎人心之安，则世俗所谓“夺情”者，乃圣贤所谓“遵礼”，又何拟议之有？〔一〕

《纲目》，即朱熹《资治通鉴纲目》，是吾国“正名学”的集大成著作〔二〕。其论“夺情”要“以其人所处之时地为断”，则根源于《礼记》“金革之事无辟（通避）也”〔三〕一语。这句话怎么解释呢？唐人孔颖达《礼记正义》曰：

此一经，是权礼也。若值国家有事，孝子不得遵恒礼，故从权事。

“经”，是原则；父母丧，居丧三年，就是原则。但是，“若值国家有事，孝子不得遵恒礼”，公事和私礼发生冲突，怎么办呢？原则是死的，人是活的，这里就要引进一个“权”的

〔一〕《致曾涤生》（咸丰七年三月初六日），《左集·书信》（一）。

〔二〕其书最重要的观点，乃是严加区别周、秦、汉、晋、隋、唐以来一脉相承的“正统”和除此之外由“篡贼”“无统”等情况构成的非正统，其具体表现形式，则为“书法”。例如，同是皇帝，同是一死，其“书法”就大有区别：凡“正统”曰“崩”，“僭国”者曰“卒”，“无统”者曰“殂”，“蛮夷”“盗贼”则曰“死”。

〔三〕见《礼记·丧大记》。又见《曾子问》一章。

富厚堂是曾国荃为曾国藩修筑的宅邸。尽管曾国藩未曾住过，仍习称为“曾国藩故居”。内有思云馆遗址，则是国藩守制时的居所。

〔一〕《春秋公羊传》，引自段玉裁《说文解字注》木部“权”字。

概念。“权”者，“反于经，然后有善者也”〔一〕。原来，在非常时期，“反于经”而“从权”，乃能“有善”。故国家有“金革之事”(即战事)的时候，涉身军务的“孝子”(兼忠臣)就毋庸遵守居丧三年的“恒礼”，而应遵循坚守岗位、继续战斗的“权礼”。故左宗棠说：“世俗所谓‘夺情’者，乃圣贤所谓‘遵礼’。”他根据“经义”立论，预先杜绝了曾国藩恤于人言(即“拟议”)的借口。

前此，曾国藩归籍之时，已经知会在湘筹饷的左宗棠，说明此次回乡的三个理由。首先，奔丧守制，以尽人子之道；其次，“临戎以来，过多功寡，不可以古之饶干济者自比”；第三，“大局较前为佳，已可不出”。第一条理由，被左宗棠用“金革之事无辟”驳正；第二条理由，表面上是说自己德寡能鲜，无济于大局，实则透露了一腔怨气无处发泄的消极情绪；第三条理由，则纯乎负气昧心之谈。当日大局：江西大半被太平军占据；江南大营屡被攻溃，岌岌可危；安徽境内名城多“沦于贼”，实在称不上“较前为佳”。左宗棠此信，尤其对第二条理由进行了重点批判：

子无贤、智、愚、不肖，其有父一也。遭

父之丧，其不可夺情一也。今谓贤、智可夺情，而愚、不肖不可夺情，此何说乎？老兄之于兵事，诚不敢谓其有功无过，然竭其心与力所可到而黾勉为之，此念尚可见谅于朝野。又时局所值，亦有非心所能虑、力所能赴者，天下之人亦未尝不共为谅之。……孝子之于亲也，不以病不起而废药石；忠臣之于君也，不以事不可为而奉身以退。其任事也，不以己之不能而他诿之。〔一〕

〔一〕《致曾涤生》（咸丰七年三月初六日），《左集·书信》（一）。

骂人，最毒的就是诛心；打人，最狠的就是打脸。左宗棠就做到了这最狠的两点。你曾国藩不是忸怩作态，说什么“过多功寡”，不宜比照“饶干济者”实行夺情么？那好，我就告诉你，你还真就是个“过多功寡”的“愚、不肖”者。但是，承认自己“愚、不肖”就搪塞过去了？没有。人皆有父，你“愚、不肖”可以不夺情，比你贤明、比你聪明的就该夺情，这是什么混账道理？再说了，人蠢一点没关系，“过多功寡”没关系，运气不好也没关系，只要“竭其心与力所可到而黾勉为之”，朝廷与天下之人“未尝不共为谅之”。可是，你怎么做的呢？就像长辈一告病危，子女立即代为申请“安乐死”。国事一告不支，你立即就“奉身而退”，这还有人味吗？这还有臣德吗？因此：

老兄之出与不出，非我所敢知也；出之有济与否，亦非我所敢知。区区之愚，但谓匆遽奔丧，不俟朝命，似非礼非义，不可不辨。〔一〕

〔一〕《致曾涤生》（咸丰七年三月初六日），《左集·书信》（一）。

这等于是口沫横飞骂了大半天，还不解恨，临走前再重重踹上一脚。俗云“忠言逆耳”，又云“打是亲，骂是爱”，我讲了一箩筐道理，自然是希望你迷途知返，再度出山。但是，希望你出山，并不是认为你“一出有济”，就能扭转颓局。地球缺了你照样转悠，大局没有你也不至于立马崩溃；我希望你出山，不过是笃于友道，不忍看到你成为一个“非礼非义”的人而已。前面的斥责，未尝不能理解为诤友激愤的劝谏，对稍有气量的人来说，剔除掉那些过当的成分，尚可视为爱之深恨之切的激将法。而且，内心深处，未尝不能将之转化为一种被需要的虚荣：毕竟，我再愚再不肖，前线还是需要我，国家还是需要我。可是，最末这句“出之有济与否，亦非我所敢知”，竟将曾国藩聊以遮羞的最微薄的一点虚荣（自尊）也尽行剥夺。你让他脸往哪儿搁？一般来说，骂人不是目的，只是手段。左宗棠前面骂了那么多，骂得那么狠，其目的无非就是让曾国藩赶紧回到军队中去。然则，骂到“老兄之出与不出，非我所敢知也”，立即打住，转而说几句软话，如“老兄之出必有济，则我所必信”之类，恰如给曾国藩递上一根竹竿，他难道不感激万分地“哧溜”一声就滑下台来，还非得待在上面遭受臭鸡蛋、西红柿的袭击？左宗棠偏不，他反而要将整个台子都拆掉，逼得曾国藩只能从那高台之上直生生摔将下去，跌得个鼻青脸肿屁滚尿流。人，或多或少，都有点自尊，曾国藩作为宋学出身的高官，自尊指数更当高于平均指标，至此，一点自尊都不给他留下，他不和左宗棠绝交才怪呢。

绝交，首先就要绝音问，故左宗棠此信发出后，曾国藩就没给他回信。事后，左宗棠也发现这番话说得太狠了：

> 涤帅自前书抵牾后，即彼此不通音问。盖涤以吾言过亢故也。忠告而不善道，其咎不尽在涤矣。〔一〕

“忠告而不善道”，即能刚不能柔，得理不饶人，正是左宗棠一贯的风格。这时候的曾国

〔一〕《与王璞山》（咸丰七年四月），《左集·书信》（一）。又，《道咸同光名人手札》第二集第二卷载左宗棠与王柏心书（咸丰七年六月十五日），云：“曾公以终制故，与弟议论不合，不通音问者两月余矣，其能否非弟所知，但以情势揣之，而知其必不能也。”

藩，尚未完成由申韩之学向“禹墨为体、庄老为用”之黄老之学的转变，故不能即刻原谅左宗棠的“不善道”〔一〕。但是，经过一年多的守墓“读礼”，曾国藩的人生境界陡然提升，其术愈柔，其道愈广。咸丰八年六月，他奉旨援浙，经过长沙，与左宗棠在一周之内数次深谈〔二〕，并集“敬胜怠，义胜欲；知其雄，守其雌”十二字为一联，请精于篆书的左宗棠书写，遂“交欢如初，不念旧恶”〔三〕。

〔一〕欧阳兆熊说曾国藩一生有三变，书法上，由柳公权而黄庭坚而李邕；学问上，由词章家而宋学家而汉学家；做人上，由程朱而申韩而黄老。见《水窗春呓》卷上。

〔二〕《曾集·日记》咸丰八年六月十二至十八日日记。

〔三〕欧阳兆熊《水窗春呓》卷上。

两年后，发生樊燮事件，曾国藩帮了左宗棠一把。在谕旨密询如何使用左宗棠，“俾得尽其所长”时，曾国藩复奏：

当此需才孔亟之际，或饬令办理湖南团防，或简用藩、臬等官，予以地方，俾得安心任事，必能感激图报，有裨时局。〔四〕

〔四〕《复奏未能舍安庆东下并恳简用左宗棠折》（咸丰十年四月十三日），《曾集·奏稿》（二）。

一年后，朝命曾国藩节制安徽、江西、江苏、浙江四省军务，他一面力辞，一面极力保举左宗棠：

（左宗棠）其才实可独当一面，应请皇上明降谕旨，令左宗棠督办浙江全省军务，所有该省主客各军均归节制。〔五〕

〔五〕《恳辞节制浙省各官及军务等情折》（咸丰十一年十一月二十五日），《曾集·奏稿》（三）。

旋即奉旨："浙江巡抚着左宗棠补授。"〔一〕

〔一〕咸丰十一年十二月二十五日上谕。

经过"夺情"、樊案两次风波的考验，曾、左二人的关系在此时达到最为融洽的程度。尤其是曾国藩，不但做到了"不念旧恶"，还做到了左宗棠挽联所谓的"知人之明"，并由此体现"谋国之忠"的襟怀。但是，过此之后，曾、左这对命中注定的"冤家"因公因私两度交恶，又着实印证了左氏挽联所谓的"攻错若石"。

伪幼主是死是活？

先说因公交恶。同治三年六月，湘军攻破南京，俘虏了李秀成，却没抓到幼天王洪天贵福。本书《战天京》一章中，谓曾国藩给曾国荃提供了一份克复南京后报捷奏折的范本，重点强调："洪秀全之下落，银钱之多寡，不可不说大概，此外皆宜略也。"〔二〕洪秀全前此病死，掘墓鞭尸而已，毋庸赘议，但是，幼天王是死是活，却是个问题。怎么说这个"大概"，真是一门学问。排除掉"天国"派遣"天使"下凡来拯救幼天王的非常情况，那么，根据经验和常识，洪天贵福的下落无非三种：一、被

〔二〕《致沅弟》（同治二年十一月初五日），《曾集·家书》（二）。

杀并觅得尸首；二、被杀而找不到尸首；三、出逃。如果是第一种情况，毫无疑问，曾氏兄弟可以邀功请赏，朝廷可以明降谕旨宣布反革命彻底垮台。如果是第二种情况，曾氏兄弟需要找到有力证据（主要是敌我双方人证），证明洪天贵福确已被杀，尸首或被焚毁或被践踏以至于不可辨认，则亦可邀功请赏，亦可明示成功。如果出现外逃，则须查明出逃方向、随从人数等，或由湘军追击或由友军协剿，将之擒杀后，方能报功，方能昭告天下。

语云“星火燎原”，又云“除恶务尽”，说的就是“元凶大恶”漏网逃生后的两种解读。洪天贵福虽不像其父那样是实实在在的“元凶大恶”，但在此时，却是太平天国革命的“星星之火”，是太平军余部聊可推戴的象征。没有他这尊偶像，太平军残余诸军就是无首的群龙，失去战略目标，没有最高指示，无法团结起来进行下一步的战斗。而在清廷诸人而言，不能擒杀洪天贵福，势必睡不安寝、食不甘味。胜朝三宝太监郑和七下西洋，耗费无数财力、人力，只是为了探寻建文太子的准确下落，就是这种“忧患意识”的具体表现。因此，上述三种情况中，最令人放心的乃是死能见尸的捷报，稍可放心的是逃而有迹的“匪踪”，最令人不放心的则是活不见人、死不见尸的“据称”。第二种情况，所谓被杀而找不到尸体，本质上就是最不令人放心的“据称”。考虑到这层利害关系，没有十分把握，将领不敢以此报告；没有十分证据，中枢也不敢据此结案。

我们先看看洪天贵福出逃的实际情况。李秀成供状云：

（六月十六日）初更之后，舍死领头冲锋，自向带幼主在后而朱〔来〕，冲由九帅放倒城墙缺口而出。君臣数百人，舍命冲出关朱〔来〕。冲出城之后，所过营寨，叠叠层层，濠深垒固。幼主出到城外，九帅营中，营营炮发，处处喊声不绝，我与幼主两下分离。〔一〕

冲出南京后，李秀成将自己的坐骑让给洪天贵福，故洪天贵福得以逃之夭夭。而且，洪天贵福“将头发熨卷，装扮洋人”〔二〕，也是得以逃脱的重要原因。随后，洪天贵福在刘庆汉等人保卫下，从淳化经东坝到达安徽广德，彼时人数不过数百。数日后，洪天贵福又被黄文金接到浙江湖州，订下自赣入鄂以图西安的战略〔三〕。

那么，曾国藩是怎么报告的呢？南京城破后一周，他说：

曾国荃亲讯李万材供称，城破后，伪忠王之兄巨王、幼西王、幼南王、定王、崇王、璋王乘夜冲出，被官军马队追至湖熟桥边，将各头目全行杀毙，更无余孽。又据城内各贼供称……城破后，伪幼主积薪宫殿，举火自焚等语。〔四〕

〔一〕罗尔纲《李秀成自述原稿注》。曾国藩在上报朝廷时，则将“初更”改为“四更”。为什么呢？因为，初更为晚上七八点间，若被敌军于此时突围，恐怕要被朝廷责怪为防范不严。而四更凌晨一时左右，敌军于此时突围，犹可托词士卒劳累所致。这就是他改动此字的原因。《战天京》一章中，曾国藩改动李秀成供状，将洪秀全由病死改为服毒而死，也体现了这份“细心”。

〔二〕《截剿窜贼大胜首逆黄文金黄文英等就戮折》（同治三年八月十六日），《左集·奏稿》（一）。

〔三〕萧一山《清代通史》卷下、《洪天贵福供》，见《中国近代史资料丛刊·太平天国》第二册。王庆成《稀见清世史料并考释》则提供了更多的版本。

〔四〕《奏报攻克金陵尽歼全股悍贼并生俘逆酋李秀成洪仁达折》（同治三年六月二十三日），《曾集·奏稿》（七）。

然则，此段关于洪天贵福的报告纯属误报。首先，“乘夜冲出”的人众中，就有“伪幼主”；其次，“举火自焚”纯属瞎话。当然，曾国藩未必有心造假，他根据李秀成被捕、其他头目被“杀毙”的确实情况，以及“城内各贼”关于“伪幼主”“举火自焚”的供称，进而推测洪天贵福这个弱质少年逃不出湘军的包围，不能不说把握很大。加之湘军苦战经年，于封功赏爵，皆翘首以待；若单为落实这个细节而延误奏举功勋的时机，实在不得人心。因此，他犯了一个平生避之唯恐不及的妄语戒。根据这份报告，清廷乃确信湘军立下了“次第荡平，歼除元恶”的大功，于是“特沛殊恩，用酬劳勚”，一次性封了侯、伯、子、男四个爵位。〔一〕但是，如前所述，湘军此役不过“次第荡平”而已，于“歼除元恶”尚功亏一篑。那么，严格来说，这是欺君蒙上的罪过；宽容一点，也逃不过欺功冒赏的指责。这份报告，就好似没有会计师签字的公司财报，经不起严密的审计，一旦有人举发，必将招致监管部门的严厉处罚。很凑巧，左宗棠就做了这个举报者。他在七月六日汇报湖州军情的奏折中，毫不留情地揭穿了曾国藩的“谎言”：

〔一〕同治三年六月二十九日上谕。

据金陵逃出难民供，伪幼主洪填福〔一〕于六月二十一日由东坝逃至广德，二十六日，堵逆黄文金迎其入湖州府城。查湖郡守贼黄文金、杨辅清、李远继等皆积年逋寇，贼数之多，约计尚十余万，此次互相勾结，本有拼命相持之意。兹复借伪幼主为名，号召贼党，则其势不遽他窜可知。且江西兵力渐集，李世贤、汪海洋诸逆如不得逞于江西，则遁入浙、闽，复与湖州踞逆相首尾，亦未可知。〔二〕

〔一〕"洪填福"，《左集》原文如此。幼天王名讳，因当日传闻失实，称呼各异。参见本书《战天京》一章相关注解。

〔二〕《攻剿湖郡安吉踞逆迭次苦战情形折》（同治三年七月初六日），《左集·奏稿》（一）。

对照前引李秀成、洪天贵福的自供状，可知左宗棠关于洪天贵福踪迹的情报十分准确。唯他推测太平军将在浙、闽会合，与实情有出入。"借伪幼主为名，号召贼党"，这一句话最厉害。前云"星火燎原"，是清廷上下最不放心、最为惧怕的局面，经左宗棠此番"可知""未可知"的渲染，竟好像立即要成为事实，中枢不由得要回过头来追究曾国藩谎报战绩的责任：

昨据曾国藩奏，洪福瑱积薪自焚，茫无实据，似已逃出伪宫。李秀成供，曾经挟之出城，后始分散。其为逃出，已无疑义。湖熟防军所报斩杀净尽之说，全不可靠。着曾国藩查明。此外，究有逸出若干，并将防范不力之员弁从重参办。〔三〕

〔三〕同治三年七月十五日上谕。

语气很严厉，不仅斥责前次报告“茫无实据”“全不可靠”，而且要“将防范不力之员弁从重参办”。刚刚犒奖三军，这会儿竟要择员参办，就像国际体育组织根据药检报告收回违禁选手的奖牌、奖金，并加以禁赛若干年的处罚。于理则当，奈何情不能堪。承认“伪幼主”果未“歼除”，则前此功赏必须返款退税，湘军整体名誉也要受到损害。更重要的是，南京克复之后，曾国藩已经着手裁撤湘军，正为缺少遣散费发愁，幸而朝廷赏赐了大量虚衔、功牌和雀翎，稍可以暂时的荣誉感弥补将士们在物质回报方面的缺憾。现在陡然追究“防范不力”的责任，则竟连精神鼓励也吝啬起来，作为统帅的曾国藩不得不担忧比太平天国的死灰复燃更迫在眉睫的问题——军营哗变。因此，他不得不“霸蛮”〔一〕将朝廷的指责顶了回去：

〔一〕霸蛮，湖南土话，强行、杠头的意思。

十四日左宗棠寄臣一函，则云：“金陵余逆漏出数百，亦有数千之说。”……臣再三推详，由金陵至广德，县县有兵，层层密布。其中如驻句容之刘铭传、驻溧水之王可陞、驻建平之李榕、驻东坝之郑魁武，皆晓事不欺之人，又奉严防逸贼之札。若谓洪福瑱仅带零贼剃发潜遁，此数处者，或不知之。若贼至二三千之众，而谓此数处一无闻见，既不截剿，又不禀报，此事理所必无也。臣观附近各县各将之无禀，证以李秀成之亲供，逸出漏网之贼，多亦不过数百，堪以仰慰宸廑。其洪福瑱果否尚存，臣现派蓄发降卒四处访查，不欲仅以难民之言为凭，尚未访有端倪。

要将指责顶回去，除了针锋相对，别无善策。当然，针锋相对者，不能冲着中枢，而只能逐条批驳左宗棠的“举发”。左宗棠来信说洪天贵福一行“亦有数千之说”，参以前引洪天贵福自供，实不过数百人，然则左宗棠措辞稍涉夸张。且其语出自难民之口，证据可信度自然下降。于是曾国藩列举南京东南城镇守将，说他们都是“晓事不欺之人，又奉严防逸贼之札”，必不可能让数千敌军招摇过市，由此证明左宗棠打的小报告不尽切实。在此事并无第一手可靠证据（例如探报、降供）的情况下，辩论证据的可信度不得不使用逻辑推理。曾国藩此番推理，所谓“零贼”“潜遁”，守将“或不知之”，若“二三千之众”，则“事理所必无”，倒也歪打正着，符合实际情况。由此，他虽不能全部推翻左宗棠的“谣诼”，但也削弱了其质证的分量。更精彩的自辩，还在后头：

至防范不力之员弁，是夕，贼从缺口冲出，我军巷战终日，并未派有专员防守缺口，无可指之汛地，碍难查参。且杭州省城克复时，伪康王汪海洋、伪听王陈炳文两股十万之众，全数逸出，尚未纠参。此次逸出数百人，亦应暂缓参办。

朝旨所谓“防范不力之员弁从重参办”，即打狗不问主人、不看僧面亦不看佛面之意，其意乃在警告湘军统将甚至曾国藩本人。但实质性的伤害，则落实到全军的士气。苦战十年的湘军，大功甫一告成（虽不无缺憾），即因难民之谣（并未确切证实）遭受磨折甚至惩罚，实在有伤士气甚至酿成哗变。所以，曾国藩借口“并未派有专员防守缺口，无可指之汛地”，顺势将“防范不力”的责任人由具体的“员弁”转变为抽象的“我军”，援法不责众之义，使此条惩罚意见落空。这种实者虚之的文字游戏和诡辩技巧，不得不令人佩服。接下来，他又揭出左宗棠克复杭州时数万太平军逃出的旧创，衡以南京“逸出数百人”的事实，理直气壮地质问：“尚未纠参”前者，何能“参办”后者？左宗棠只是轻轻摸了他一下，曾国藩反手就是一记响亮的大耳光。然则，前此曾国藩安慰郭嵩焘，所谓彼与左宗棠辩难，“素拙于口而钝于辩，终亦处于不胜之势”，是耶？非耶？当然，善辩者从来以“予岂好辩哉？予不得已也”作为参辩宗旨，绝不做出沾沾自喜的骄浮姿态。所以，此折末尾特意安排一段神来之笔：

抑臣更有幸者，向使破城之夜，该逆大开十三门，每门冲出数百人，不仅由缺口一路，官军亦未必能悉数截剿。向使李秀成不因乡民争匿，羁延时刻，官军亦未必能既脱复擒。今之逸贼无几，渠魁就缚，盖全仗皇太后、皇上之福，非臣兄弟之力所能及此也。〔一〕

〔一〕《再陈裁撤湘勇及访查洪福瑱下落尚无端倪片》（同治三年七月二十九日），《曾集·奏稿》（七）。

做事情，有高高举起轻轻放下一种风格；写辩词，尤其要能领会迅雷风烈之后天淡云闲的妙趣。整篇都是笔挟风雷，读者初则惊慑，终觉酷薄，口虽噤而心不惬，理虽穷而情必恨。辩论之旨，固不在求胜，而在于解纷，若由此树敌（不论敌人或敌意），尤非善辩者初衷。因此，在通过演绎逻辑、比照事实等手法立于不败之地后，善辩者必然要化刚为柔、转巧为拙，为对方留一地步，为全局开一境界，如此方能于事有济，得理而不伤人。曾国藩此折结尾，将湘军浴血奋战、克城擒贼之功勋，全归于今上之“福”德；将兄弟二人呕心沥血、运筹决战之劳苦，全归于微臣之“幸”运。让功的同时，卸掉责任；避谤的同时，邀得谅解。左宗棠性情亢直，或不罢休，但是，中枢固已视之为得体、合理的解释，此后便不再追究纵敌、误报之咎，而将重点转向浙、赣地区“截剿”“残匪”的战斗。曾国藩此次辩难，本意只在回应中枢的责备，并不介意左宗棠的质证，今既获得中枢的谅解，可算功德圆满，自毋庸再与“因忠而愤，以直而亢”的当代孔明争一日之短长了。

但是，树欲静而风不止。曾国藩为开脱“伪幼主”逃逸之责，说浙军克复杭州时，太平军“十万之众，全数逸出，尚未纠参”，毕竟对左宗棠和楚军造成了极深的伤害。左宗棠本是好辩且善辩之人，值此“予不得已”之际，势不能偃旗息鼓，装聋作哑。其辞略谓：

维时臣战余杭，蒋益澧战杭州，屡次破垒获胜，臣奏两城贼势窘蹙，并未以贼数众多为言，每与交战，逆贼多不过一万数千而止。迭次奏报甚详，犹堪复按……曾国藩称杭城克复，十万之众全数窜出，所谓十万全数，果何据乎？两城之贼于二月二十三夜五更窜出……官军皆于黎明时入城……夫以片时之久，一门之狭〔一〕，而谓贼众十万从此逸出，殆无是理！此固不待辨而自明者也……至云杭贼全数出窜，未闻纠参，尤不可解。金陵早已合围，而杭、余则并未能合围也。金陵报杀贼净尽，杭州报首逆实已窜出也。臣欲纠参，亦乌得而纠参之乎？至若广德有贼不攻、宁国无贼不守，致各大股逆贼往来自如，毫无阻遏，臣屡以为言，而曾国藩漠然不复介意。前因幼逆漏出，臣复商请调兵以攻广德，或因厌其絮聒，遂激为此论，亦未可知。然因数而疏可也，因意见之弊遂发为欺诬之词，似有未可。臣因军事最尚质实，故不得不辨。至此后公事，均仍和衷商办，臣断不敢稍存意见，自重愆尤。〔二〕

〔一〕太平军分别从杭州武林门、余杭东门撤离。

〔二〕《杭州余匪窜出情形片》（同治三年九月初六日），《左集·奏稿》（一）。

各军分守汛地，最不痛快的事情就是邻省军队贪图攻克城池而不追剿逸敌：彼则因功受赏，己则忙于应付越省之敌，劳而无功，败则受罚。故有敌自邻省来，莫不夸大其数，先为日后战绩留一地步：胜，则是力抗大股强敌；败，则是力有不逮，情有所原。曾、左关于杭州逸出“贼”数的争论，其历史原因即在于此。浙江毗邻安徽、江西，后者俱为两江总督辖地；杭州、余杭的太平军撤退后，“出窜”皖、赣，两地防军向上报告，自然要将数目夸大几分。杭州失守，太平军守将陈炳文在浙、赣“往来”“裹挟”一番，并曾与李世贤会合，后向鲍超投降，其花名册有数万之额，也在情理之中。〔一〕但据此说这些降众就是在余、杭城破的“片时”，从“一门”逃出来的“逸贼”，似又不尽符实。故左宗棠要说：“果何据乎？”“殆无是理！”

〔一〕《太平天国文书汇编》载有陈炳文投降湘军的禀文。

曾国藩复奏，举出浙军漏“贼”，“尚未纠参”的例子，要求对湘军“暂缓参办”；左宗棠则以其人之道还治其人之身。南京被曾国荃围得“铁桶”一般，尚不能防止洪天贵福的突围，杭、余一直未能合围，被陈炳文、汪海洋率众逃出，自亦无可厚非。曾氏兄弟前此报捷，说已将敌军头目“全行杀毙”，“伪幼主”则“举火自焚”，左宗棠于克复二城后写的报告则清楚说明“首逆实已窜出”。相形之下，左宗棠倒是可以援引南京陈案为己开脱，曾国藩却不能通过揭发杭州故事为己辩白。故左宗棠要反唇相讥：“臣欲纠参，亦乌得而纠参之乎？”

脸面既已撕破，则不妨把话说透。洪天贵福逃离南京后，在湖州、广德间往来自如。湖州被浙军收复后，他又从安徽跑到江西，这不就证明了曾国藩在皖、赣本辖内的防务布置大有缺漏？早在去年，左宗棠就在奏折中委婉批评过曾国藩在皖、赣的防务计划〔一〕，私函中则直接批评曾国藩布置失当，说他过于保守，“机势反滞碍而不灵”，甚至用前任钦差大臣周天爵“我以速战法，贼不如法而来”的笑话来讽刺他〔二〕。故左宗棠对曾国藩进行“精神分析”，说他“因意见之弊遂发为欺诬之词”。

前论曾国藩折，堪作善辩的典范；今观左宗棠片，也是能言的楷模。曾国藩的辩词胜在逻辑缜密和结构巧妙，左宗棠则根柢事实，气势更盛；洪天贵福出逃、皖赣防务疏漏的“实在情形”，则为左宗棠的辩讼增加了分量，这也是曾国藩无可遮挡的软肋。英雄相惜，自能生成一种祥熙光景；英雄相争，则无处不是肃杀气象。倘若不加制止，任二人往复辩难，愈演愈烈，势必至玉石俱焚而后已。因为，随着辩论的深入，双方辩手已不再就事论事，而向揭老底、纠私念甚至人身攻击的方向发展。如

〔一〕《复陈筹办军情片》（同治二年十二月十三日）：“曾国藩力持坚守之议，现正布置皖南、江西一带防兵，固为老成之见。然贼知我以坚守为主，必不攻；各将以坚守为事，必不战。倘贼舍城不攻，从间道疾驰而过，恐调拨尾追亦有所不及。”见《左集·奏稿》（一）。

〔二〕《答曾节相》（同治二年四月），《左集·书信》（一）。

果现在是“太平有象”的局面，对作为辩论裁判的中枢来说，最有声望的两位疆吏互相展开攻击，必然是一件喜闻乐见的好事。因为，中枢在调停折中之间，可以通过名正言顺的奖惩处分进行政治权力的调整，改变因叛乱造成的中央与地方、文官制度和军事力量的失衡局面。但是，大局未定，中枢并不敢冒险，只能放弃这次难得的机会：

朝廷于有功诸臣，不欲苛求细故，该督（谓左宗棠）于洪幼逆之入浙则据实入告，于其出境则派兵跟追，均属正办。所称“此后公事仍与曾国藩和衷商办，不敢稍存意见”，尤得大臣之体，深堪嘉尚。朝廷所望于该督者，至大且远，该督其益加勉励，为一代名臣，以副厚望。〔一〕

〔一〕同治三年九月十四日上谕。

此条廷寄，指定发给左宗棠、杨岳斌和沈葆桢三人“伏读”，但是，“朝廷于有功诸臣，不欲苛求细故”，却是针对曾国藩而言。如上所述，限于时势，中枢不能借机斩杀事权过重的曾国藩的威风，而左宗棠此次抗颜直辩，要求洗刷曾国藩的“欺诬”，中枢又不能不予交代，故示以“不欲苛求细故”的宽厚宗旨，先稳住左宗棠再说。但是，此语尚有更微妙的意味：虽说此份廷寄只是定向发给左、杨、沈三人，但天下没有不透风的墙，这句话必然会通过各种渠道传到曾国藩的耳中，曾国藩一旦听闻，必然有所警醒，庶几能起到儆戒的作用。这就是中枢在谕旨中加入此语的微意。通观曾氏日记诗文及可信的笔记史料，可知他无心弄权，遑论造反，但是，历史上的篡夺案例以及统治者的嫌猜本能，决定了中枢绝不敢完全相信任何一个实力派大臣，故随时随地敲打这些大臣，成为吾国政治生活中司空见惯的场面。实事求是地说，这种统治者与生俱来的秉性，有利也有弊。有的人因为这种经常的警告，消除掉一切邪念，做了“一代名臣”；有的人忍受不了这种猜疑，急流勇退，国家失此贤才；有的人愤愤不平，发现在上者“技止此耳”，乃萌发“彼可取而代之”的壮志。然而，有一点可以肯定，不管是谁，一旦感受到来自中央的猜疑，心情都不会愉快；若能探测到引发这种猜疑的具体个人，再宽容再大度，他也会致憾于此人。曾国藩未能免俗，在此事上要深深致憾于左宗棠。继咸丰七年的“终制”事件，曾、左二人迎来了双方的“七年之痒”。

文人李元度

七年之痒，固然只是彼此双方进行“互摸”的原因，但是，城门失火，殃及池鱼，曾、左此次交恶，却又实实在在损害了第三者的利益。而这个第三者的无辜受害，又更加破坏了曾、左的公谊和私情。这个倒霉的第三者，便是李元度。

李元度，字次青，湖南平江人。先简述李元度在湘军中的经历，以及和曾国藩的关系。咸丰四年初夏，曾国藩兵败靖港，愤而自杀数次，皆未遂。其时，在他身边“宛转护持，入则欢愉相对，出则雪涕呜愤”〔一〕者，就是来自平江的幕客李元度。是年末，湘军在九江水域大败，曾国藩“愤极，欲策马赴敌而死”，被罗泽南、刘蓉劝止。〔二〕李元度于此时投笔从戎，“特立一军”，“护卫水师，保全根本”〔三〕。六年二月，周凤山军在江西樟树镇被太平军击溃，曾国藩部下再无得力陆军，全赖李元度率领平江勇，“力撑绝续之交，以待楚援之至”。然则，在兵败靖港、困守江西这段最为痛苦的岁月里，始终不离不弃，倾力辅助落难英雄曾国藩的人，就是李元度。咸丰七年，曾国藩心力俱瘁，承受不了兵单饷乏、主客不和〔四〕的巨大压力，乃趁丁父忧的机会，撒手回湘。抵湘后，写信给在江西继续战斗的李元度，诉说对他的感谢和愧疚。所以感谢者，谓李元度三年间始终如一的支持；所以愧疚者，临行匆匆，来不及用保举的方式对李元度进行回报。〔五〕最后说，对于李元度的高情厚谊，“鄙人盖有无涯之感，不随有生以俱尽”〔六〕。为弥补这份歉疚，山居无职的曾国藩提出与李家“缔婚姻而申永好，以明不敢负义之心”〔七〕，并勉励李元度（时已

〔一〕《与李元度》（咸丰七年闰五月初三日），《曾集·书信》（一）。

〔二〕黎庶昌《曾文正公年谱》。

〔三〕同注〔一〕。

〔四〕主，江西地方官吏；客，曾国藩及湘军。此段经历，请参看本书《每闻春风之怒号则寸心欲碎》一章。

〔五〕第二年，曾国藩仍然对此深抱歉意：“同事诸公，独阁下久困卑位，仆之愧恨，曷有穷极。”见《致李元度》（咸丰八年五月三十日），《曾集·书信》（一）。

〔六〕同注〔一〕

〔七〕《复李元度之太夫人》（咸丰七年十月十七日后），《曾集·书信》（一）。

回乡省亲)"努力作人，明岁当与足下索侄女婿耳"[一]。在无法酬以官爵的时候，结为秦晋之好，庶几稍能安慰比曾国藩小了十岁的李元度。

咸丰八年七月，曾国藩再度出山。十月，湘军第一名将李续宾、曾国藩弟国华战死于安徽三河镇，"痛愤之余"，曾国藩急召在家奉养母亲的李元度，叮嘱他"千万速来"[二]。李元度不负期望，闻命即行，其时，李母"病殊未愈，将成半身不遂之症"[三]矣。李元度这次来营，曾国藩并未委任军事，而让他充任文案。因为，李元度虽在最困难的时候亲临战阵，为湘军稳住了阵脚，但他实在不是一个合格的军事人才。李元度有一手"敏捷清挺无俗尘"的好笔墨，任"参谋""可得一当"，并不适合"专以治兵"。[四]咸丰五六年间的李元度，更像是军无大将、聊以充数的廖化，客观上不无作用，主观上则不洽人意。略引五六年间曾国藩对他的批评，读者可观大概：

"足下专好说吉祥话，遇有小事不如意辄讳言之。"(五年七月十六日)——此处批评李元度报喜不报忧，军情不实，埋下诸多隐患。

"足下条理精细，而处事恒黯于大较，不解何故。"(五年七月二十四日)"仁弟论文，则按脉切理，丝丝入扣；临事，则浮光掠影，曾无极深研幾之意。"(五年八月二十二日)——此处直揭

〔一〕《致李元度》(咸丰八年九月初一日)，《曾集·书信》(一)。

〔二〕《复李元度》(咸丰八年十一月初二日、十九日)，《曾集·书信》(一)。

〔三〕《曾集·日记》，咸丰八年十二月初五日日记。

〔四〕胡林翼语。见《致罗忠祐》(咸丰十年正月二十九日)，《胡林翼集·书牍》。忠祐，即后来邀请李元度援浙的浙江巡抚罗遵殿之子。

作为文人的李元度能言不能行的痼疾。

“前此屡接函禀，言湖口贼不过千余，他处探报亦然。近日尊处胜仗禀报，前后共杀贼二千有余，而湖城之坚如故，贼船之悍如故。”（五年八月十五日）“自抚（州）来者，皆言城内之贼不过二千余人，老长发不过数百。前后书牍所报杀毙受伤之贼，殆以万计，而贼焰转张，颇不可解。”（六年五月初九日）——此处批评李元度谎报战功。

“掘坟告示，切弗再贴，尤不可用贱衔。凡举事为千万愚人所喜，而为一二有识所笑，君子弗为也。”（五年八月二十二日）——当日，江西民众乐于“从贼”，群相呼应。〔一〕李元度不在安民、治军上想办法，却提出一个挖祖坟的创意，希冀借此惩罚“从贼”的绅民，并在告示上冒用了曾国藩的钦差大臣名义。曾国藩认为此种“辱及先人”之举大为不妥，必为“有识所笑”，故加以劝阻，并特别嘱咐不可冒用“贱衔”。

“麾下平江勇与恒态微有不同者，他处营官、哨官，各有赏罚生杀之权，其所部士卒，当危险之际，有爱而从之，有畏而从之。尊处大权不在哨官、不在营官，而独在足下一人。哨官欲责一勇，则恐不当尊意而不敢责；欲革一勇，则恐不当尊意而不敢革。营官欲去一哨，既有所惮；

〔一〕《与李元度》（咸丰六年四月二十六日），《曾集·书信》（一）。左宗棠也说：“江西士民以畏贼之故媚贼，且为贼效死以捍援师，居然别一天地矣。”见《答王璞山》（咸丰六年），《左集·书信》（一）。甚至袁州被围攻，太平军拟弃城而去，城中绅士竟筹资挽留。《致胡润之》（咸丰七年五月二十七日），《左集·书信》（一）。可见江西民众响应太平军起义的情形。

欲罚一哨，又有所忌。各勇心目之中，但知有足下，而不复知有营官、哨官。甄录之时，但取平江之人，不用他籍之士，‘非秦者去，为客者逐’[一]。营、哨之权过轻，不得各行其志。危险之际，爱而从之者，或有一二，畏而从之，则无其事也。”[二]（五年十一月十一日）——此则批评李元度治军不遵守湘军“家法”，并在军中大开地域歧视之风，为患实巨。

湘军“家法”，其本质在于三“宜”：文法宜简，事权宜专，情意宜洽。李元度以文人治军，最大的弊病就是做不到事权宜专。什么是事权宜专呢？曾国藩说：

> 一营之权，全付营官，统领不为遥制。一军之权，全付统领，大帅不为遥制。统领或欲招兵买马、储粮制械、黜陟将弁、防剿进止，大帅有求必应，从不掣肘。[三]

用今天的话说，就是一种彻底的层级责任制。湘军内部，由勇丁而什长而哨官而营官而统领而大帅，层次分明，逐级负责；既不许越级报告，也不许越级指挥。形成这种制度的本质原因，则根源于湘军的招募制度。严格按照湘军营规来组建部队，那么，营官由统领挑选，哨官由营官挑

〔一〕语出秦人李斯《谏逐客书》。对于“非秦者去，为客者逐”这种狭隘的、地域歧视的人事政策，李斯是不赞同的。曾国藩此处引用，一则用古典比照今事，一则用李氏先贤（斯）的“祖训”来批评李氏后进（元度）的“陋政”，是古人擅长的讽喻手法。

〔二〕俱为曾国藩致李元度信函。见《与李元度》（咸丰五年十一月十一日），《曾集·书信》（一）。

〔三〕《遵旨筹议直隶练军事宜折》（同治八年五月二十一日），《曾集·奏稿》（十）。

选，什长由哨官挑选，勇丁由什长挑选。什长以上的各级军官皆有专权，皆负专责；而自士兵以至军官，俱只听命于其直管上级，心无旁骛，职有所专。上级对下级，只问点名是否应卯、遣调是否及时、作战是否出力；而下级本辖之权，尤其是人事权，上级例不干涉。因为，治军最重要乃至唯一的目标，不过基层士兵于危险之际能够懔遵军令、以命相从而已。要做到这个目标，前提则在于日常训练和思想政治工作做得扎实可靠；能否做好这两项工作，又赖于各级军官对本辖人员的有效管理；而能否有效管理，关键则在于各级军官必须拥有职责范围内的全部权限。“譬之木焉，统领如根，由根而生干生枝生叶，皆一气所贯通。”〔一〕

李元度治军则不然，他采用的是扁平化管理。依照今日企管理论，这种管理无疑更人性化、更能促进组织内部的交流。这种管理的前提是组织成员具有较高的个人素质，实现组织目标需要成员具备极强的创造力。但是，军队不是一般的组织，而是一部由血肉之躯构成、用来杀伐攻取的庞大机器，纪律（等级）严明重于个性发扬，令行禁止甚于往复辩难，否则，令以言歧，法以情乱，必然降低杀人机器的运行效率。李元度不能参透此意，而希望在全面了解军中隐情的前提下，奖罚生杀皆自己出，不滥罚，不枉赏。但是，对于三千多人的

〔一〕《遵旨筹议直隶练军事宜折》（同治八年五月二十一日），《曾集·奏稿》（十）。读者如欲更详细了解湘军的指挥制度，请参看罗尔纲《湘军兵志》。

平江军来说，一人之心力或有时而穷，一人之目力或有时而尽，追求最精确的管理，反而堕入最混乱的迷宫。一些基层士兵、军官或因这种人性化管理而免遭冤屈、获得福利，对李统领个人抱有好感，“危险之际，爱而从之者或有一二”。但是，限于精力，领导关怀只能落实到有限的个人，做不到雨露均沾；而与此同时，中上层军官的权力和威信却已受到破坏，并直接导致对本级职权的放弃。于是，更多的基层士兵和军官获得一种无拘无束的“自由”，既感受不到来自最高级指挥官的“爱”，也不用体会针对直管上级的“畏”，从而严重影响全军在“危险之际”执行命令的效率，所谓“畏而从之，则无其事也”。“畏而从之”，是军事制度的“恒态”；“爱而从之”，则是超越制度的“变态”。李元度秉文人之质，抱妇人之仁，妄以“变态”为“恒态”，乱了湘军的家法，曾国藩不得不多费口舌对他进行批评教育。

曾国藩还批评他“但取平江之人，不用他籍之士”，此语意甚微妙。湘军的基本建制单元，本就以乡谊维系。早在创建水军时，曾国藩就叮嘱负责征兵的人：“（水手）皆须湘乡人，不参用外县的，盖同县之人，易于合心故也。”〔一〕曾国荃的“吉”字营则“不独尽用湘乡人，且仅用屋门口周围十余里之人”〔二〕。然则，李元度“但取平江之人”，也

〔一〕《复朱蓂》（咸丰三年十二月十四日），《曾集·书信》（一）。

〔二〕赵烈文《能静居日记》（同治六年六月十七日）。

未见得大谬不然，曾国藩为何要批评他呢？原来，李元度“甄录”的平江老乡，大多用来充任中上层军官，而不是普通勇丁，这就破坏了营—哨—什—勇逐级挑选下属的湘军制度，有任用私人的嫌疑，而不仅仅是地域歧视了。

因为上述原因，李元度再度从军，曾国藩就没让他带兵，而是让他做了记室、参军。李元度“下笔千言，条理周密”〔一〕，恰能胜任文案工作，倘若顺着这条职业道路走下去，虽不敢奢望左宗棠、李鸿章那样的功勋，但如李瀚章、盛宣怀那样，幕优则官，混个一二品大员还是很有指望的。可是，天意弄人，李元度的职场生涯终未能如此完满。

〔一〕《密陈录用李元度并加恩江忠源等四人折》（同治三年八月十三日），《曾集·奏稿》（七）。

咸丰十年春，太平军定计：佯攻杭州，解南京之围。清军果然中计。江南大营旋被攻溃，张国樑、和春先后阵亡、自杀，江苏、浙江全面告急。新任浙江巡抚罗遵殿，原在湖北任职，和胡、曾等湘军领袖交谊极深，当此危急关头，自然向湘军乞援。其时，湘军诸部被太平军牵制在湖北、江西、安徽三省，无法赴援浙江。不得已，李元度又一次投笔从戎，重新扮演廖化的角色。李元度重出江湖，胡、曾都不看好他，胡林翼给罗遵殿写信说：

（李元度）爱才如命，疾恶如仇。而所疾固多恶人，所爱未必才士也。[一]

〔一〕《复罗遵殿》（咸丰九年十二月二十二日），《胡林翼集·书牍》。

此谓李军中并无人才，难以改变局面。又给罗遵殿的儿子忠祜写信：

李次青（元度字），正人也，任事一片血诚，笔墨亦敏捷清挺无俗尘，军事参谋，可得一当，特未可专以治兵耳。[二]

〔二〕《致罗忠祜》（咸丰十年正月二十九日），《胡林翼集·书牍》。

但是，时穷事蹙，舍李元度以外，湘军别无他人可以援浙，故曾国藩只能将此次援浙当作一次赌博，如龚自珍所谓"看伊家国运如何"也[三]。不过，二人毕竟是共历患难、生死相托的交情，曾国藩对李元度此行胜败安危的关注，自当区别于其他将领。他如此描述他的矛盾心理：

〔三〕《清朝野史大观》卷十。

乃者浙警初闻，鄙人日夜诅其大乱，俾阁下闻变遽起，以赴武林之难。既又日夜祝其大克，俾阁下无所事事，而当俯就陋邦，完我常与。兹幸皇天后土鉴此微诚，诅有益也，祝亦有灵。[四]

〔四〕《复李元度》（咸丰十年闰三月十九日），《曾集·书信》（二）。

军人必须闻命“遽起”，书生从戎的李元度也不能例外，故曾国藩“日夜诅其大乱”，以激励李元度的斗志和杀气。但是，千里赴援，兵凶战危，亦师亦友的曾国藩固又希望他能“无所事事”，全身而退。“诅有益也”，其益处在于此种情境最能磨砺人才，或可借此机会帮助李元度完成由儒生向武将的转型，就像以罗泽南、李续宾为代表的湘军将领一样。“祝亦有灵”，则是发自内心的一种爱护，曾国藩并请精通《易经》的幕友陈学镕为李元度此行卜卦〔一〕，想尽办法对自己和李元度进行心理暗示（“灵”），其行可敬，其心可悯。

〔一〕《曾集·日记》咸丰十年四月二十八日：“筮次青应否赴浙，得‘兑’之‘复’。”

不过，倡议邀请湘军赴援的罗遵殿还来不及看到湘军的旗帜，就因城破而捐躯，李元度也因此稍缓其行，“诅”“祝”之“益”否、“灵”否，暂时无法印证。而太平军在解除南京之围后，一面在苏、浙用兵，一面向上游的安徽、江西进军，试图再度占据武汉，以解安庆之围，夺回长江控制权。因此，驻扎在皖南的湘军，尤其是深处万山之中的祁门大营，感受到巨大的压力，李元度的主要任务也就由援助浙江转变为防守皖南，保卫大营，俨然成为湘军大营的“门户”。

胡林翼说，李元度虽不能战，但未尝不能

守。[一] 曾国藩亦作如是想，故将皖南"四府一州"[二] 全行托付给李元度，并安排张运兰、左宗棠、鲍超三军"左右夹辅"，避免他因汛地过广、头绪过多而"东瞻西顾，拖泥带水"[三]。当日形势，固然不利于湘军，但是，李元度倘能严守军令，立定脚跟，不浪战以求胜，不侥幸以邀功，自可圆满完成曾国藩交代的战略任务。让李元度作廖化，力或有所不济；不做马谡，则似能不辱使命，这大概就是曾国藩的如意算盘。可惜，"今亮"的称号早经左宗棠注册，这一次，曾国藩注定享受不到谈笑却敌的快乐。

〔一〕《复李鸿章》（咸丰十年九月），《胡林翼集·书牍》。

〔二〕徽州府、宁国府、池州府、太平府和广德州。

〔三〕《复李元度》（咸丰十年七月十七日），《曾集·书信》（二）。

烈女怕缠夫

咸丰十年八月十二日，太平军攻破宁国。随后，李世贤趁着横扫江浙、击溃江南大营的势头，兵发广德，来攻徽州。鄙人案头有一本历史地图集，徽州与祁门（曾国藩大营所在地）以指测，其间不能容二指；以尺度，距离不过五十公里。徽州一城的攻防战守，对于湘军，对于东南（绿营全面崩溃），乃至对于全局（第二次鸦片战争已经打响），都具有极为重要的意义。为了更具象地说明这层意义，可以打个比方：徽州一破，太平军围攻祁门，曾国藩就将如瓮中之鳖，坐以待毙。也可以举个实例：徽州破后，祁门被围，幕客冯卓怀因“时事日非，愤闷异常”，乃以阅读古典名著《红楼梦》为日课，幕主曾国藩深受感染，也以钻研“红学”作为排遣。〔一〕

〔一〕《曾集·日记》咸丰十年十一月三十日日记。

然则，刚接办皖南防务的李元度，肩负的责任就不止一城的存亡，而是师友的性命乃至大局的盛衰。要说曾国藩对李元度此行抱有乐观的态度，别说他人不信，他自己也不敢自信。所以，临行前，与之约法五章：

〔二〕《曾集·日记》咸丰十年八月十四日日记。

曰戒浮，谓不用文人之好大言者；曰戒过谦，谓次青好为逾恒之谦，启宠纳侮也；曰戒滥，谓银钱、保举宜有限制也；曰戒反复，谓次青好朝令夕改也；曰戒私，谓用人当为官择人，不为人择官也。〔二〕

〔二〕《曾集·日记》咸丰十年八月十四日日记。

大多数情况下，所以曰“戒”，并非戒其未来〔三〕，而是禁其以往。此五戒，就都是李元度以往常犯的错误，其中，“戒浮”一条最有意思。李元度固然是“文人之好大言者”，他所用所亲之人，也以“文人之好大言者”居多。岳阳文人吴士迈是李元度的好朋友，他根

〔三〕《说文》：“戒，警也……持戈以戒不虞。”

据二十三史中有关军事的资料，编订了一部“治军蓝本”。李元度一见，称为奇作，遂纳入麾下，并荐诸曾国藩，欲令其回湘招募三千勇丁，统带来皖。时在湖南的曾国荃闻之，赶紧给大哥写信，“极论文士之涉于空虚”，劝他“远之”。曾国藩自己也哭笑不得，只好对李元度说：“阁下与之（谓吴士迈）至交，须劝之尽弃故纸，专从事于点名、看操、查墙子诸事也。”〔一〕其他四戒，与前述李元度之才不宜治军大同小异，不赘。

〔一〕《曾集·日记》咸丰十年七月十七、八月十一日日记；《复李元度》（咸丰十年七月十九日），《曾集·书信》（二）。

仓促间约法五章，固然不能从根本上改变李元度的秉性，临阵时枪法大乱，则着实让曾国藩瞠目结舌。说好说歹，李元度毕竟在江西打过几场恶仗，攻城守营之事，不说有几成把握，至少有几分历练，否则，曾国藩宁可亲自上阵也不会派他代劳。可是，李元度一到徽州，就把所有经验忘了个精光，一切措施，似都用来求败。而这些失误，假如他严格遵守湘军营规的话，本都可以避免。

湘军战法，极为重视扎营：

> 每到一处安营，无论风雨寒暑，队伍一到，立刻修挖墙濠，一时成功。未成之先，不许休息，亦不许与贼搦战。〔二〕

〔二〕《曾集·诗文·营规》。

此即曾国藩所谓“结硬寨，打呆战”〔一〕，也是湘军陆战的基本大法。名将蔡锷对这条规定赞不绝口，称为“近世兵家所不及道者”〔二〕。

但是，李元度此行就违反了这条最重要的营规。八月十六日，平江军到达徽州城外，在界河边草草搭了一些棚子，便算扎定营盘，诸凡修墙、挖濠、筑篱之事，一概未做。当日援守，曾国藩怕李元度兵力不足，在他启程后，又调了四个营过去。此四营二十日到，李元度仍未命令扎营，而任其“散乱于河洲之上”。三天时间就这么白白浪费，既不在城外扎营，也不进城布防，李元度到底干什么去了？原来，他是要以攻为守。目光长远、气魄非凡的李将军，根本不想被动地防守徽州，而要在二十公里以外的绩溪进行拦截。很可惜，胡林翼那句“其战事本不长，其守事本可信”说得太准了。李元度派出的两营刚一接战，就被“缓进急战”的太平军候个正着，在丛山关、楼下两个战场大败而归。语云：兵败如山倒。这边是压不住阵脚的“书生好大言者”，那边却是与陈玉成、李秀成鼎足而三的天国名将李世贤，加之徽州城外未扎营盘，无险可守，李元度此次溃败，真是无药可医。于是，二十三

〔一〕《病难速痊请开各缺仍留军中效力折》（同治五年十月十三日），《曾集·奏稿》（九）。

〔二〕蔡锷辑评《曾胡治兵语录》第十二章。

日，全军退入城中。第二日，太平军“直扑徽城，更番诱战”。

警报传到祁门大营，人心惶恐。曾国藩毕竟久经战阵，立时想出了补救的办法，他指示李元度：“贼若围城，坚守六日，霆营援兵必到。”〔一〕霆营，即驻守太平的鲍超一军，为湘军后期最精锐的部队。攻难守易，是军事常识，“坚守六日”亦非“不可能的任务”，那么，李元度怎么还是失败了？鄙人以为，李元度终归于败的原因，乃是应验了一句湘谚：“烈女怕缠夫。”“烈女”，即曾国藩所谓“坚守六日”，就是实行龟不出头的战法，绝不轻举妄动；“缠夫”，自然指“更番诱战”的李世贤。敌诱我不动，是“烈女”不为“缠夫”所诳，保全了清白；敌诱我即出，则是“烈女”捱不过“缠夫”，一失足成千古恨。失节全节与否，战胜战败与否，俱在一念之间而已。不幸的是，“烈女”李元度在面对“缠夫”李世贤“更番”挑逗的时候，一念之差，把持不住，乃“亲督各营，出城接战”。结局可想而知，城破人亡而已〔二〕。恰如当日最高法院对“强奸”案例的司法解释，所谓：“始强（奸）终和（奸）者，仍以和（奸）论”〔三〕。

〔一〕《复李元度》（咸丰十年八月二十四日），《曾集·书信》（二）。

〔二〕战况描述见《徽州被陷现筹堵剿折》，《曾集·奏稿》（二）；《复李元度》（咸丰十年八月二十三、二十四日），《曾集·书信》（二）；王闿运《湘军志》及罗尔纲《李秀成自述原稿注》。

〔三〕引文见方濬师《蕉轩随录（续录）》卷七“袁太翁律例条辨”条。《大清律例》中，与之对应的原文为：“强奸者绞，未成者杖一百，流三千里。”注云：“凡问强奸，须有强暴之状，妇人不能挣脱之情，亦须有人知闻及损伤肤体、毁裂衣服之属，方坐绞罪。若以强合，以和成，犹非强也。”强奸事实之判定，历来聚讼纷纭。方《录》引用袁枚之父（“袁太翁”）的“条辨”，认为例注所谓“若以强合，以和成，犹非强也”，是“重其所轻，轻其所重，似有可疑”，似更合乎今日尊重妇女、保护妇女合法权益的立法宗旨。其子日后成为妇女之友，宜其来源有自家学渊源也。题外闲扯，供读者一笑。

道旁苦李的蒂儿

曾国藩事后总结李元度失败的教训，说："必待战（败）之后，始入城而分守之。分布未定，贼已来扑，士气已馁，军械已失，岂复能坚守哉！"〔一〕与上引司法解释有异曲同工之妙。暂且抛开"烈女"之喻。李元度援徽，十天不到的时间，丧师失地，动摇大局，其罪不小。但是，李元度这次犯错尚不止此。千不该万不该，他最不该在偾事之后还要"怙过饰非"，毫无悔意。城破次日，逃亡途中，李元度给曾国藩写了一封信，强词夺理，推卸责任；在外游荡了大半个月，才满不在乎地回到祁门大营。而在面见曾国藩时，他依旧不做自我批评，一味避责。尤为过分的是，在曾国藩面责后，他竟"不留营听勘，径自归去"。曾国藩不得不慨叹：倘若"人心并无悔祸之意"，则"难以挽回天意"。遂奏劾李元度，请旨"将其革职拿问"〔二〕。

〔一〕《复张运兰》（咸丰十年九月初三日），《曾集·书信》（二）。

〔二〕《曾集·日记》咸丰十年九月初六、十二、十三、十四、十七、十八日日记；《周天受等宁国殉节请恤及参革徽州失职人员折》（咸丰十年九月十六日），《曾集·奏稿》（二）；薛福成《庸盦笔记》卷一。

此时，于私于公，曾国藩都"深恶"李元度，而且，这股"恶"意一直延续了两年。咸丰十一年末，不甘寂寞的李元度接受浙江巡抚王有龄的邀请，募勇援浙。但是，李秀成先期攻破杭州，王有龄自杀，他便逗留在赣、浙交界的广信、衢州一带。前此，从湖南出发，经过义宁、奉新、瑞州等地，驻防太平军自行撤退，李元度一概奏报“克复”，因此开复上次革职的处分，并赏加布政使衔。身为两江总督、统辖江西的曾国藩对这种行为极为不满，旧恶新恨涌上心头，遂于同治元年的春天再次参劾李元度，说他“前既负臣，后又负王有龄。法有难宽，情亦难恕”，请求将“该员”开复、赏加的职衔“注销”，“仍行革职”，并将其所募勇营“全行遣撤”。奉旨：“李元度着即行革职，加恩免其治罪，仍交左宗棠差遣。”〔一〕左宗棠当时受命督办全浙军务，故将打着援浙旗号的“革员”李元度交由差遣。

〔一〕《参李元度片》（同治元年二月二十二日），《曾集·奏稿》（四）；同治元年三月初六日上谕。

孰知曾国藩犹未解恨。三个月后，在参劾陈由立、郑魁士的折子里，又让李元度陪绑一次。陈由立是鲍超部将，本是“偏裨之才”，却“不安本分”，在个人待遇得不到满足的情况下，跑到河南投奔巡抚郑元善，“巧言耸动”，谋得重权。曾国藩怒其“轻去其上”，“朝秦暮楚”，破坏湘军家法，犯了见利忘义、欺师悖祖的大罪，请旨处罚。〔二〕郑魁士相继在安徽、浙江和江南大营服役，平日则悍然犯上，不遵节制，偾事则“托病偃蹇”，弃军而逃，“前既与皖、浙抚臣为仇，后亦不报和春

〔二〕参见《曾国藩未刊往来函稿·郑元善来函》。

之恩。臣尝代为不平”。本来，参奏这两人跟李元度扯不上关系，但是，一个背叛师门，正如李元度应王有龄之邀援浙，“轻于去就”，视湘军的集体领导为无物；一个偾事犯上，恰如李元度守徽州时所作所为，故曾国藩连类及之，将他顺手拈来，追骂一通〔一〕。

曾国藩三次参劾，李元度的政治生命，算是彻底毁掉了。表面上看，不过革职，还可以继续“效力”，前途并非一片黑暗；但是，读者诸君务必警惕：政坛历来奉行“追涨杀跌”的散户哲学，庄家咳嗽一声，其股非红即黑，不上则下，并无喘息的机会。曾国藩当日负东南重望，俨然“东山不出奈苍生何”的晋人谢安，一言之褒荣于华衮，一字之贬严于斧钺；他既然声讨李元度，跟风承旨的中外“曾迷”岂不心领神会，对已被打倒的李元度踩上一只脚？尤其是各位访查舆论、维持风纪的御史大人们，本就靠言语轻重讨生活，无端生出如此佳题，岂不大做文章？新账旧账一起算：失守徽州，独自逃生，拒绝勘审，虚报战绩，这些罪名加在一起，至少也是流放远边，最重则脑袋不保。然则，遑论断送政治生命，李元度的物理生命也有断送的危险。从这个层面检讨曾国藩此份参折，是不是过分了一点？当日有一

〔一〕《密陈参劾陈由立郑魁士李元度三将之由片》（同治元年五月十七日），《曾集·奏稿》（四）。曾国藩三次参劾李元度，最后悔的就是这一次，同治七年八月，他在此稿末尾批注：“此片不应说及李元度，尤不应以李与郑并论。李为余患难之交，虽治军无效，而不失为贤者。此吾之大错！后人见者不可抄，尤不可刻！无重吾过。”他觉得这么对待李元度，是自己的“大错”，子孙后代务必要“为贤者（李）讳”“为亲者（曾）讳”，不要将此稿公开出版。所幸岳麓书社出版的全集乃是根据曾国藩家藏稿编辑而成，不仅此稿，很多类似的的“不可钞，尤不可刻”的密件都公之于世，造福读者不浅。

副集句兼嵌字的对联，将李元度所处的危困之境揭示无遗，其词曰：“士不忘丧其元；公胡为改其度。”横批：“道旁苦李。”〔一〕

〔一〕梁溪坐观老人《清代野记》卷上。

纵观曾国藩生平，对湘军同事、湖南老乡、婚姻之戚或文学之友，主动施以如此辣手，仅此一见，何况李元度在咸丰五、六年间还舍生忘死地保护过他。三参之后，他不能不有所悔疚，不能不思以补救。知道平江军即将裁撤、李元度将要黯然回湘的消息后，他立即致函奉命“差遣”李元度并有资格对之进行品行鉴定的左宗棠：

次青既将全撤，可否免其一劾？弟既据公义以参之，而尚不能忘昔日之私好。告苍天留点蒂儿，好与朋友看，请为台端诵之。〔二〕

〔二〕《复左宗棠》（同治元年八月十四日），《曾集·书信》（四）。

适逢浙江战事正酣，左宗棠无暇考究此桩官司的来龙去脉。而且，早在咸丰四年，二人便已认识，左宗棠对李元度印象不错。因此，左宗棠此次回奏，但说李元度“性情肫笃”，虽“两被吏议”，而“报国之志未衰”，“在时流中亦为难得之选”，〔三〕遂将此事搁下，不予深究。这个“蒂儿”没有留给“苍天”，而是留给了曾、左这对老哥俩用作他日争讼的题

〔三〕《甄汰安越军存留五营片》（同治元年四月二十四日），《左集·奏稿》（一）。

材。同治三年冬，曾、左哥俩合演一出“担夫争道”（关于“伪幼主”的下落），阴差阳错，绊动了这根“蒂儿”，顺便将牵连这根“蒂儿”的“道旁苦李”给揪了下来。

同治三年六月，攻克天京后，曾、左就洪天贵福下落一事构讼，如前所述，不赘。单说这年八月十三日曾国藩的一份密折：

> 金陵克复，大功粗成，臣兄弟叨窃异数，前后文武各员无不仰荷殊恩，追思昔年患难与共之人，其存者惟李元度抱向隅之感，其没者尚有数人怀不瞑之恨。臣均对之有愧，不得不略陈一二。[一]

国藩国荃兄弟，一封侯，一封伯；湘军其他有功人员，文则总督巡抚，武则提督总兵，俱得封赏。而死去的江忠源、何桂珍、刘腾鸿、毕金科四人，或赏不逮功，或含冤未申，都让曾国藩“私衷抱疚”。特别是被曾国藩参劾三次的李元度，“从臣最久，艰险备尝”，至今沉沦下位，“身名俱裂”，犹令曾国藩“每饭不忘”。而同治元年御史刘庆参劾李元度失守徽州，“罪重罚轻”，“请仍按律定拟”，迄今尚未结案，[二]故曾国藩想借着大功告成的有利

〔一〕《密陈录用李元度并加恩江忠源等四人折》（同治三年八月十三日），《曾集·奏稿》（七）。

〔二〕同治元年，左宗棠奉旨查办李元度，仅将其援浙之平江军裁撤，并未就李元度失守徽州、虚冒战功等事进行详细查复。所谓留点“蒂儿”，不啻留下了一条“尾巴”。

时机，向中枢卖个面子，将一直笼罩在李元度头上的“按律定拟”的危险彻底清除。只是，前此奏劾李元度，都由曾国藩发难，现在又由自己为他平反，自局外人视之，未免翻手为云覆手为雨，脱不掉权臣舞文弄法的嫌疑。因此，他在折末说：

李元度屡经臣处参劾，未便再由臣处保荐。应如何酌量录用之处，出自圣主鸿裁。〔一〕

〔一〕《密陈录用李元度并加恩江忠源等四人折》（同治三年八月十三日），《曾集·奏稿》（七）。

八月二十一日，奉到批谕，云：“李元度一员，本日又催令左宗棠迅即查复。俟复奏到日，再降谕旨。”根据同治元年的处理意见，李案应由曾国藩、左宗棠二人联合办理〔二〕。曾国藩以己“系原参之员，例应回避”，因此交由左宗棠独办。而左宗棠在裁撤了李元度援浙的“安越军”后，因军情紧急，兼有曾国藩劝他“留点蒂儿”，遂未行查复。曾国藩则认为“业经办结之案，苟大段平允，即无庸渎陈”，也未另疏复奏。此即如“取保候审”，嫌疑人虽能暂获自由，而“候审”阴影依然存在。同治三年曾国藩的密奏，就是想为李元度抹去这片阴影。此时，中枢依然让左宗棠而非他人“查复”，则似抱着与人为善的态度，将此事走个过场。因为左宗棠于咸丰

〔二〕同治元年闰八月上谕。

末年启用带勇，中外保荐虽多，尤以胡林翼、曾国藩的保举最为关键；此后，左宗棠率领五千楚军援浙，初期俱受曾国藩节制；而左宗棠在裁撤李元度“安越军”时，不但没有责备李元度，甚且表扬了几句。据此，曾、左、李三人之间，关系甚好；中枢选择左宗棠办理此案，无疑就是给了曾国藩面子。

但是，左宗棠的办案意见一出，中外上下都跌破了眼镜。曾国藩三次参劾李元度，罗列了四项罪状：一、徽州失守；二、径自募勇赴浙；三、饰报战功；四、逗留江西，以致杭州失陷。左宗棠逐条“查复”，如徽州失守一节，他说：

曾国藩因其不能固守，奏参革职拿问，实为允当。惟其情尚有可原者：以三千之众，仓卒分驻丛山关、徽州府城，当十数万狡猾之寇，势力悬绝，以不能固守责之可也。若如言者（即御史）谓其弃城逃避，并称其逃走在徽城未失之先，未经围城一二日之险，奏劾失实，洵不足折服其心。

然则，此与曾国藩密折所谓“参守徽，失之太严”同一口吻。如径自赴浙一节，则与曾国藩密折所谓“参援浙，最为允当”，大相径庭，他说：

查李元度之募勇赴浙，实由前浙江抚臣王有龄奏调，曾奉谕旨允行。……曾国藩谓李元度由邓辅纶干求入浙，本是揣想之词，并无实据。

如逗留江西、导致杭州失陷一节，左宗棠就不仅为李元度鸣冤，甚至直接批评曾国藩的酷苛之论：

臣军入浙……骁将劲兵，蒇事尚在两年以后，然则李元度当时孤军未能深入，情固可原。若以杭城失陷谓由李元度逗留所致，未足折服其心。曾国藩谓其不能努力救杭，事外论人，每多不谅，未足据也。

中兴领袖曾国藩，到了左宗棠的笔下，变成不晓事的“事外”人，无疑，这是带有怨气的人身攻击。然则，三桩罪状，左宗棠都为李元度作了辩白，并对曾国藩进行驳斥，他是不是赞同从轻发落李元度呢？不是。左宗棠笔锋一转，开始破口大骂：

李元度由平江、通城尾贼而来，于贼去之后，居复城之功，实近无耻！……此罪之可议者一也。

这是他对曾国藩原参饰报战功一节的调查结论，“无耻”之骂，可谓不留情面。接着，他又给李元度加了一条罪状。左宗棠初期只有五千军队，在赣浙交界处与太平军抗衡，迟迟不能打开局面，每有自身难保之叹，遑论援浙。其时，恰逢李元度“安越军”调归左宗棠节制，增添了有生力量，他不禁大喜过望。孰料李元度在曾国藩参劾他后，“悻悻求去”，“日事纷呶”，不顾左宗棠劝阻，竟将全军裁撤，并“日向（左宗棠）逼索”裁军费用，“不给不休”，搞得左宗棠焦头烂额。故此，左宗棠云：

臣曾饬李元度："国家何负于尔？乃竟忍出此耶！"李元度不顾也。李元度以一书生，蒙恩擢任皖南道（曾国藩保荐），辖境失守，革职拿问，复蒙恩擢至浙江臬司（王有龄保荐）。革职后，奉旨交臣差委，当浙事危险之时，心怀怫郁，不顾大局如此！此罪之可议者二也。

咸丰四年，湖北巡抚青麟以"弃城越境"之罪处死，自此以后，中央政府吸取前此教训，对凡诸贻误军事者，俱以从重、从严、从快的"三从"之法待之。王闿运说：

军兴，未诛一将。独青墨卿（麟）逾境受戮。胡咏芝（林翼）继之，遂不敢退一步，以成大勋。〔一〕

〔一〕《论道咸以来事》，王闿运《湘绮楼诗文集·王志》卷一。

便是对此种政策表示赞赏。李元度虚报战功，固然"无耻"，但只是品格上的玷污，其严重性远不如临阵撤营、贻误军事；左宗棠据此议罪，就全部推翻了曾国藩事后宽恕的意见。不仅此也，此折末尾，左宗棠还要对曾国藩为李元度平反的行为严加指责：

曾国藩初次奏劾李元度，谓其负曾国藩、负王有龄，此次代为乞恩，又谓“昔年患难与共之人，惟李元度抱向隅之感”。所陈奏者，臣僚情义之私，非国家刑赏之公。臣均不敢附会具奏。谨将李元度被参情节据实直陈，伏乞皇上敕部按律定拟，以昭允当。[一]

〔一〕《复陈李元度被参情节折》（同治三年十月二十七日），《左集·奏稿》（一）。

李元度一案，曾国藩前后矛盾，中外共知。为照顾他的面子，谕旨并未提及，左宗棠则知无不言，言无不尽，直斥为“情义之私”，表示“不敢附会”，并请“按律定拟”。李案既交左宗棠查办，他的调查报告则是吏部“定拟”的唯一根据；一切关说，包括曾国藩在内，都不宜也不能进行了。四年正月，李元度“奉旨照部议发往军台效力”。

判决下达，湘、淮内部，一片哗然。曾国藩没想到好心办坏事竟至于斯，而木已成舟，回天无力，其“惭感”更甚于未上密折之前。翻案是不可能了，唯一能抱希望的，就是上诉请求减刑。不过，这种话曾国藩却不能说，因为左宗棠既已明斥曾国藩为前后矛盾，他再出面求情，就是悍然不顾“国家刑赏之公”，隐然有党援、枉法的嫌疑。搞不好，都察院和吏部以此发难，情形将极为难看。语云：“有事，弟子服其劳。”门生李鸿章当仁不让，出手摆平此事。他征集到沈葆桢、彭玉麟和鲍超的签名，上了一份求情折，请勿发遣李元度。其立论根据为：

李元度后此虽有可议之罪，前此究有不可掩之功。

其要求减刑的现实情况，则是李元度为家中独子，倘被充军，七十老母将无人奉养：

元度今蒙重谴，方将远离，菽水之养，托付伊谁？桑榆之景，旦夕莫保。计荷戈赴戍之日，即倚闾永诀之时，悬想此情，实堪矜悯。〔一〕

〔一〕《李元度请免发遣折》（同治四年三月初四日），《李鸿章全集·奏稿》卷八。

道理都在左宗棠一折，再无可辩。李鸿章只能以情动人，用四六骈体，描绘出一幅罪儿远戍、老母遥望的凄凉图画。如前所述，中枢本不欲深究，准备给曾国藩一个消除内疚的人情；无奈左宗棠不讲人情，只论国法，中枢骑虎难下，只得“照部议”将李元度充军；而李鸿章四位文武大员联名求情，则又让中枢找到一个转圜的借口。折上，二审判决李元度免充军，代以罚款。

李案了结，曾、左之争也告了结。而曾、左关系之死“结”，其解除的标志，则在左宗棠的那副挽联。

相期无负平生

自咸丰七年至同治三年，由终制、幼天王下落和李元度案引发的龃龉，让曾、左的关系变得越来越糟，以至于“永不说话”[一]。

同治十年九月初，王闿运自京南归，在清江浦碰到出巡军务的两江总督曾国藩的座船，登舟拜谒，相谈甚欢。他曾与曾国藩谈及“修好左季丈事”：

> 涤（曾）有恨于季（左），重视季也。季名望远不及涤，惟当优容之。故余为季言甚力，正所以为涤也。此隙起于李次青（元度）、刘霞仙（蓉），而李、刘晚俱背曾，可为慨然。[二]

刘蓉于同治五年因剿捻不力革职，与曾、左无关。且咸丰七年，曾、左即因出处进退之事闹得不欢而散，后又发生洪天贵福、李元度事件，更加损害了曾、左的关系。王闿运谓“此隙起于李次青、刘霞仙”，误。但是，他劝曾国藩“优容”左宗棠，不必“重视”，则与曾国藩实际摆出的姿态相符。前述曾国藩复郭嵩焘书，谓：

〔一〕薛福成《庸盦笔记》卷二“左文襄公晚年意气”条：“左文襄公自同治甲子与曾文正公绝交以后，彼此不通书问。”同治甲子，即同治三年。

〔二〕王闿运《湘绮楼日记》同治十年九月初十日。

左公之朝夕诟詈鄙人，盖亦粗闻一二。然使朝夕以诟詈答之，则素拙于口而钝于辩，终亦处于不胜之势。故以不诟不詈不见不闻不生不灭之法处之，其不胜也终同，而平日则心差闲而口差逸。〔一〕

〔一〕《复郭嵩焘》（同治六年六月二十五日），《曾集·书信》（九）。

即是骂不还口的“优容”姿态。王闿运说曾国藩应该采取“优容”姿态的理由，乃在于左之“名望远不及”。按之俗语，则所谓“光脚的不怕穿鞋的”，故“富不与穷斗”也。近日颇兴“炒作”之风，而“炒作”之法，尤以骂“名人”为上策。“名人”愚智不一，智者未尝不“优容”，聊得“心差闲而口差逸”之乐；愚者则每每中计，故步尽失，徒作他人成名之具。惜无如王闿运者为其开导也。当然，“名人”中又不乏以骂人起家者，骂与被骂，固为彼人赖以保持知名度的手段，无人可骂，则求人骂我。名，有美名恶名，今日“名人”但求其“名”，无暇辨美恶，观众又不可概以“自取其辱”目之也。题外闲扯，不赘。

我们再看看左宗棠关于“骂名人”的自省。刘松山是左宗棠平定西北的第一名将；其军先随曾国藩“剿捻”，曾国藩被李鸿章代替后，划归左宗棠节制，此后跟随他征剿捻军、平定西北。左宗棠论此事，云：

吾近来于涤公多所不满，独于赏拔寿卿（刘松山字）一事，最征卓识，可谓有知人之明、谋国之忠……此次捻匪荡平，寿卿实为功首，则又不能不归功于涤公之能以人事君也。私交虽有微嫌，于公谊实深敬服，故特奏请奖曾，以励疆吏。大丈夫光明磊落，春秋之义，笔则笔，削则削，乌能以私嫌而害公谊，一概抹杀，类于蔽贤妒能之鄙夫哉！人之以我与曾有龃龉者，观此当知我之黑白分明，固非专闹意气者矣。〔一〕

〔一〕《与诸子》（同治七年八月），《左集·附册》。

此为同治七年左宗棠写给儿子的家书。李元度事件后，舆论纷纭，大部分都谴责左宗棠的“蔽贤妒能”，涉事诸大员的湖南老家，更是诽谤丛生。左宗棠写这封家书，表面上是向儿子们讲述老子和曾大伯的关系，实则不无息争止谤的企图。末云：“人之以我与曾有龃龉者，观此当知我之黑白分明，固非专闹意气者矣。”显见得此信不仅写给儿辈，其他有疑虑者也不妨“观此”。左宗棠认为，曾国藩于诸将中拔识刘松山，令其剿捻，固为“知人之明”〔一〕；刘松山调归己部后，曾国藩“足其军食”，“解饷至一百数十万两之多”，“俾其一心办贼，不忧困乏”（信中语），不曾因前此芥蒂而丝毫怠慢，则是不“以私嫌而害公谊”的“谋国之忠”。因此，二人“私交虽有微嫌”，左宗棠对曾国藩，“于公谊实深敬服”。并且，在“荡平捻匪”之后，论功行赏之时，他第一时间上奏，请求褒奖曾国藩的“知人之明”和“谋国之忠”（此二语即见诸奏片），“以为疆臣有用人之责者劝”〔二〕。

左宗棠为了“公谊”，不惜得罪于己有恩的朋友兼亲家——郭嵩焘。曾国藩为了“公谊”，毫不顾及左宗棠此前的不近人情，及时足量地提供其军饷需（刘隶左部，接济刘军即是接济左军）。以人情论，左宗棠以怨报德，曾国藩以德报怨；曾胜左一筹。以公义论，则以怨以德，俱能有裨时事；曾左难兄难弟。曾国藩明白这个道理，故不吝于饷需；左宗棠明白这个道理，故不吝于奏奖。

但是，因此种“公谊”而受到伤害的人，如郭、李，则不能如局外人这样，平心静气待之。李元度晚年为章寿麟《铜官感旧图》〔三〕题词，有“不言禄，禄亦弗及”之语〔四〕，借他人酒杯浇自己块垒，念念不忘曾国藩的“以

〔一〕刘松山是王錱旧部，左宗棠十几年前就认识了他，但“未之奇也”。而曾国藩“赏拔”之，终成大功。故左宗棠要说“实深敬服”。见《刘松山转战出力并曾国藩知人之明片》（同治七年七月二十日），《左集·奏稿》（三）。

〔二〕《刘松山转战出力并曾国藩知人之明片》，《左集·奏稿》（三）。按照官方公告，捻军被消灭，时在同治七年七月初十日。左宗棠奏奖曾国藩，则在七月二十日，故可称“第一时间”上奏。

〔三〕章寿麟，即靖港之败时阻止曾国藩自杀者，见本书《每闻春风之怒号则寸心欲碎》一章。章终老于县令之类的微官，颇怨曾国藩不能“以德报德”，遂作《铜官感旧图》，遍请名人题咏，以喻讽意。

〔四〕“不言禄，禄亦弗及”，说的是介之推尽心国事、不图回报，出自《春秋左传·僖公二十四年》。李元度此语，见《郑孝胥日记》光绪二十二年五月十五日。郑孝胥并不认同李元度的评论，斥责此语为“彼哉李子言，徒示丈夫浅”。

怨报德”。郭嵩焘终生不能原谅左宗棠，光绪十一年七月二十七日，左宗棠在福州去世，他在日记中写道：

计数三四十年情事，且伤且憾之。伤者，生平交谊，于国为元勋，所关天下安危。憾者，憾其专恃意气，可以为一代名臣，而自毁已甚也。凡其所以自矜张、自恣肆，皆所以自毁也。〔一〕

〔一〕《郭嵩焘日记》光绪十一年八月初五日。

较之左宗棠为曾国藩写的挽联，郭嵩焘之不能超乎人事得失、直探情理本原，略逊一筹。左宗棠赞赏曾国藩的知人、谋国，而不讳言二人的私交微嫌；郭嵩焘则以私心歪曲公论，竟说左宗棠不得为“一代名臣”，此即郭逊于左之处。左宗棠负郭嵩焘一人而已，却能圆满完成广东剿“匪”的任务；左宗棠负郭嵩焘一次而已，却在举国之人骂郭嵩焘为“汉奸”之时，从未人云亦云。似此可谓“自毁”耶？

曾国藩死后五年，其子曾纪鸿因家人病重，缺钱医治，托左宗棠向远在新疆的刘锦棠借钱。左宗棠念刘锦棠“光景非裕”，而曾纪鸿是“故人之子，又同乡京官”，“应修馈岁之

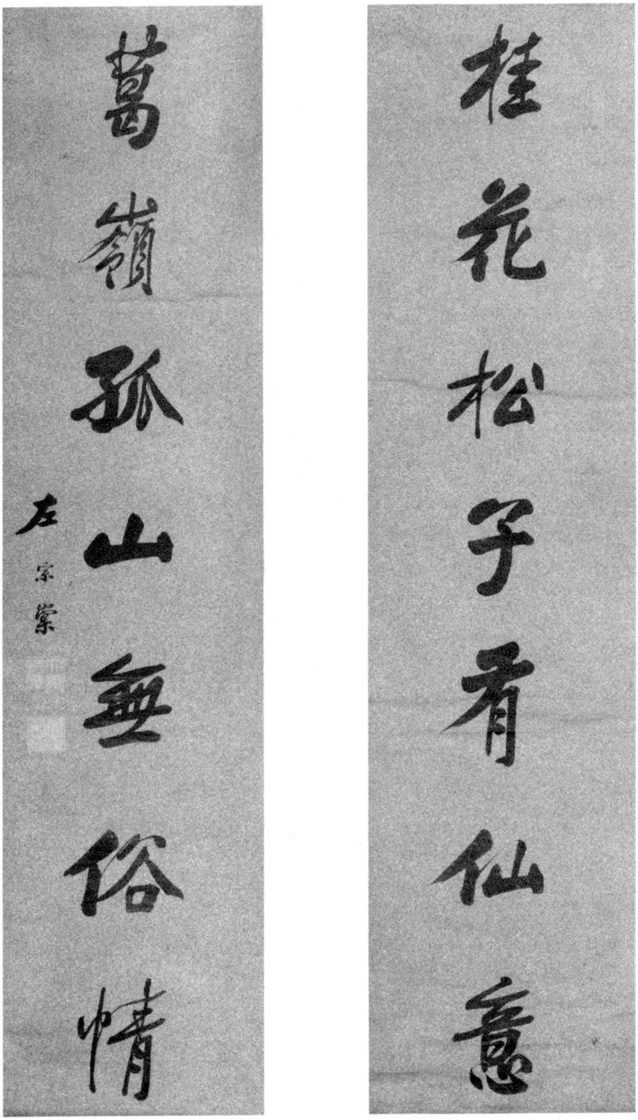

左宗棠书对联

敬”，乃“以三百金赠之”。左宗棠写信将此事告诉家中，说：

吾与文正交谊非同泛常，所争者国家公事，而彼此性情相与，固无丝毫芥蒂，岂以死生而异乎？……以中兴元老之子，而不免饥困，可以见文正之清节，足为后世法矣。〔一〕

〔一〕《著作补佚·家书·与孝宽》（光绪四年），《左集·附册》。

然则左宗棠对曾国藩的观感，不仅至老不变，更因曾国藩的廉洁增添了好感。挽联所谓“自愧不如元辅”，看来不是寻常客气话，而是由衷之言。不过，江湖又有传言，晚年左宗棠于昔年争执似不能忘怀，与人交谈，“言语甚多，大旨不外自述西陲设施之绩，及诋讥曾文正公而已”〔二〕。此类记载甚多，且不乏耳闻目睹、据实直录者。然则，家门内外，左宗棠竟是两副面孔？窃以为非。前引左宗棠写于咸丰十一年的一段话，大概能回答这个问题：

〔二〕薛福成《庸盦笔记》卷二“左文襄公晚年意气”条。

所患异时形诸纪载，毁我者不足以掩我之真，誉我者转失其实耳。千秋万世名，寂寞身后事，吾亦不理，但于身前自谥曰“忠介先生”，可乎？〔三〕

〔三〕《与郭意城》（咸丰十一年二月），《左集·书信》（一）。

左宗棠对曾国藩的立身大节并无违言，甚且“敬服”，唯“国家公事”，则常有“不敢附会”者。就事论事，二人间必有一人为是，一人为非，而左宗棠以“今亮”自许，则必常以曾为非而以己为是。故与他人谈及曾侯遗事，必然喋喋不休，辨明是非而后已，每到酒酣语畅之时，不免逐事批驳，参以“酷评”。与曾文正公共事多年，勋业相当，其人固不常见（当时不过李鸿章、沈葆桢一二人而已），一与接谈，竟然对曾文正公进行肆无忌惮的指摘，则不啻为人间仅见的奇观（私下说几句闲话者有之，如左宗棠者确为仅见）。听者固好奇，而竟听到如此奇谈怪论，宜其载笔为书，称为“诋讥”也。其实，左宗棠不过是“因忠而愤，以直而亢”，出以老年人惯有的絮叨，固无所用其“诋讥”也。否则，那么多封家书，他都要昧着良心，与儿辈大讲反话，压制己见，谀颂曾侯，岂不怪哉？鄙人与读者家中俱有老人，于此等情境，屡见不鲜，倘以诸笔记作者之言为言，岂非厚诬长者，辱及先人？

“毁我者不足以掩我之真，誉我者转失其实”，世间悠悠之口，毁誉每多失真，都是过度好奇之误。举凡名人巨公，其言动行止，见诸记载，无不迥异乎常人，或侪于神圣，此所谓崇拜乃至于神化也。

其实，世间并无不食人间烟火者，亦无事事皆奇、语语独异者，其所以被误会为“奇”，被曲解为“神”，无非是人类固有的好奇心作祟。这个思想根源挖得更深一点，则是自卑心理在作祟。彼伟人也，彼名人也，所思所想所言所行，怎么能和我这个凡夫俗子一样呢？我怎么能用常情常理去认识他，去揣度他？于是，左宗棠就事论事，自述与曾国藩的异同，可以作为曾、左终生不和乃至敌视的证据；湘阴文庙长出一株灵芝，就预示着左、郭终生不解的仇怨；不宽贷李元度，则是左宗棠“怨屋及乌”，以私废公。于是，在这些人的笔下，左宗棠是一个“专闹意气”的神经质，曾国藩的天敌，郭嵩焘的难星，李元度的煞神。于是，左宗棠参佐戎幕、亲历战阵、平浙江、定西域的勋业，毕生研究的农业、地理、战事、军屯等经世济用之学，都不过是几句骂娘话的注脚。自卑、好奇，误己误人，莫此之甚，能不令人慨叹？

“同心若金，攻错若石，相期无负平生。”这是左宗棠写给曾国藩的挽联，也是他二人一生真实的写照。

曾九暴富传说

"曾侯工作奏，言钱空缕𫌀〔一〕。平吴争大珠，奏凯搜装驮。徒增俗讪笑，但讶涉夥多。"〔二〕

此王闿运《独行谣》，记湘军克南京时掠夺财物事。自注："江宁克，曾奏言，初疑寇有积金，可富国。严密搜求，实无之。而恭王闻人言：曾弟买腊笺一捆，费三千金。"〔三〕

〔一〕𫌀，读如罗。𫌀缕，委曲陈述之意，如柳宗元《寄许京兆孟容书》："虽欲秉笔𫌀缕，神志荒耗，前后遗忘，终不能成章。"王诗作"缕𫌀"，是倒装以趁韵；𫌀、驮、多，都在平声五歌部。

〔二〕"徒增"句，典出《史记·陈涉世家》："见殿屋帷帐，客曰：'夥颐！涉之为王沈沈者。'"《索隐》："楚人谓多为夥，又言颐者，助声之辞也。"陈涉称王，宫殿陈设奢华靡丽，客人一见之下，大呼"夥颐"。"夥颐"，类似于"啊噫"，表惊讶。王诗意谓"俗"众对曾国荃大掠资财的行为，"讪笑"以至于惊"讶"，而将镇压起义的曾氏比喻为起义造反的陈涉，则隐含讥讽。

〔三〕王闿运《湘绮楼诗文集》卷九。又，同治八年正月卅日记："江宁之克，朝廷未求金帛，而曾氏上言一无所有，岂藏珠而有愧心乎？是立言之谬也。"

天京的圣库

湘军攻克南京，曾国藩奏报搜查“贼赃”的情况，说除了二方“伪玉玺”和一方“金印”，别无所获。顿时，物议沸腾，多以其奏为谎言。王闿运所谓“曾侯工作奏，言钱空缕觋”，所谓曾国荃一掷千金买笺纸，即示怀疑。在深入调查曾国荃是否因此暴富之前，我们先看看曾国藩当日的报告：

历年以来，中外纷传洪逆之富，金银如海，百货充盈。臣亦尝与曾国荃论及城破之日，查封贼库，所得财物，多则进奉户部，少则留充军饷，酌济难民。乃十六日克复以后搜杀三日〔一〕，不遑他顾，伪宫贼馆，一炬成灰。逮二十日查询，则并无所谓贼库者。讯问李秀成，据称“昔年虽有圣库之名，实系洪秀全之私藏，并非伪都之公帑。伪朝官兵，向无俸饷，而王长兄、次兄且用穷刑峻法，搜括各馆之银米。苏州存银稍多于金陵，亦无公帑积贮一处。惟秀成所得银物，尽数散给部下，众情翕然。此外则各私其财，而公家贫困”等

〔一〕克城后纵兵掠杀，几乎是旧日军队的惯例。而纵兵掠杀，大抵以三日为限，逾期则军法从事。蔡寿祺《蓉城偶笔》盛赞游击陈祥兴的忠勇，说他在咸丰末年克复荣昌后，“弛禁三日，三日后有犯令者，立正军法”。民国二年，张勋辫军入南京，报载其军大掠十日。未几，其部下向人诉曲，曰：“安有十日？仅三日即出告示禁止矣。”曾国藩此折亦云“搜杀三日”。可见，克城后三日内，乃是将士们的“嘉年华”，夺财劫色，无法无天。湘军入南京，亦未能免俗。参见徐凌霄、徐一士兄弟《凌霄一士随笔》卷七“淮军创立”条。

语。臣弟国荃以谓贼馆必有窖藏，贼身必有囊金，勒令各营按名缴出，以抵欠饷。臣则谓勇丁所得贼赃，多寡不齐，按名勒缴，弱者刑求而不得，强者抗令而遁逃，所抵之饷无几，徒损政体而失士心。因晓谕军中，凡剥取贼身囊金者，概置不问。凡发掘贼馆窖金者，报官充公，违者治罪。所以悯其贫而奖其功，差为得体。然克复老巢，而全无货财，实出微臣意计之外，亦为从来罕闻之事。〔一〕

〔一〕《洪秀全逆尸验明焚化洪福瑱下落尚待查明李秀成等已凌迟处死抄送供词汇送并粗筹善后事宜折》（同治三年七月初七日），《曾集·奏稿》（七）。

要确定湘军及曾国荃入南京后是否大发横财，关键之点在于调查太平天国“圣库”（即折称“伪都之公帑”者）的有无丰绌。先论有无。曾国藩说“并无所谓贼库者”，这个说法是错误的。《天朝田亩制度》云：

天下皆是天父上主皇上帝一大家，天下人人不受私，物物归上主。则主有所运用，天下大家处处平均，人人饱暖矣。

这就是太平天国的“圣库”制度。从金田起义以迄天国覆亡，“圣库”制度就一直存在，并为此立下严格的法律，违者议罪乃至斩首。咸丰元年，洪秀全诏云：

天王金玺。湘军克复南京，向清廷上交了洪秀全所用金玺与玉玺。同治四年八月，军机章京萨隆阿从军机处盗出金玺，镕作十根金条，此玺遂毁。萨隆阿，穆彰阿子，而穆彰阿是道光朝的权臣，也是曾国藩的老师。

各宜为公莫为私，总要一条草对紧天父天兄及朕也。继自今，其令众兵将：凡一切杀妖取城，所得金宝、绸帛、宝物等项，不得私藏，尽缴归天朝圣库，逆者议罪。

“一条草对紧”，是粤地方言，若谓“一心向着”。第二年，诏云：

倘再私藏私带，一经察出，斩首示众。

具体执行标准，则以五两银子为限，凡藏银过此数不缴者，按律治罪。〔一〕入南京后，“圣库”设在水西门灯笼巷，有六名专职人员负责日常管理。严厉执行“圣库”制度，将全体民众的财富集中管理，乃是太平天国能够实行军事共产主义的前提和保障，也是中外传言南京城内“金银如海，百货充盈”的根据。

但是，“圣库”制度，在太平天国后期——亦即咸丰六年发生内部相杀的“天京事变”后——遭到严重破坏，业已名存实亡。曾国藩转述李秀成语，说“昔年虽有圣库之名，实系洪秀全之私藏，并非伪都之公帑。伪朝官兵，向无俸饷，而王长兄、次兄且用穷刑峻法，搜括各馆之银米”，就说明天京事变后，

〔一〕曾国藩《讨粤匪檄》：“银满五两而不献贼者，即行斩首。”见《曾集·诗文》。《北华捷报》第174号所载麦都思1853年（即咸丰三年）11月26日《上海通讯》：“如果查出某人藏有多过五元之款，即罪其不以此款归公，而把他鞭笞了。”（简又文译）见《大风》杂志八十九期。“五元”为“五两”之误。

太平天国政权由洪氏嫡系掌管，“圣库”的性质已经由“公帑”变为“私藏”。而洪派以下人众，也纷纷效法，于“一切杀妖取城，所得金宝、绸帛、宝物等项”中，仅向“圣库”缴纳谷米牛羊等食物，而隐瞒了银钱衣物等硬通货。李秀成在湘军围困南京时，与“合朝文武”商议，苦劝各位“王兄王弟”“切勿存留银两”，而应“概行要买米粮”，就不但证明了天国官员不再上缴而是私藏银两，也证明了“圣库”空虚，连基本的粮食储备也得不到保障，远非咸丰初期“粮米丰足，件件有余”的盛况。同治二年苏州告急，李秀成欲离开南京前去赴援，洪系人物以“国库无存银米”为由，令他“助饷银十万”，否则不许离京。李“不得已，将合家首饰以及银两交十万”，才换得四十天的自由活动时间。亦可见“圣库”空虚、人各私财的景况。〔一〕李秀成是天国中“万古忠义”（洪秀全语）的忠王，家财尚有十万之富，其他两千多个“王兄王弟”的私人财产之多，可想而知，“圣库”财务之有出无纳的困绌情况，亦可想而知。因此，“圣库”之有，毋庸置疑，而“圣库”之绌，亦毋庸置疑。〔二〕

由此可知，湘军当日入城，未能发掘出巨大“窖藏”，是实在情形，曾国藩并非“工”

〔一〕罗尔纲《李秀成自述原稿注》。

〔二〕罗尔纲《太平天国史》卷二十三《天朝田亩制度》“圣库制度”条。

于“作奏”，不过实话实说而已。当然，“圣库”之不足掠夺，只说明湘军作为接管南京的军事组织，在对公业务方面成效不彰，并不说明作为个体的湘军兵将都空手而归。曾氏兄弟进城之后，发现“克复老巢而全无货财”，失望之余，不免生出几分恐惧。根据历史记载以及实战经验，敌国都城的金银宝藏，只是多少问题，而非有无问题，孰料南京城竟出现了有无问题，明显于理不合，与史不符。然则，实话实说，必难取信于人。旁人不信倒也罢了，人主、朝臣不信，则问题大了，所谓谤议丛生，所谓忧谗畏讥，就是这种背黑锅的尴尬境况的真实写照。〔一〕故曾氏兄弟初则失望，继则恐惧，故曾国荃要建议“勒令各营按名缴出”三日弛禁期内掳夺的“贼赃”，“以抵欠饷”，多多少少凑个数儿，平息舆论。曾国藩则老谋深算，知道众将士固有愚智强弱之别，所得资财则有多寡不均之实，“按名勒缴”的话，所得甚少的“弱者”一定“刑求而不得”，而所得较多的“强者”必会“抗令而遁逃”。如此，则不但无补于实际收入，甚至“损政体而失士心”，遂不采纳“按名勒缴”的建议，而设立不问“贼身囊金”（降卒或敌尸随身携带的财物）只查缴“贼馆窖金”（公私大小库存

〔一〕湘军入城之前，曾国藩似已拟订分配“江宁资货”的办法。据曾国藩致李鸿章书（同治元年九月廿日，载《广州师院学报》1996年第8期），云：“城中货财，须一一查封，以一半解京，余一半各军匀分。白（齐文）军酌多一倍，如都（兴阿）、沅（国荃）、杨（岳斌）、彭（玉麟）各军每人一两，则白军每人二两或三两亦可。”按，白齐文并未率常胜军助攻金陵，未来他反而投降了太平军。

财物）的法令。当然，此法只是一纸具文，三日弛禁期内，不论囊金、窖金，十之八九已被将士们搜刮一空，事后再怎么严格执行此条法令，也是所得甚微，聊胜于无。

找不到大笔“贼赃”，必然招致讥议；为免讥议，总不能倒贴银钱，做赔本买卖。处此两难之境，曾国藩只有实行“挺经”之法，抱着“此心耿耿可对君父”的赤诚，据实“觍缕”，尽量争取中朝人士的谅解，走自己的路，让别人说去吧。

中枢也许和曾国藩心心相印，用人不疑；也许收到实地谍报，两造俱符；也许格于情势，无可奈何。总之，曾折奏闻七日后，便迅速下达了一道“理解万岁”的批谕：

逆掳金银，朝廷本不必利其所有。前据御史贾铎具奏，故令该大臣查明奏闻。今据奏称，城内并无贼库，自系实在情形。

曾国荃在富豪榜上的排位

就官方层面而言，此事已经了结。只是，普通群众觉悟比较低，怎么也不相信“城内并无贼库”，几乎众口一词，说曾家老九因此一役，骤成巨富。我们看几则有代表性的传言。

（曾国荃）入天王府，见殿上悬圆灯四，大于五石瓠，黑柱内撑如儿臂，而以红纱饰其外。某提督在旁，诧曰：“此元时宝物也！”盖以风磨铜鼓铸而成，后遂为忠襄（国荃谥号）所得。

这是说他侵吞了四个元代制造的大顶灯。

（曾国荃）于天王府获东珠一挂，大如指顶，圆若弹丸，数之，得百余颗，诚稀世之宝也。……又获一翡翠西瓜，大于栲栳，裂一缝，黑斑如子，红质如瓤，朗润鲜明，殆无其匹。识者曰："此圆明园物也。"

东珠，出产于东北混同江及乌拉、宁古塔诸河（即今松花江下游及其支流），"匀圆莹白，大可半寸，小者亦如菽颗。王公等冠顶饰之，以多少分等秩、昭宝贵焉"〔一〕。如此宝珠，曾国荃一下捡了一百多颗，此外，还抱回一个大于篾筐（栲栳）的翡翠西瓜。唐人用"栲栳量金"形容当日长安贵少的奢华〔二〕，若见到湘乡曾九用栲栳盛着一坨翡翠，不知作何言语？

〔一〕阿桂《满洲源流考》卷十九《物产》"东珠"条。

〔二〕《全唐诗》卷七一五卢延让《樊川寒食》之二："五陵年少粗于事，栲栳量金买断春。"

除了列举实物，传言还折算了曾国荃南京之行的全部现金收入：

闻忠襄于此中获资数千万。除报效若干外，其余悉辇于家。〔三〕

〔三〕李伯元《南亭笔记》卷八。

为了对数千万两银子〔四〕有个感性而现实的认识，我们来做做数学题，将之换算为今日

〔四〕"数千万"后，必指银两。若单位为制钱的话，则只合数万两银子了。

币值。从三至九，皆可称“数”；换算所用的中介物，则以大米为例。咸丰十一年至同治九年间，米价为4480文/石，〔一〕约合1.71两银子/石〔二〕；清代每石，相当于今日的71.6公斤，然则一两银子可购41.87公斤大米，“数”千万两银子可购大米，在1,256,100吨到3,768,300吨之间。今日中等质量大米，约2元/公斤，然则曾九此行获利，折合人民币在25亿元至75亿元之间。再参照21世纪初《福布斯》杂志公布的中国富豪榜，我们发现，曾国荃可以轻轻松松跻身前十之列。感性认识，尚不仅此。倘若曾国荃真有数千万家财，那么，他的资产将数倍乃至数十百倍于当时大清帝国的国库储备。嘉庆十九年，户部库存银为一千二百四十万两，〔三〕曾国荃至少三倍之；道光三十年，库存八百余万两，〔四〕曾国荃至少三十倍之；咸丰三年，库存仅为二十余万两〔五〕，曾国荃至少一百五十倍之！

历史上，一将功成万骨枯的案例很多，但是一战暴富而至敌国甚且倍国，实不多见。囿于历史经验，限于当日实情，基于现实排行，我们是不是要怀疑“获资数千万”这个传言的真实性？不待后生晚辈如鄙人者，遍阅清代野史稗记的掌故大师徐珂早就质疑这

〔一〕秦佩珩《明清社会经济史论稿》所载《清代米价统计简表》。

〔二〕咸丰末期，银、钱比价约为一两银子兑换2625文铜钱。见周星誉《鸥堂日记》（咸丰九年六月初四日）。

〔三〕英和《开源节流疏》，《皇朝经世文编》卷二十六。

〔四〕孙鼎臣《畚塘刍论》。

〔五〕咸丰三年六月十六日朱批祁寯藻折。

天王府为湘军焚毁（将士抢劫一空，为毁灭证据，谎报火灾），今日仅余煦园，这是园内的石船。

个传言，他说：

湘乡两曾之富，文正逊于忠襄，世所知也。然忠襄资财亦不及百万，不若近今疆吏之筮仕数年可致千万也。（徐）花农（琪）兄之次女杏文适忠襄之嫡长孙慕陶侍郎，尝言：“忠襄身后，仅有田六千亩，长沙屋二所，湘乡屋一所。”〔一〕

他的侄女是曾国荃长孙媳，跟娘家唠起夫家光景，大致不谬。例如田数，郭嵩焘在驳斥王闿运《湘军志》时说过：“曾国荃亦无百顷田。”〔二〕百顷为一万亩，不过百顷，则其产为几千亩可知。杏文小姐说夫家资产不及百万，按照上面的算法，则不超过八千余万元人民币。较之升斗小民，固为巨富，但是，衡以富豪标准，则遑论前十，欲托身排行榜尾亦不可得矣。然则，“获资数千万”为捕风捉影，别有用心的谣言，可以休矣。语云：一年清知府，十万雪花银。曾国荃自咸丰七年至同治三年，皆任统帅，七年间集资百万，稍富于知府而已，远远“不若近今疆吏之筮仕数年可致千万也”。我辈读史，抚今追昔，伤时怀旧，又何必责备求全，死死揪住曾九这条子虚乌有的辫子不放？

〔一〕徐珂《仲可笔记》“湘乡两曾之富”条，收录于《康居笔记汇函》。沃丘仲子《近代名人小传》曾国荃条，云：“世谓其既克江宁，洪杨军中资货尽为所有，则实诬蔑不经之词……国荃甲子乞病归，倾所储置田屋，实不过银三万而已。其姻娅曹襄纪为予言之最详。湘绮先生亦谓曾氏昆季皆非富。国荃官鄂抚，至即劾官文之提用公款，时文势方炟赫，使己亦有贪行，安敢为此。其后，文党佛尔国春劾国荃，亦不及是事，可知传说之诬。”按，沃丘仲子为费行简（1871—1954）的笔名，他是王闿运的弟子。据他所说，王闿运在了解更多情况后，已改变了他对曾国荃的看法。

〔二〕郭振墉辑《湘军志平议》。

算术可以破谣

曾国荃虽未因南京之战暴富，但是，以军人身份聚财百万者，终异于可收陋规、可得贿赂的地方官员，不考察其所以致富的原因，总有巨额财产来源不明的嫌疑，也就怪不得曾九暴富的传言能够流传数十百年而不止不息。看来，为他平反也好，查处贪污也好，不对曾国荃的个人收入进行专项审计，都不能做到理直气壮。

太平天国覆灭后，清廷“破格施恩”，特准湘军在报销同治三年六月以前所有军费时，不必上交明细账目，只须“将收支款目总数，分年分起，开具简明清单，奏明存案”即可〔一〕。此次“施恩”，基于三个原因。一、湘军薪酬制度异于绿营，户部并无对应的报销标准，双方会计规则不能接轨，强此就彼，势将格格不入。二、出征将士，自上而下，大发战争财，报表弄虚作假；户部经办报销人员则因此勒索“部费”，以求雨露均沾，从来就是公开的秘密。〔二〕湘军立下不世功勋，中枢在经济问题上睁一只眼闭一只眼，难得糊涂一次，不算过分。三、由于中央财政的困绌，湘军大多时候不得不自筹军费，通过厘税等方式接济饷需，故其军费来自中央调拨者少，来自地方税收者多。如果对军费报销进行严格审查，中央、地方、军队三本账，时间跨度超过十年，要做到毫厘不爽，技

〔一〕同治三年七月初十日上谕。

〔二〕关于部费，请参看本书《战天京》相关章节。

术上难度很大。因此，不如报个总账来得便捷。无疑，这次“破格施恩”，中枢与军方各得其所。只是，没有详细报表，我们就查不到曾国荃个人收入的相关数据，前此所谓专项审计，如何进行？

算不了细账，则只能进行粗估。粗估，有两种办法，一则估算曾国荃个人资财相较军费总额的比例；一则根据湘军营规中的饷章估算曾国荃个人收入的数值。之所以运用比例法，乃是借鉴今日职业经理人的薪酬结构中与业绩挂钩的提成部分占比较高的制度设计。从某种意义上说，一军统帅，在权责利三方面，与一个CEO类似，唯一的区别只是有无生杀大权而已。一个CEO包括提成分红在内的收益，大致占整体业绩的5%～20%，那么，不妨将湘军的报销总额视作公司业绩的总和，而将曾国荃的报酬定为一百万（军中个人消费不会太高，可以忽略不计，只须统计其资产即可），得出一个比例，看是否在5%～20%的范围以内。

曾国藩提供了五份报销表，第一份和第二份，起讫年月为咸丰三年九月至七年二月，其时曾国荃尚未担任统帅，故不予统计。第三、四、五份的起讫年月为咸丰八年六月至同治四年五月〔一〕，总计26,273,425两。但是，此数尚不能作为考量曾国荃业绩的数值，因为湘军分水陆两部，曾国荃只负责大部分陆军，此一数值须经进一步约简，

〔一〕很明显，超过了谕旨规定的同治三年六月的限期，但是，三年六月至四年五月的用费，大部分用在裁撤湘军时补足前此的欠饷，并非新发生的费用，故可视作对上一“财年”的摊销。

方可使用。

据同治七年统计，包括湘、鄂、赣、皖、苏五省在内，水师有二十四营共计一万二千余人。按照水师饷章，营官月薪200两，哨官月薪12两，水手平均月薪4两，则水师薪酬六年合计为4,485,888两。水师维修增造等公费，照陆军例，三倍于营官月薪，则每营每年公费开销为7,200两，水师六年合计总额为1,036,800两。然则，六年之间，水师军费总额为5,522,688两。扣除水军费用，其余皆为陆军费用，计20,750,737两。

同治元年，陆军人数约计11万人，由曾国荃统率，围困南京者，约5万人。那么，曾国荃所部占全军比例约为45%，其所占军费亦可由此比例得出，约为9,337,832两。曾国荃资财百万，视作绩效提成的话，则占全部军费的11%左右。恰在前述CEO所得占业绩5%～20%的范围内。因此，用比例法分析，曾九的百万家财不算过分。

接下来，我们再根据湘军营规中的饷章，估算曾国荃个人收入的数值。湘军饷章规定，营官月薪50两，办公费150两；统领自带一营，本营月薪照发以外，统带万人者，每月加银300两。按照曾国荃统带50,000人的规模，他的月薪应为1700两，六年合计薪酬总额为122,400两。[一]咦？问题出来了：按照薪酬制度，他的六年总收入不过12万两，

〔一〕此处计算使用的基本数据多出自罗尔纲《湘军兵志》。

那么，百万家财从何而来呢？我们第一个反应就是：贪污公款。曾九真的是个贪污犯吗？鄙人答曰：曾九不仅不是贪污犯，而且还比较廉洁。

如前引其孙媳语，曾国荃资财百万，乃是一生的积蓄。带兵六年，正常收入12万，此后当过接近七年（光绪十年至十六年）的两江总督，其收入亦极可观。谙熟盐、漕、河、洋诸务及东南政坛内幕的金安清〔一〕，尝论清代乾隆中期以后，地方官个人收入组成，以陋规最为优厚，并不必“例外求赇”，能专守陋规不务其他，即可称“操守廉洁”了。而随着时间推移，陋规渐渐化名为办公“经费”，无须私相授受，而可公然见诸奏牍报表。关于地方官年薪的具体数额，他说：

以两江总督为最，一年三十万。淮南盐务居其一，各关备贡居其一，养廉公费居其一，皆用印文解送，不以为私。〔二〕

盐务历来是吾国财务大政，淮盐、川盐、粤盐三者利润尤为丰厚（总督收入亦以两江、四川、两广为前三名），故两江总督个人收入中，由淮南盐运使报效的那部分占了大头。道

〔一〕金安清，字眉生，浙江嘉善人。与林则徐、许乃普、季芝昌等人游，极受器重，以监生历任湖北督粮道、盐运使，加按察使衔。后因论盐漕公事得罪袁甲三、吴棠两任漕运总督，并因私德不修、银钱不谨，为曾国藩、李鸿章所恶，被劾罢归，潦倒余生。见光绪修《嘉善县志》、赵烈文《能静居日记》。

〔二〕金安清《水窗春呓》卷下“外官廉洁”条。

光末期以至咸、同、光三朝，通商口岸渐增，外贸带动内贸，各海、河关口，税入大著。两江辖境之苏、赣二省，有上海、宁波、绍兴、九江等“著名美缺”，故“各关备贡”也是两江总督收入的重要组成部分。与此相较，自雍正时期发放给地方官的“养廉银”，由于一年只有区区数千，反倒在江督收入组成中忝居末位了。曾国荃做了七年两江总督，按照金氏算法，所得当在两百万以上。然则，曾氏的资本积累，竟大部分在两江任上完成，而非取诸刀光剑影之中。〔一〕

〔一〕而至同治末，国荃“以川资无措”，兼备“得缺后开销”，竟向李鸿章借三万两银，约定“由田租按年缴还”。见《历史文献》第十一辑陈秉仁整理同治十三年十二月初三日李鸿章致李瀚章书。

据此可知，曾国荃未曾因掳掠南京而暴富，亦未曾因大发战争财而致富，其百万家财大多来自两江任上的收入。以《湘军志》作者王闿运为首的一帮人，捕风捉影，造作谣言，可以休矣。

传说的背后

但是，较诸湘军领袖如曾国藩、左宗棠、彭玉麟，曾九不能不有惭德焉。前所谓曾国荃称得上“廉洁”，使用的标准乃是金安清所谓专守陋规不务其他的最低尺度，曾国荃在带兵过程中，并非全无贪污公款的嫌疑。曾国藩曾

经指责他：

昔年于银钱取与之际不甚斟酌，朋辈之讥议菲薄，其根实在于此。去冬之买犁头嘴、栗子山，余亦大不谓然。以后宜不妄取分毫，不寄银回家，不多赠亲族。〔一〕

曾纪芬（国藩女）则说九叔父在湘乡建造豪宅，因规模逾制，被父亲勒令拆毁。〔二〕

生前追求享受，超过其他三位不事虚华的湘军元老，死后遗产也比三位元老多得多。曾国藩死，私蓄不过湘乡地产一所（富厚堂），现金数万两，遗命只开追悼会而不收赙赠〔三〕，李鸿章的二千两〔四〕、左宗棠的四百两〔五〕都被曾纪泽拒绝。左宗棠留给四个儿子的遗产，每人不过五千两，另置“爵田”一处，费亦不过五千。〔六〕彭玉麟总领水师三十多年，所得薪酬、公费逾百万，“悉出以佐义举”，以穷书生起家，而亦终于穷书生。〔七〕三人谁也没有留下数十百万的家产。甚至，曾国藩死后不数年，其子纪鸿就因家人得病无钱医治，要找人借钱渡过难关。左宗棠知悉后，“慷慨”赠予三百两银子。湘军将领成富翁者固然为数不少，但二曾、左、彭四人俱为军队领袖，不是

〔一〕《致沅弟季弟》（同治元年五月十五日），《曾集·家书》。

〔二〕曾纪芬《崇德老人自订年谱》。

〔三〕不收赙赠，即不愿子辈借丧礼敛财的意思。

〔四〕《致曾劼刚通侯》（同治十一年三月二十一日），《李文忠公朋僚函稿》卷十二。

〔五〕《与威宽勋同》（同治十一年六月十四日），《左集·家书》。

〔六〕《与孝宽》（光绪四年），《左集·家书》。

〔七〕《彭玉麟行状》，王闿运《湘绮楼诗文集》卷八。

一般将领，衡以《春秋》“责备贤者”之义，较诸其兄与左、彭的行事，故曰：曾九有惭德焉。

当然，这种高标准、严要求并不适用大多数人，且常因其道德说教而令人厌恶。欲做圣贤，还是做享受生活的常人，纯在乎当局者的存心，局外人劝以各种理由（包括道德），或者以各种理由进行批评，最好都能点到为止。不过，除此之外，曾国荃受谤如此严重且长久的原因，鄙人犹有说焉。此篇引用当日军事及财务制度方面的材料，证明曾国荃暴富传说不过是谣言，那些造谣的人不可能不知道这些材料，且比今人更熟悉这些材料，然则，有什么深仇大恨，逼得他们置事实不顾而造作谣言呢？

功与名，是两个字。有的人立了功，并有了名；有的人立了功，却没有名，或者是恶名；有的人没立功，却也有名，甚至是大名。然则，功与名的关系，并非如影随形。《说文解字》释“名”字曰：“从口、夕。夕者，冥也，冥不相见，故以口自名。”然则，“名”之为义，重点在于“口”说笔载，在于宣传表彰，否则，功勋再大，也不过是“冥不相见”的晦暗局面，所谓名无口则夕也。我们了解了“名”字的真意，也就能知道曾九蒙被恶名的原因。

曾国藩是桐城派古文高手，“以口自名”没问题。他那个庞大的幕府，培养出一大批门生故吏，在他死后大力揄扬，间接影响更多的人，乃功成而名就，实至而名归。左宗棠自称“忠介”，却也不敢忽视“名”的建设，曾在他麾下任职的史念祖说左宗棠夸饰西北战功，说：“文襄持节西征，又极力笼络士大夫，结其欢心，使不持异议，故竟无一人能发其骄愎粉饰之情状。”这些“士大夫”，即王闿运、周寿昌、吴观礼、邓绎等人，都是饱学能

文之士。左宗棠军书旁午，无暇“自名”，则可借诸其人之“口”笔以“名”。[一]故曾、左不但能立大功，兼得美名。曾国荃克复南京，也是大功，虽说规模设施稍逊于曾、左，但不仅未被照实称述，且竟被说成借机敛财，实在委屈了点。其所以如此，不受宠于“士大夫”之故也。举个例子：王闿运远承太史公司马迁的遗志，接受少侯曾纪泽的订金，写了本关于湘军的“谤书”——《湘军志》。曾国荃阅之大怒，“几欲得此老而甘心”[二]，大怒之余，向王先谦、郭嵩焘等人求助，请他们另作一部。王、郭谢绝。不得已，曾国荃只好找来文笔、见识比二人差一筹的王定安，写了一部《湘军记》，聊以自慰。王《志》的“话语霸权”影响后人，直至今日；王《记》则默默无闻，并未收到澄清之效。以王先谦、郭嵩焘为代表的绝大部分湖南“士大夫”并不以王《志》为然，可是，他们都不愿意接受曾国荃的邀请，为湘军辩冤。除了爱惜羽毛，自忖后起之书的文笔才情不能超过王《志》，另外一个重要原因，则是他们并不喜欢曾国荃这个平素就厌绝文士、瞧不起“士大夫”的故将军。曾国荃初出领军之时，就“昌言文辩士不可用”[三]；后期独领数万之师，也“极论文士之

〔一〕史念祖《复程伯宇书》，见黄濬《花随人圣庵摭忆》。

〔二〕欲得王闿运而甘心，此语冯煦听曾国荃亲口所说。见冯煦《答郭振墉书》，郭振墉辑《湘军志平议》。

〔三〕《论道咸以来事》，王闿运《湘绮楼诗文集·王志》卷一。

〔一〕《曾集·日记》咸丰十年八月十一日日记。

涉于空虚”，不但自己不亲近文士，还劝曾国藩敬而“远之”。〔一〕屏绝文士，是曾国荃的一贯做法，然则，能文之士和他的交道也就疏而不亲。于是，虽不像王闿运等人那样造谣去恶心他，但对于为他辩冤乃至揄扬的事情，也提不起兴趣。故曾九蒙冤不雪以至于今，实在是得罪文人士大夫的缘故。

这层意思往深里说，还不仅仅是个濡毫染翰的文学问题，而是笔削褒贬的历史问题。历史需要人来创造，固然重要；历史需要人来记录，则更为重要。前者是一时一地的成败兴衰，后者则关乎千秋万代的显晦美恶。自孔子对春秋“笔则笔，削则削”开始，就形成了功（实）与名分裂的局面。语云：“天不生仲尼，万古如长夜。”其意之一，就是说自从孔子设定了褒贬的标准，世间的功罪毁誉，都能各得其所，前此名实混淆的黑暗局面宣告结束。鄙人则以为天生孔子以后，名实混淆的局面似乎更甚于前。传统社会中，有权对人事进行褒贬者，除了圣人，就是史家。圣人如神鬼，敬而远之，存而不论可也。单说史家：其上者固然实事求是，钩玄探隐，秉笔直书，尽其所能以求名实相符；下者，则全以个人爱憎、现实权利为取向，混淆黑白，舞文弄法，在书写历史的过程中夹带私货。上者从来少见，下者在在皆是，纵观吾国汗牛充栋的史乘，堪称“秽史”者，又岂止魏收一篇

《魏书》耶？

曾国荃受谤，除了上述失欢于士大夫这个原因，还有一个原因，就是湘军作为当日最有势力的政治集团，不能不受到其他利益集团的猜忌。例如，鲍超部队因欠饷哗变，江湖就传出鲍超要造反的流言；张文祥刺杀马新贻，曾被解读为湘军集团欲长期控制两江地区的阴谋；湘军内部的哥老会组织，被渲染成图谋不轨的造反势力，也曾惊动中央大员发函派人进行调查。但是，欲攻击湘军集团，并不能采取全体抹杀的办法。因为，这个集团毕竟立下了肃清东南、西北的赫赫功勋，且其将领多为书生从军，不仅在军事上取得成功，于政治、经济、交际诸务也深有会心，轻言诋毁，不说祸有不测，在舆论上能否获取共鸣、在中央能否得到支持，都未可知。故从集团中揪出几个反面人物进行批判，庶几能收到以点带面、见微知著的效果。湘军领袖中，曾国藩不仅取得了事功方面的成就，且堪称符合传统标准的道德楷模，没有十分把握，实不敢说三道四。左宗棠是湘军中的另类：忠介耿直，不群不党；清廉自守，无欲则刚，兼之性好“抬杠”，讼则多胜（曾国藩、李鸿章俱是他手下败将）〔一〕，也不好贸然下手。看来看去，湘军巨头中，只有不喜交接士人、在舆论界人缘不好的曾国荃可以欺负，故相关谣言

〔一〕曾、左辩难，曾国藩自愧不如，见本书《相期无负平生》章。左、李辩论海防、疆防孰为轻重，也以左宗棠胜出告终，本书续编述李鸿章事，将专章论及。

一出，立即风靡海内。郭嵩焘论《湘军志》，说：

楚人读之惨伤，天下之人无不爽心快目。[一]

〔一〕郭嵩焘《致陈士杰书》，见郭振墉辑《湘军志平议》。

以此解读曾国荃的暴富传说，未尝不可。湘军集团固然不是品行高尚者的会员俱乐部，曾国荃则绝非以战为利的暴发户。不管是利弊俱陈，讨论湘军集团对吾国近代历史的影响，还是不论美恶，品评曾国荃的私德公德，耳食之言不会是最佳的切入点，诛心之论也得不出客观平允的结论。后人读史论人，自应看清这种出乎个人私心、近乎政治倾轧的手法，勿为古人所欺。鄙人小题大做，喋喋不休，为曾九辩冤，意即在此。

引用及参考书目

[1] 拜伦. 唐璜[M]. 查良铮, 译. 北京:人民文学出版社, 1980.

[2] 蔡锷. 曾胡治兵语录[M]//中国兵书集成:第50册. 北京:解放军出版社/沈阳:辽沈书社, 1992.

[3] 陈康祺. 郎潜纪闻初笔•二笔•三笔[M]. 北京:中华书局, 1984.

[4] 陈康祺. 郎潜纪闻四笔[M]//清代史料笔记. 北京:中华书局, 1990.

[5] 陈夔龙. 梦蕉亭杂记[M]. 上海古籍出版社, 1983.

[6] 陈其元. 庸闲斋笔记[M]//历代史料笔记丛刊•清代史料笔记. 北京:中华书局, 1989.

[7] 陈垣. 二十史朔闰表[M]. 北京:中华书局, 1962.

[8] 丁柔克. 柳弧[M]//历代史料笔记丛刊•清代史料笔记. 北京:中华书局, 2002.

[9] 杜甫. 杜工部集[M]. 北京:商务印书馆, 1957.

[10] 段光清. 镜湖自撰年谱[M]//历代史料笔记丛刊•清代史料笔记. 北京:中华书局, 1960.

[11] 段玉裁. 说文解字注[M]. 上海:上海古籍出版社, 1981.

[12] 方濬师. 蕉轩随录•续录[M]//清代史料笔记丛刊. 北京:中华书局, 1995.

[13] 房玄龄. 晋书[M]. 北京:中华书局, 1974.

[14] 福格.听雨丛谈[M]//历代史料笔记丛刊•清代史料笔记.北京:中华书局,1984.

[15] 葛士濬.皇朝经世文续编[M].思补楼刻本.苏州:武进盛宣怀,1888(光绪十四年).

[16] 龚炜.巢林笔谈[M]//历代史料笔记丛刊•清代史料笔记.北京:中华书局,1981.

[17] 龚自珍.龚自珍全集[M].上海:上海古籍出版社,1975.

[18] 故宫博物院明清档案部.清代档案史料丛编:第一辑[M].北京:中华书局,1978.

[19] 故宫博物院明清档案部,福建师范大学历史系.清季中外使领年表[M].北京:中华书局,1985.

[20] 郭嵩焘.郭嵩焘奏稿[M].长沙:岳麓书社,1983.

[21] 郭嵩焘.郭嵩焘日记[M].长沙:湖南人民出版社,1983.

[22] 郭嵩焘.郭嵩焘诗文集[M].长沙:岳麓书社,1984.

[23] 郭毅生.太平天国历史地图集[M].北京:中国地图出版社,1989.

[24] 郭振墉.湘军志平议[M].长沙:岳麓书社,1983.

[25] 何怀宏.选举社会及其终结——秦汉至晚清历史的一种社会学阐释[M].北京:三联书店,1998.

[26] 胡林翼.胡林翼集[M].长沙:岳麓书社,1999.

[27] 胡思敬.国闻备乘[M].上海书店出版社,1997.

[28] 黄濬.花随人圣庵摭忆[M]//民国史料笔记丛刊.上海书店出版社,1998.

[29] 纪昀,陆锡熊,孙士毅等.钦定四库全书总目[M].北京:中华书局,1997.

[30] 金和.秋蟪吟馆诗钞[M].北京:中国书店出版社,1985.

[31] K.E.福尔索姆.朋友•客人•同事——晚清的幕府制度[M].刘悦斌,刘兰

芝,译.北京:中国社会科学出版社,2002.

[32] 黎庶昌.曾国藩年谱[M].长沙:岳麓书社,1986.

[33] 李伯元.南亭笔记[M].南京:江苏古籍出版社,2000.

[34] 李慈铭.越缦堂日记[M].北京:商务印书馆,1936.

[35] 李鸿章.李鸿章全集[M].海口:海南出版社,1997.

[36] 李孟符.春冰室野乘[M]//民国笔记小说大观.太原:山西古籍出版社,1995.

[37] 李鹏年.清代六部成语词典[M].天津:天津人民出版社,1990.

[38] 李详.药裹慵谈[M].南京:江苏古籍出版社,2000.

[39] 梁启超.李鸿章传[M]//二十世纪四大传记.天津:百花文艺出版社,2000.

[40] 梁溪坐观老人.清代野记[M]//民国笔记小说大观.太原:山西古籍出版社,1996.

[41] 梁章钜.枢垣纪略[M].北京:中华书局,1984.

[42] 刘声木.苌楚斋随笔•续笔•三笔•四笔•五笔[M]//历代史料笔记丛刊•清代史料笔记.北京:中华书局,1998.

[43] 刘体智.异辞录[M].北京:中华书局,1988.

[44] 刘禺生.世载堂杂忆[M]//历代史料笔记丛刊•清代史料笔记.北京:中华书局,1960.

[45] 罗惇曧.罗瘿公笔记选[M].太原:山西古籍出版社,1997.

[46] 罗尔纲.湘军兵志[M].北京:中华书局,1984.

[47] 罗尔纲.绿营兵志[M].北京:中华书局,1984.

[48] 罗尔纲.太平天国史[M].北京:中华书局,1991.

[49] 罗尔纲.晚清兵志[M].北京:中华书局,1997.

[50] 罗尔纲. 李秀成自述原稿注[M]. 北京:中华书局, 1982.

[51] 罗正钧. 左文襄公年谱[M]. 台北:广文书局, 1971.

[52] 骆秉章. 骆文忠公自订年谱[M]. 长沙:思贤书局, 光绪二十一年(1895).

[53] 马昌华. 淮系人物列传[M]. 合肥:黄山书社, 1995.

[54] 欧阳兆熊, 金安清. 水窗春呓[M]//历代史料笔记丛刊•清代史料笔记. 北京:中华书局, 1984.

[55] 钱实甫. 清季重要职官年表[M]. 北京:中华书局, 1959.

[56] 钱实甫. 清季新设职官年表[M]. 北京:中华书局, 1961.

[57] 秦佩珩. 明清社会经济史论稿[M]. 郑州:中州古籍出版社, 1984.

[58] 瞿兑之. 人物风俗制度丛谈[M]. 太原:山西古籍出版社, 1997.

[59] R.J.史密斯. 十九世纪中国的常胜军——外国雇佣兵与清帝国官员[M]. 汝企和, 译. 北京:中国社会科学出版社, 2003.

[60] 芮玛丽. 同治中兴——中国保守主义的最后抵抗[M]//中国近代史研究译丛. 房德邻等, 译. 北京:中国社会科学出版社, 2002.

[61] 沈粹芬等. 清文汇[M]. 北京:北京出版社, 1996.

[62] 司马迁. 史记[M]. 北京:中华书局, 1959.

[63] 孙静庵. 栖霞阁野乘[M]//民国笔记小说大观. 太原:山西古籍出版社, 1997.

[64] 谭其骧. 中国历史地图集(卷八) • 清时期[M]. 北京:地图出版社, 1987.

[65] 汪辟疆. 汪辟疆说近代诗[M]. 上海:上海古籍出版社, 2001.

[66] 汪康年. 汪穰卿笔记[M]//民国史料笔记丛刊. 上海:上海书店出版社, 1997.

[67] 汪启淑. 水曹清暇录[M]. 北京:北京古籍出版社, 1998.

[68] 汪荣祖. 走向世界的挫折——郭嵩焘与道咸同光时代[M]. 长沙:岳麓书

社,2000.

[69] 王代功.湘绮府君年谱[M].台北:广文书局,1971.

[70] 王闿运.湘绮楼诗文集[M].长沙:岳麓书社,1996.

[71] 王闿运.湘绮楼日记[M].长沙:岳麓书社,1997.

[72] 王庆成.稀见清世史料并考释[M].武汉:武汉出版社,1998.

[73] 王先谦.东华录[M].长沙:思贤书局,光绪十年(1884).

[74] 贺长龄,魏源.清经世文编[M].北京:中华书局,1992.

[75] 文廷式.文廷式集[M]//中国近代人物文集丛书.北京:中华书局,1993.

[76] 吴庆坻.蕉廊脞录[M]//历代史料笔记丛刊•清代史料笔记.北京:中华书局,1990.

[77] 吴汝纶.桐城吴先生日记[M]//杜泽逊,范旭仑:近世学人日记丛书.石家庄:河北教育出版社,1999.

[78] 萧统.文选[M].上海:上海古籍出版社,1998.

[79] 萧一山.曾国藩传[M]//名人名传丛书.海口:海南出版社,2001.

[80] 萧一山.清代通史[M].台北:商务印书馆,1932.

[81] 谢兴尧.堪隐斋随笔[M]//书趣文丛:第二辑.沈阳:辽宁教育出版社,1995.

[82] 徐珂.康居笔记汇函[M]//民国笔记小说大观:第三辑.太原:山西古籍出版社,1997.

[83] 徐珂.清稗类钞[M].北京:中华书局,1984.

[84] 徐一士.一士类稿[M]//民国笔记小说大观:第二辑.太原:山西古籍出版社,1996.

[85] 徐凌霄,徐一士.凌霄一士随笔[M]//民国笔记小说大观:第三辑.太原:山西古籍出版社,1997.

[86] 许指严. 南巡秘纪[M]//民国史料笔记丛刊. 上海：上海书店出版社，1997.

[87] 薛福成. 庸盦笔记[M]. 南京：江苏古籍出版社，2000.

[88] 杨圻. 江山万里楼诗词钞[M]//中国近代文学丛书. 上海：上海古籍出版社，2003.

[89] 杨廷福，杨同甫. 清人室名别称字号索引[M]. 上海：上海古籍出版社，1988.

[90] 佚名. 清朝野史大观[M]. 上海：上海书店，1981.

[91] 恽毓鼎. 崇陵传信录[M]//章伯锋，顾亚. 近代稗海：第13辑. 四川人民出版社，1989.

[92] 曾国藩. 曾国藩全集[M]. 长沙：岳麓书社，1994.

[93] 曾宝荪，曾纪芬. 崇德老人自订年谱[M]//曾宝荪回忆录. 长沙：岳麓书社，1986.

[94] 曾纪泽. 曾纪泽日记[M]. 长沙：岳麓书社，1998.

[95] 张纯明. 清代的幕制[J]. 岭南学报，1949(2):29—59.

[96] 赵尔巽. 清史稿[M]. 北京：中华书局，1976.

[97] 清史列传[M]. 王锺翰，点校. 北京：中华书局，1987.

[98] 赵烈文. 能静居日记[M]. 台北：学生书局，1964.

[99] 郑孝胥. 郑孝胥日记[M]//中国近代人物日记丛书. 北京：中华书局，1993.

[100] 周星誉. 鸥堂日记[M]//杜泽逊，范旭仑：近世学人日记丛书. 石家庄：河北教育出版社，2001.

[101] 朱克敬. 瞑庵杂识•瞑庵二识[M]//近代湘人笔记丛刊. 长沙：岳麓书社，1983.

［102］ 朱孔彰. 咸丰以来功臣别传[M]. 台北:文海出版社,1989.

［103］ 朱彭寿. 旧典备征[M]//历代史料笔记丛刊•清代史料笔记. 北京:中华书局,1982.

［104］ 左丘明,杜预. 春秋左传集解[M]. 上海人民出版社,1977.

［105］ 左宗棠. 左宗棠全集[M]. 长沙:岳麓书社,1987.

［106］ 宝鋆. 筹办夷务始末[M]. 台北:文海出版社,1971.

［107］ 彭定求. 全唐诗[M]. 北京:中华书局,1979.

［108］ 阮元. 十三经注疏[M]//新编小四库. 杭州:浙江古籍出版社,1998.

大事年表

嘉庆十六年（1811）

曾国藩生。

嘉庆十七年（1812）

胡林翼生，左宗棠生。

嘉庆十八年（1813）

洪秀全生。〔一〕

道光三年（1823）

李鸿章、李秀成生。

道光四年（1824）

曾国荃生。

道光十六年（1836）

陈国瑞生。

咸丰八年（1858）

四月，湘军李续宾克复九江。六月，清政府与英、法、美、俄签订《天津条约》。七月，朝命帮办浙江军务，曾国藩复出。太平军二破江北大营。夏秋间，太平天国复设五军主将，陈玉成、李秀成脱颖而出。十月，陈玉成、李秀成在三河镇歼灭李续宾全军。

咸丰九年（1859）

夏，樊燮案发。朝旨令官文查办。十二月，左宗棠出幕。

咸丰十年（1860）

闰三月，太平军击溃江南大营。张国樑自杀，和春死。四月十三日，太平军攻克苏州、嘉兴。朝命曾国藩署理两江总督，旋实授，并命为钦差大臣督办江南军务。八月，英法联军入北京，焚圆明园。咸丰逃热河。十二月，湘军祁门大营被围。后解。

咸丰十一年（1861）

七月，湘军曾国荃克复安庆。十七日，咸丰病殁。九月，胡林翼卒。十月，祺祥政变。十一月，李秀成攻克杭州，控制浙江全省。十二月，左宗棠任浙江巡抚。

同治元年（1862）

三月，李鸿章率淮军至江苏，旋即署理苏州巡抚。五月，湘军水陆齐攻，曾国荃进驻雨花台。五月八日，陈玉成被俘，死。八月，李秀成、李世贤进攻曾国荃围师。鏖战四十余日，太平军撤退。

同治二年（1863）

十月，太平军郜永宽等人投降，淮军李鸿章收复苏州。

同治三年（1864）

正月，湘军完成对天京的合围。二月二十四日，楚军左宗棠克复杭州。四月，淮军克复常州。二十七日，洪秀全卒。洪天贵福旋即继位。六月十六日，湘军攻克南京。七月六日，李秀成就义。九月，洪天贵福被俘。十月，洪天贵福被正法。

同治四年（1865）

四月，僧格林沁在山东战死。十二月，楚军歼灭闽、粤境内太平军，长江以南号称肃清。

〔一〕洪秀全生于嘉庆十八年十二月十日，为1814年1月1日。
〔二〕此表月、日，俱用农历。
〔三〕参见罗尔纲《太平天国史》卷二《纪年》。此表有关太平天国事迹，按年系日，多采诸此书。

道光二十三年（1843）

六月[二]，洪秀全在广东花县创立『上帝教』。

道光二十六年（1846）

冯云山组织『拜上帝会』。

道光三十年（1850）

正月，宣宗死。奕詝继位，是为文宗。明年改元咸丰。十二月十日，金田起义。

咸丰元年（1851）

二月二十一日，洪秀全即天王位，建号太平天国[三]。是为太平天国元年。

咸丰二年（1852）

七月，太平军攻长沙。萧朝贵中炮死。八月，左宗棠入湖南巡抚张亮基幕府。十月，曾国藩丁母忧，回湘。

咸丰三年（1853）

正月，曾国藩奉旨帮办湖南军务。二月十日，太平军入南京。建都焉，称天京。三月，向荣驻孝陵卫，称江南大营。琦善驻扬州城外，称江北大营。四月，太平军开始北伐、西征。九月，曾国藩移驻衡阳，创建水陆湘军。

咸丰四年（1854）

正月十九日，西征太平军克汉阳、汉口。三月，左宗棠入湖南巡抚骆秉章幕府。四月二日，太平军在靖港击溃曾国藩水师；湘军在湘潭击败太平军。六月，太平军克武昌。八月，湘军克武昌。乘势沿长江东下。十二月，湘军水师在湖口被太平军分割为内湖、外江两部。

咸丰五年（1855）

二月，太平军克武汉。三月，胡林翼署理湖北巡抚，明年实授。十月，石达开入江西，州县望风归附。是年，曾国藩坐困江西。

咸丰六年（1856）

二月，太平军破江北大营；五月，破江南大营。两大营被破后，德兴阿、和春旋即重建大营。七月，天京事变。九月，第二次鸦片战争爆发。十一月，胡林翼收复武汉。

咸丰七年（1857）

二月，曾国藩以父丧，回籍守制。五月，石达开出走天京。七月，曾国藩奏请终制。

同治五年（1866）

八月，左宗棠由闽浙调任陕甘总督，明年抵任。十一月，李鸿章代曾国藩为钦差大臣，督办剿捻军务。

同治六年（1867）

正月，捻军在湖北大败淮军刘铭传。十一月，东路捻军在山东寿光覆没，赖文光被俘，死。

同治七年（1868）

二月，西路捻军在直、鲁、豫三省连败湘、淮名将。六月，西路捻军在山东全军覆没。七月，曾国藩由两江调直隶总督。

同治九年（1870）

五月，天津教案发生。八月，曾国藩调任两江总督，李鸿章接任直隶总督。

同治十一年（1872）

二月，曾国藩卒。

光绪七年（1881）

七月，左宗棠任两江总督。

光绪八年（1882）

陈国瑞卒。

光绪十年（1884）

正月，曾国荃署理两江总督，七月实授。

光绪十一年（1885）

七月，左宗棠卒。

光绪十六年（1890）

十月，曾国荃卒。

光绪二十七年（1901）

九月，李鸿章卒。

图书在版编目(CIP)数据

战天京:晚清军政传信录/谭伯牛著. --长沙:岳麓书社,2025. 4.

ISBN 978-7-5538-2181-8

Ⅰ. K252. 07

中国国家版本馆 CIP 数据核字第 2024FJ3007 号

ZHAN TIANJING:WANQING JUNZHENG CHUANXINLU

战天京:晚清军政传信录

作　　者:谭伯牛

出 版 人:崔　灿

责任编辑:陶嶒玲　曾　倩

责任校对:舒　舍

封面设计:罗志义

岳麓书社出版发行

地址:湖南省长沙市爱民路 47 号

直销电话:0731-88804152　0731-88885616

邮编:410006

版次:2025 年 4 月第 1 版

印次:2025 年 4 月第 1 次印刷

开本:880mm×1230mm　1/32

印张:14

字数:280 千字

ISBN 978-7-5538-2181-8

定价:88. 00 元

承印:长沙鸿发印务实业有限公司

如有印装质量问题,请与本社印务部联系

电话:0731-88884129